초보자도 쉽게 배우는
일러스트레이터 CC 길라잡이

초판 1쇄 인쇄 | 2016년 4월 15일
초판 1쇄 발행 | 2016년 4월 20일

지 은 이 | 이승희
발 행 인 | 이상만
발 행 처 | 정보문화사

책임편집 | 최동진
편집진행 | 오운용, 노미라, 이보윤
주　　소 | 서울시 종로구 대학로 12길 38 (정보빌딩)
전　　화 | (02)3673-0037(편집부) / (02)3673-0114(代)
팩　　스 | (02)3673-0260
등　　록 | 1993년 8월 20일 제1-1013호
홈페이지 | www.infopub.co.kr

ISBN | 978-89-5674-694-4

이 책은 저작권법에 따라 보호받는 저작물이므로 무단 전재와
무단 복제를 금하며, 이 책 내용의 전부 또는 일부를 사용하려면 반드시
저작권자와 정보문화사 발행인의 서면동의를 받아야 합니다.

※ 책값은 뒤표지에 있습니다.
※ 잘못된 책은 구입한 서점에서 바꿔 드립니다.

들어가는 글

Illustrator의 핵심을 담은 책을 쓰기 위해 집필에 착수한 것이 지난여름이었는데 벌써 두 개의 계절을 지나 새봄을 눈앞에 두고 있습니다.

이 책을 집필하는 동안 'Illustrator를 사용하는 독자들에게 도움이 되려면 어떤 내용을 담아야 할까?' 라는 문제를 놓고 많은 고민을 했습니다. 이 책은 20여 년 동안의 강의 경력을 바탕으로 Illustrator를 처음 접하는 독자들이 궁금해 하는 내용을 중심으로 구성했으며, 독자들이 내용을 가장 효율적으로 습득할 수 있도록 하기 위해 따라하기 방식의 학습 방법을 사용했습니다.

이 책은 Illustrator를 잘 다루지 못하는 분들은 물론, 이번 기회에 기본기를 확실하게 다지기를 원하는 분들에게 도움이 될 수 있도록 하는 것을 최우선 목표로 삼았습니다. 이러한 목표를 바탕으로 독자들이 Illustrator의 기본기뿐만 아니라 두 프로그램의 알찬 기능들을 익힐 수 있도록 구성하였습니다.

또한 Illustrator의 전반적인 기능을 이용하여 다양한 예제들을 따라하기 형식으로 구성함으로써 Illustrator의 전반적인 개념을 익힐 수 있도록 하였고, 이와 더불어 기능을 익히는 과정에서 중요하다고 생각되는 내용을 디자인에 적용해볼 수 있도록 최선을 다하였습니다.

여러분도 잘 알고 있는 바와 같이 Illustrator는 편집, 디자인, 광고 분야에서 가장 널리 사용되고 있는 대표적인 그래픽 툴입니다. 이러한 분야에서 훌륭한 작업물을 만들기 위해서는 색채를 조합하는 능력과 Illustrator의 기능을 잘 활용할 수 있는 배경 지식이 필요합니다. 독자들 또한 이 점이 가장 큰 고민일 것이라 생각하며, 이 책이 독자들의 열망에 조금이나마 부응하기를 간절히 바랍니다.

이 책을 집필하면서 가장 힘들었던 것은 샘플 이미지를 제작하는 일과 Illustrator의 수많은 기능들을 적절히 활용한 예제를 만들어 내는 것이었습니다. 예제를 만들고, 활용 분야에 적합한 예제를 선택하고, 이를 검증하는 작업이 결코 녹록지 않았지만, 이 모든 순간을 견딜 수 있었던 것은 독자들에게 도움이 되는 책을 만들겠다는 나름대로의 고집 때문이었다고 생각합니다. 이러한 필자의 노력과 정성이 조금이나마 독자들에게 전달되기를 바랍니다.

끝으로 이 책을 기획하고 제작해주신 정보문화사 관계자 여러분들께 감사의 마음을 전합니다.

이승희

이 책을 보는 방법

이 책은 일러스트레이터 CC의 최신 버전을 기반으로 집필되었습니다. 휴대하기 편리하게 두 권으로 분리가 가능하며, 총 13개의 레슨으로 구성되어 있습니다. 입문자가 쉽게 따라할 수 있도록 각 작업에 대한 내용을 빠짐없이 설명하고 있으며, 각 Step으로 구성하여 단계별로 학습할 수 있습니다.

레슨 제목 및 발문
각 레슨에서 학습할 제목과 배울 내용을 간결하고 쉽게 설명하였습니다.

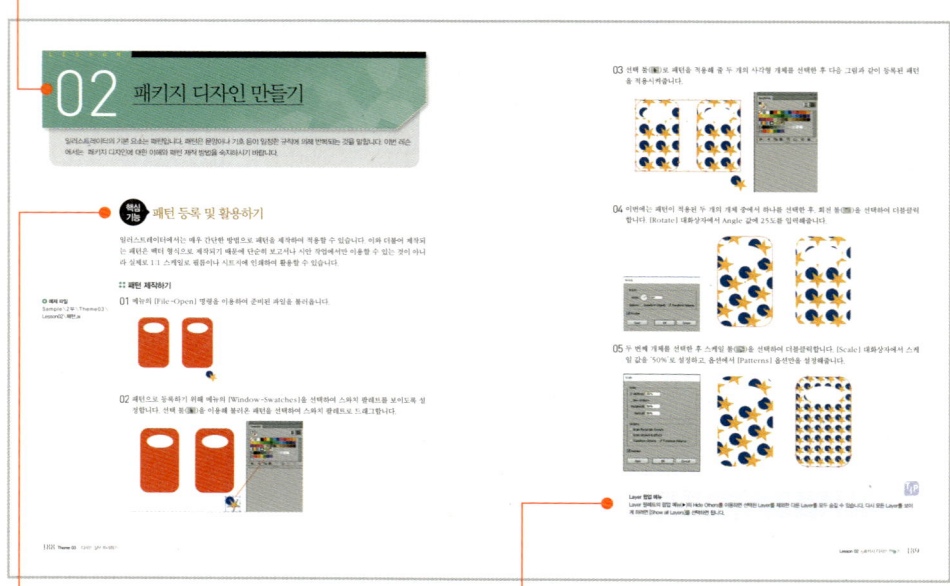

핵심 기능
해당 Lesson에서 학습할 핵심적인 기능을 자세하게 소개하였습니다.

Tip
일러스트레이터를 사용하면서 작업의 효율을 향상시키고자 할 때 알아두면 좋을 유용한 내용과 저자의 풍부한 실전 경험을 바탕으로 한 알짜 노하우를 정리하였습니다.

기능 실습
앞에서 학습한 기능에 관련된 실습 예제를 따라해보는 부분으로, 이해하기 어려운 내용에는 〈Tip〉을 추가하였습니다.

따라하기
예제를 직접 활용하여 익히는 과정으로, 따라하기 형식을 바탕으로 구성했습니다. 단계를 체계적으로 구성하였기 때문에 누구나 쉽게 학습할 수 있습니다.

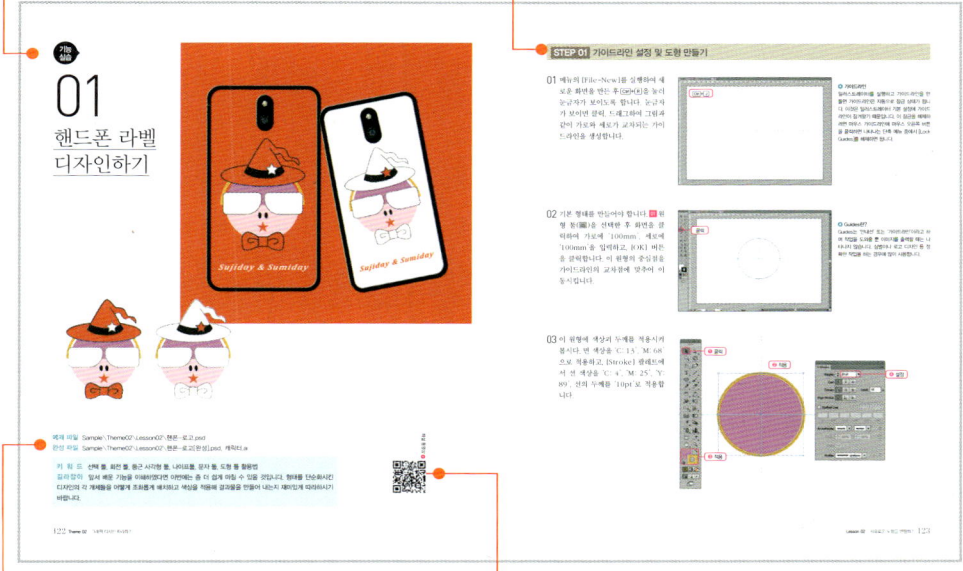

예제 파일/완성 파일
학습에 필요한 파일의 경로와 파일명을 알 수 있습니다.

키워드/길라잡이
학습에 필요한 실습 예제를 활용하면서 사용하는 기능이 무엇이며, 예제가 어떠한 상황에 쓰이는지를 알려주는 가이드 역할을 해줍니다.

동영상 강좌
해당 레슨에 대한 좀 더 자세한 해설은 스마트폰에서 QR 코드를 인식하게 한 후 확인하거나 부록으로 제공하는 압축 파일(Sample.zip)의 "동영상 강의 링크.xls" 파일에서 확인하세요.

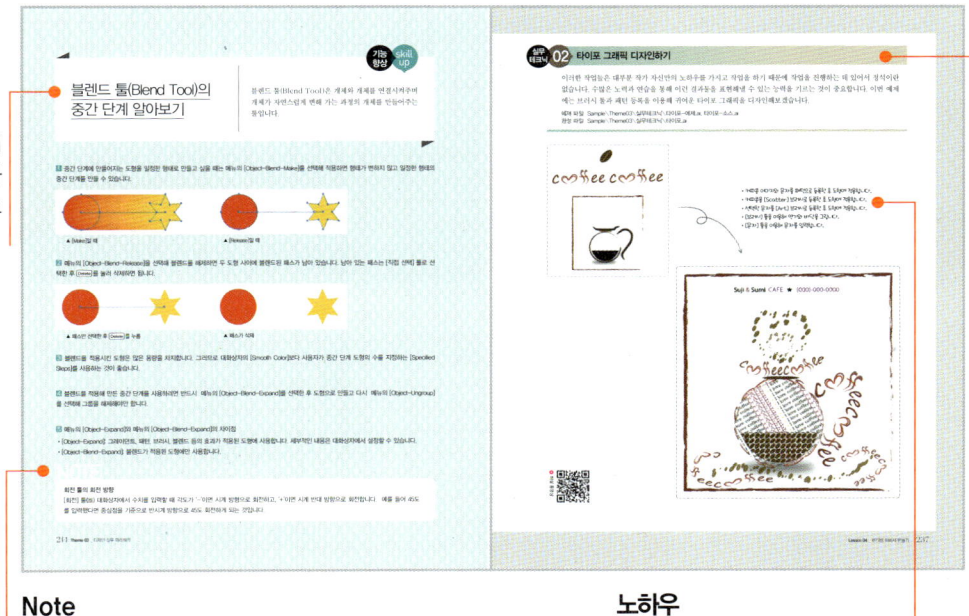

기능 향상
〈핵심 기능〉에서 미처 담지 못한 내용과 기능 설명을 추가로 정리하였습니다.

실무테크닉
앞에서 배운 Step 과정을 응용하여 추가로 알아야 할 사항이나 새로운 기능을 소개하였습니다.

Note
본문에 미처 담지 못한 내용과 꼭 필요한 핵심 내용을 정리했으며, 저자의 노하우를 소개하였습니다.

노하우
저자의 노하우가 담긴 팁을 담았습니다.

Illustrator CC 2015 무료 시험 버전 설치

이 책에는 Illustrator 무료 시험 버전이 포함되어 있지 않습니다. 아래의 방법을 따라 여러분의 PC에 다운로드하여 설치하기 바랍니다. 설치 작업에는 몇 시간 이상 걸리는 경우도 있습니다. 또한 무료 시험 버전은 하나의 계정으로 처음 시작한 시점부터 30일 동안만 사용할 수 있으므로 주의하기 바랍니다. 이 책에서는 지금까지 Creative Cloud를 설치한 적이 없는 분을 위해 무료 시험 버전을 설치하는 방법을 설명하겠습니다.

Creative Cloud 다운로드

❶ 웹 브라우저를 열고 주소창에 'http://www.adobe.com/kr'을 입력한 후 Enter 를 누릅니다.
❷ Adobe Creative Cloud 화면이 표시되면 오른쪽 위에 있는 [메뉴]를 클릭합니다.

❸ [메뉴] 화면이 표시되면 Creative Cloud에서 'Ai'를 선택합니다. 그런 다음 표시되는 화면에서 [무료 시험 버전]을 선택합니다.

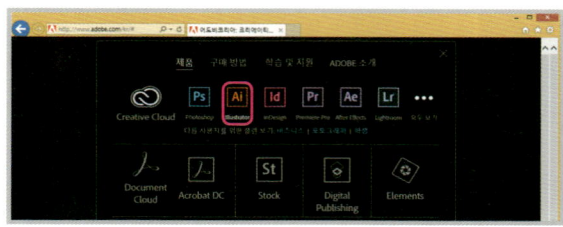

❹ [Illustrator: 무료 시험 버전 시작] 화면이 표시되면 [Illustrator 관련 나의 기술 수준] 목록에서 '초보자'를 선택하고 [Adobe ID 등록]을 클릭합니다. 무료 시험 버전을 이용하는 경우에도 Adobe ID 등록이 필요합니다.

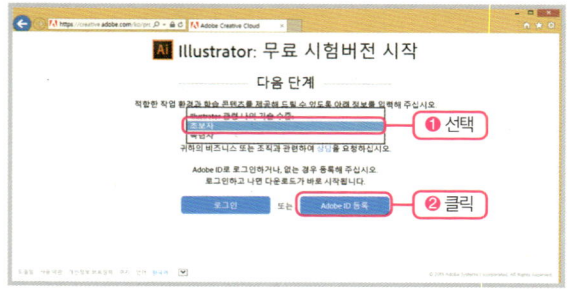

❺ [Illustrator CC 다운로드] 화면이 표시되면 필요한 항목을 입력하고, [이용 약관] 및 [개인정보 보호정책]을 확인하고 문제가 없으면 체크 표시를 하고 [지금 등록]을 클릭합니다.

Creative Cloud 설치하기

❶ [시작하기] 화면이 표시되면 [실행하거나 저장하시겠습니까?]에서 [실행]을 클릭합니다. [사용자 계정 제어] 대화상자가 표시되는 경우에는 [예]를 클릭합니다.

❷ Creative Cloud 설치가 시작됩니다. 화면 지시에 따라 설치가 끝날 때까지 기다립니다.

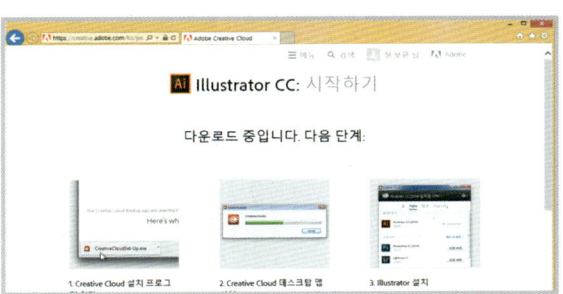
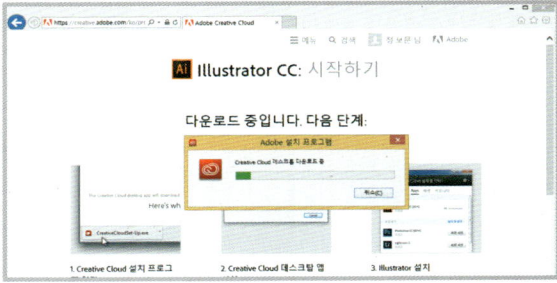

Illustrator 무료 시험 버전 설치하기

❶ 설치가 끝나면 Creative Cloud가 실행됩니다. 로그인 화면이 표시되는 경우에는 필요한 항목을 입력하고, [로그인]을 클릭합니다.
❷ [Apps] 화면이 표시되고 Illustrator 설치를 시작합니다. 그림과 같은 화면이 표시되지 않는 경우는 [Apps]를 클릭하여 화면을 전환합니다.
❸ [시험 사용]이라고 표시되면 설치가 끝난 것입니다.

Gallery Illustrator CC 2015

THEME 01 선 기능 및 기본 기능 살펴보기

Lesson 01 펜 도구(Pen Tool) 사용법 익히기
선 따라 그리기 (p.21)

Lesson 02 도형 툴로 도형 만들기
타원 모양 모델링 작업하기 (p.40)

Lesson 03 패스파인더(Pathfinder)의 기능 응용하기
홍보 포스터 만들기 (p.56)

Lesson 04 여러 복합적인 기능 알아보기
비치볼 만들기 (p.70)

Lesson 05 그래픽 이미지 만들기
문자 배경 디자인하기 (p.85)

[실무 테크닉]
핸드폰 액정 화면 만들기 (p.96)

[실무 테크닉]
명찰 디자인하기 (p.97)

[실무 테크닉]
과자 패키지 만들기 (p.95)

THEME 02 그래픽 디자인 따라하기

Lesson 03 심벌(Symbol)을 이용하여 디자인하기

할로윈 카드 만들기(p.139)

Lesson 01 그레이던트(Gradient) 도구를 이용하여 입체적으로 표현하기

하늘 높이 풍선 만들기(p.108)

Lesson 04 커피 광고 간판 소개하기

커피숍 간판 만들기(p.163)

Lesson 02 자유로운 도형을 변형하기

핸드폰 라벨 디자인하기(p.122)

[실무 테크닉] 일러스트레이터에서 작업한 디자인을 이용하여 입면 패턴을 제작하거나 합성하기(p.180)

[실무 테크닉] 크레디트 카드 디자인하기(p.181)

Gallery Illustrator CC 2015

THEME 03 디자인 실무 따라하기

Lesson 01 캐릭터 컬러링하기

마녀 캐릭터 컬러링하기(p.188)

Lesson 02 패키지 디자인 만들기

쇼핑백 만들기(p.199)

Lesson 03 블렌드 툴을 이용한 BI 디자인하기

새로운 느낌의 BI 디자인하기(p.213)

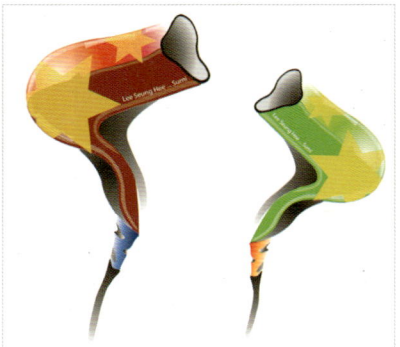

Lesson 04 렌더링 이미지 만들기

헤어 드라이기 디자인하기(p.225)

[실무 테크닉]

피자 옥외 홍보 디자인하기(p.236)

[실무 테크닉]

타이포 그래픽 디자인하기(p.237)

[실무 테크닉]

잡지 광고 페이지 디자인하기(p.238)

예제 파일의 구성

본문에 사용된 모든 예제 파일과 완성 파일은 정보문화사 홈페이지(http://www.infopub.co.kr) 자료실에서 다운로드 가능합니다. 다운로드한 ZIP 파일의 압축을 푼 후 책과 함께 학습하며 따라할 수 있습니다.

❶ 홈페이지에 접속한 후 [자료실]을 클릭합니다.

❷ 하단의 검색란에 "초보자도 쉽게 배우는"을 입력하여 검색합니다.

❸ 다운로드하려는 도서의 제목을 클릭한 후 해당 파일을 다운로드 하면 됩니다.

동영상 파일은 스마트폰의 QR코드로 찍어 바로 볼 수 있으며, 컴퓨터(PC)로 학습할 때에는 유튜브(http://www.youtube.com/user/infobooks)에 접속하거나 "동영상 강의 링크.xls" 파일에서 확인하세요.

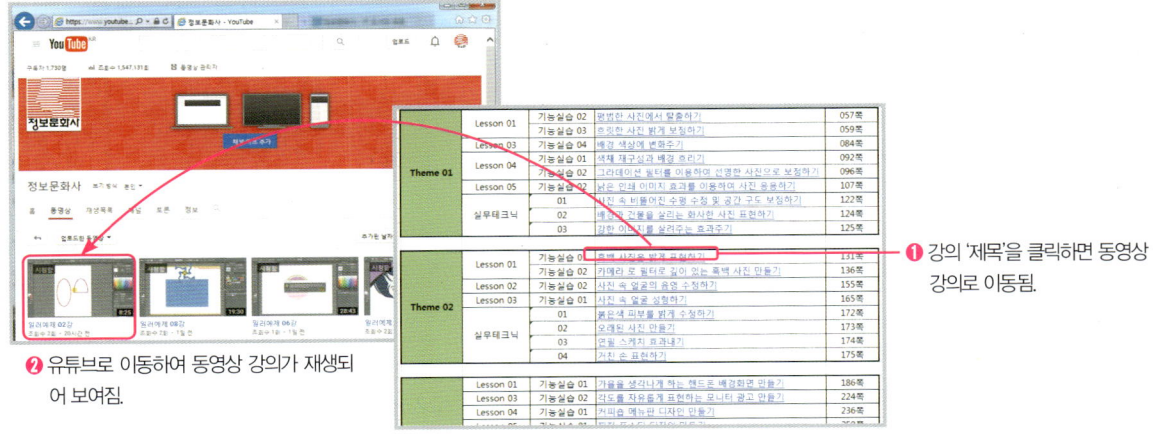

❶ 강의 '제목'을 클릭하면 동영상 강의로 이동됨.

❷ 유튜브로 이동하여 동영상 강의가 재생되어 보여짐.

학습하면서 궁금한 사항은 정보문화사 홈페이지 〈도서문의 게시판〉 또는 저자 이메일(sumiday@nate.com)로 문의주세요.

일러스트레이터

Theme 01 선 기능 및 기본 기능 살펴보기

Lesson 01 펜 도구(Pen Tool) 사용법 익히기 ·········· 016
  [핵심 기능] 펜 도구(Pen Tool,) ·········· 016
  [기능 실습 01] 선 따라 그리기 ·········· 021
  [기능 향상] 일러스트레이터를 이용한 기초 드로잉 ·········· 028

Lesson 02 도형 툴로 도형 만들기 ·········· 030
  [핵심 기능] 기본 도형 알아보기 ·········· 030
  [기능 실습 01] 타원 모양 모델링 작업하기 ·········· 040
  [기능 향상] 개체 편집을 위한 기본 기능 알아보기 ·········· 048

Lesson 03 패스파인더(Pathfinder)의 기능 응용하기 ·········· 049
  [핵심 기능] [Pathfinder] 명령 이해하기 ·········· 049
  [핵심 기능] 문자 도구(Type Tool, T) ·········· 051
  [기능 실습 01] 홍보 포스터 만들기 ·········· 056
  [기능 향상] 문자 툴의 또 다른 사용법 익히기 ·········· 065

Lesson 04 여러 복합적인 기능 알아보기 ·········· 066
  [핵심 기능] [Align] 팔레트 이해하기 ·········· 066
  [기능 실습 01] 비치볼 만들기 ·········· 070
  [기능 향상] 드로잉 작업에 필요한 간단한 작업 기능 ·········· 078

Lesson 05 그래픽 이미지 만들기 ·········· 080
  [핵심 기능] 기본 변형 도구 알아보기 ·········· 080
  [기능 실습 01] 문자 배경 디자인하기 ·········· 085
  [기능 향상] 일러스트레이터의 기본적인 사용 방법 익히기 ·········· 094
  [실무테크닉 01] 과자 패키지 만들기 ·········· 095
  [실무테크닉 02] 핸드폰 액정 화면 만들기 ·········· 096
  [실무테크닉 03] 명찰 디자인하기 ·········· 097

Theme 02 그래픽 디자인 따라하기

Lesson 01 그레이던트(Gradient) 도구를 이용하여 입체적으로 표현하기 ·········· 100
  [핵심 기능] 그레이던트(Gradient,) 도구 ·········· 100
  [핵심 기능] 그레이던트 메시(Gradient Mesh,) 도구 ·········· 104
  [기능 실습 01] 하늘 높이 풍선 만들기 ·········· 108
  [기능 향상] 그레이던트의 기본적인 기능들 알아보기 ·········· 118

Lesson 02 자유로운 도형을 변형하기 ·········· 120
  [핵심 기능] 도형의 변형과 이동을 위한 편집 툴 ·········· 120
  [기능 실습 01] 핸드폰 라벨 디자인하기 ·········· 122

[기능 향상] 가위 툴(Scissor Tool)과 나이프 툴(Knife Tool) 알아보기 ············· 134

Lesson 03 심벌(Symbol)을 이용하여 디자인하기 ············· 135
[핵심 기능] 심벌(Symbol,) 도구 이해하기 ············· 135
[기능 실습 01] 할로윈 카드 만들기 ············· 139
[기능 향상] 심벌 도구의 대화상자를 이용하여 옵션 설정하기 ············· 155

Lesson 04 커피 광고 간판 소개하기 ············· 156
[핵심 기능] 페인트 브러시 도구(PaintBrush Tool,) ············· 156
[기능 실습 01] 커피숍 간판 만들기 ············· 163
[기능 향상] 연필 툴(Pencil Tool), 스무스 툴(Smooth Tool), 지우개 툴(Erase Tool) 알아보기 ············· 178
[실무테크닉 01] 일러스트레이터에서 작업한 디자인을 이용하여 입면 패턴을 제작하거나 합성하기 ············· 180
[실무테크닉 02] 크레디트 카드 디자인하기 ············· 181

Theme 03 디자인 실무 따라하기

Lesson 01 캐릭터 컬러링하기 ············· 184
[핵심 기능] [Layers] 팔레트 알아보기 ············· 184
[기능 실습 01] 마녀 캐릭터 컬러링하기 ············· 188
[기능 향상] 레이어(Layer)의 또 다른 부분 이해하기 ············· 195

Lesson 02 패키지 디자인 만들기 ············· 196
[핵심 기능] 패턴 등록 및 활용하기 ············· 196
[기능 실습 01] 쇼핑백 만들기 ············· 199
[기능 향상] [Pathfinder] 팔레트의 Divide( ) 기능 이해하기 ············· 207

Lesson 03 블렌드 툴을 이용한 BI 디자인하기 ············· 208
[핵심 기능] 블렌드 툴(Blend Tool,) ············· 208
[기능 실습 01] 새로운 느낌의 BI 디자인하기 ············· 213
[기능 향상] 블렌드 툴(Blend Tool)의 중간 단계 알아보기 ············· 222

Lesson 04 렌더링 이미지 만들기 ············· 223
[핵심 기능] Clipping Mask 적용하기 ············· 223
[핵심 기능] [Distort & Transform] 기능 익히기 ············· 224
[기능 실습 01] 헤어 드라이기 디자인하기 ············· 225
[기능 향상] Wrap Effect 기능 익히기 ············· 234
[실무테크닉 01] 피자 옥외 홍보 디자인하기 ············· 236
[실무테크닉 02] 타이포 그래픽 디자인하기 ············· 237
[실무테크닉 03] 잡지 광고 페이지 디자인하기 ············· 238

찾아보기 ············· 239

016 펜 도구(Pen Tool) 사용법 익히기

030 도형 툴로 도형 만들기

049 패스파인더(Pathfinder)의 기능 응용하기

066 여러 복합적인 기능 알아보기

080 그래픽 이미지 만들기

THEME 01

선 기능 및 기본 기능 살펴보기

이번 과정은 누구나 따라할 수 있는 쉽고 재미있는 예제들로 구성되어 있습니다. 따라서 메뉴와 패널들에 관한 기본적인 기능들을 중심적으로 선택하고 활용하면서 기본을 충실하게 다지는 것이 중요합니다. 이제부터 각 예제들이 일러스트레이터의 길잡이가 되어 여러분의 실력 향상에 많은 도움이 되었으면 하는 바람으로 예제를 진행하겠습니다.

LESSON 01 펜 도구(Pen Tool) 사용법 익히기

일러스트레이터의 핵심적인 기능인 펜 툴( )을 이용하여 선을 따라 그리는 작업을 해보겠습니다. 펜 툴( )의 사용법을 익히는 일이 처음에는 힘들지 모르지만, 많은 그래픽 프로그램이 베지어 곡선에 기반을 두고 있기 때문에 펜 툴을 마스터하는 것이야말로 일러스트레이터의 첫걸음이자 튼튼한 기초가 됩니다.

핵심 기능 펜 도구(Pen Tool,)

펜 툴( )은 일러스트레이터에서 직선, 곡선을 그릴 수 있는 가장 기본적이고 중요한 도구입니다.

패스의 종류

- 열린 패스: 처음 클릭한 기준점과 끝점이 연결되지 않은 패스를 말합니다.
- 닫힌 패스: 처음 클릭한 기준점과 끝점이 연결되어 있는 패스를 말합니다.

▲ 열린 패스

▲ 닫힌 패스

펜 툴( ) 작업의 이해

- Shift+클릭: 수직, 수평 또는 45도 각도의 직선이 그려집니다.
- 펜 툴( )을 연습할 때는 메뉴의 [View-Show Grid]를 선택해 그리드를 열고 작업하는 것이 편리하며, 메뉴의 [View-Snap To Grid]를 체크하면 도형이나 펜 툴로 패스를 그릴 때 그리드 선에 도형이나 기준점들이 달라붙게 되어 그리드에 맞춰 정확하게 그리기가 편리합니다.
- 패스 작업을 할 때에는 면색 없이 선색만으로 작업해야 정확한 작업을 할 수 있습니다.
- 클릭한 채 드래그+Space Bar: 클릭한 정점의 위치를 다른 곳으로 이동할 수 있습니다.

- 패스의 굵기와 선 형태 등은 [Stroke] 팔레트에서 설정하면 됩니다.

면 그리기(닫힌 패스 그리기)

- 열린 패스를 그리듯 같은 방법으로 펜 툴을 이용해 사각형 형태를 그려 나갑니다.
- 마지막 기준점에서 처음 시작한 기준점으로 가면 펜 툴의 모양이 형태로 바뀌는데, 이때 클릭하면 처음 시작한 기준점에 마지막 세그먼트가 연결되면서 면이 됩니다. 그런 다음 면의 색상을 지정합니다.

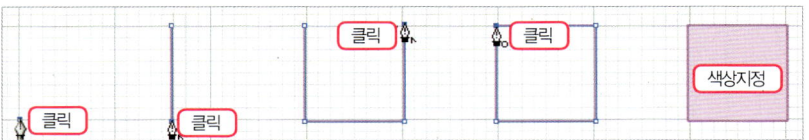

닫힌 패스 그리기
- 두 개의 선을 하나로 연결할 때 연결하고 싶은 두 개의 기준점을 차례대로 클릭합니다.
- 첫 번째 기준점을 클릭할 때는 모양으로 바뀝니다.
- 두 번째 기준점을 클릭할 때는 모양으로 바뀌면서 하나의 선으로 이어집니다.

곡선 그리기

곡선을 그리기 위해서는 방향 선을 만들면서 그리게 되는데, 이 방향 선의 길이와 방향에 따라 곡선의 길이나 형태가 달라지며, 방향 선을 잘 이해하고 있어야만 자연스럽고 세련된 곡선들을 만들어낼 수 있습니다.

- 펜 툴( )로 화면을 클릭해 시작점을 만듭니다. 그런 다음 시작점에서 클릭한 채 마우스를 드래그하면 방향 선과 방향점이 나타납니다. 방향 선의 길이와 방향을 조절하여 원하는 곡선을 만든 후 마우스를 놓습니다.
- 지점으로 기준점을 만들어 가면서 곡선을 만듭니다.
- 선택 툴( )이나 직접 선택 툴( )로 곡선이 아닌 화면을 클릭하면 곡선이 완성됩니다.

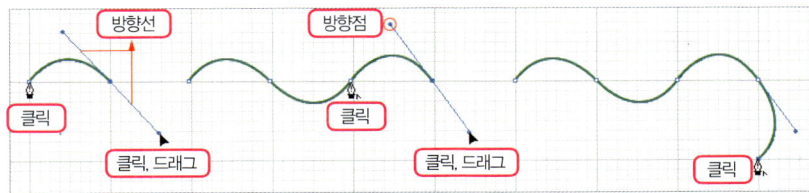

곡선 패스를 부드럽게 그리기
곡선이나 원 형태의 패스를 부드럽게 그리기 위해서는 기준점의 수가 최소 네 개 이상이 되어야 하지만, 너무 많으면 오히려 더 부드럽지 못한 곡선이 될 수 있습니다.

∷ 기준점 추가 도구(Add Anchor Point Tool,)

이미 만들어진 도형이나 선분 위에 기준점을 추가하는 도구입니다. 기준점 추가 도구( )을 선택한 후 도형의 원하는 위치에 클릭하면 기준점이 추가됩니다.

○ 직접 선택 툴( )로 추가된 기준점을 이동하거나 드래그해 도형의 모양을 수정할 수 있습니다.

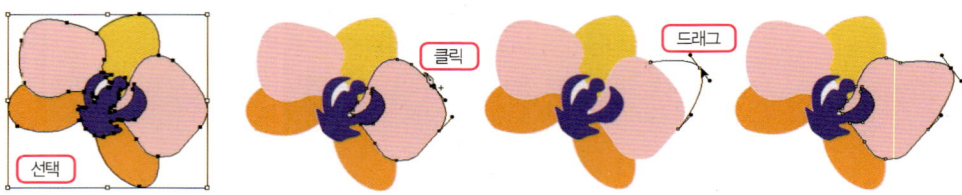

∷ 기준점 삭제 도구(Delete Anchor Point Tool,)

도형이나 패스에서 불필요하거나 삭제시킬 기준점을 삭제하는 도구로, 양쪽에 있는 두 기준점 사이가 다시 연결되면서 패스의 형태가 변형됩니다.

○ 펜 툴( )이 기준점에 닿으면 자동으로 기준점 삭제 도구( )로 바뀝니다.

∷ 기준점 변환 도구(Convert Anchor Point Tool,)

기준점에 있는 방향 선의 유무를 결정하는 도구로, 직선을 곡선으로, 곡선을 직선으로 만들어줍니다.
- 직선의 기준점을 클릭한 후 마우스로 드래그하면 방향 선이 나타나면서 곡선이 됩니다.
- 방향 선이 있는 곡선의 기준점을 클릭하면 방향 선이 사라지면서 직선이 됩니다.

○ 방향점을 선택하고 드래그하면 한쪽의 방향 선만을 제어할 수 있습니다.

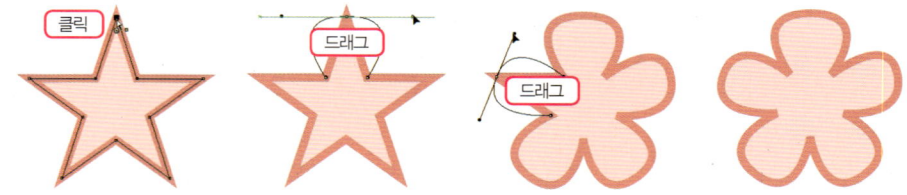

∷ [Path]를 통한 패스 수정하기

Join을 이용해 기준점 연결하기

연결되어 있지 않은 기준점과 기준점을 서로 연결시키는 기능입니다. 두 개의 기준점이 떨어져 있으면 직선으로 연결되고, 두 개의 기준점이 거의 같은 위치에 있을 때는 대화상자가 나타나는데, 직선으로 연결할 경우, 코너(Corner)를 부드럽게 연결할 경우 Smooth를 지정하면 됩니다.
- 직접 선택 툴( )로 연결되어 있지 않은 두 개의 기준점만을 선택합니다.
- 메뉴의 [Object-Path-Join]을 선택하면 두 개의 기준점이 연결됩니다.

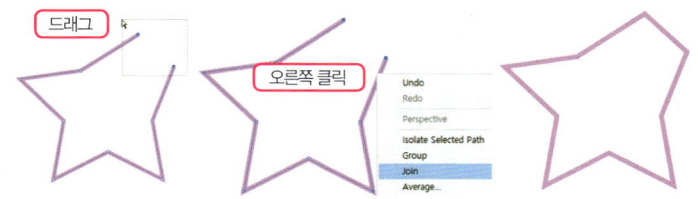

Average를 이용해 기준점 정렬하기

여러 개의 선택된 기준점들을 평균점으로 정렬해주는 기능입니다.

- 적당한 크기의 원을 드로잉한 후 직접 선택 툴로 좌우 두 개의 기준점을 선택합니다.
- 메뉴의 [Object-Path-Average]를 선택하면 나타나는 대화상자에서 Vertical(수직)을 체크한 후 [OK] 버튼을 클릭합니다.
- 두 개의 기준점이 중심에 있는 세로축을 기준으로 도형이 정렬됩니다.

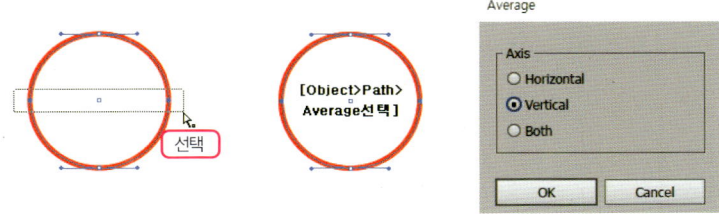

- 직접 선택 툴( )로 상하에 있는 두 개의 기준점을 선택합니다.
- 메뉴의 [Object-Path-Average]를 선택하고 대화상자가 나타나면 Horizontal(수평)을 체크한 후 [OK] 버튼을 클릭합니다.
- 두 개의 기준점이 중심에 있는 가로축을 기준으로 정렬됩니다.

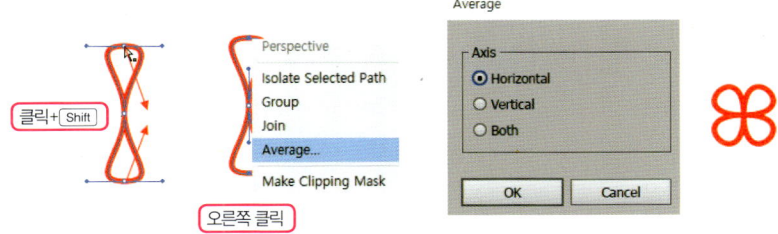

[Average] 활용
[Average] 대화상자의 [Both]에 체크하면 수직·수평의 중앙에 한 점에 기준점이 모입니다.
즉, 원을 선택한 후 [Both]에 체크하고 [OK] 버튼을 눌러도 마지막 결과처럼 나타납니다.

도형 간격 띄우기

선택된 도형의 안쪽 또는 바깥쪽으로 새로운 패스를 만들 경우에 사용하는 기능입니다.

- 도형을 선택 툴( )로 선택한 후 메뉴의 [Object-Path-Offset Path]를 선택합니다.
- 대화상자가 나타나면 옵션을 지정하고 [OK] 버튼을 클릭합니다.
- 패스의 복사본이 만들어집니다.

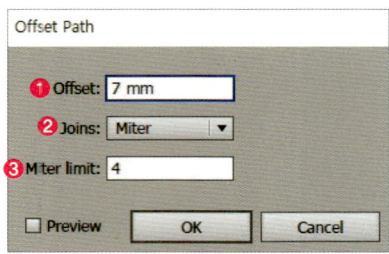

❶ **Offset** 패스의 복사본을 만들 거리를 지정합니다.
❷ **Joins** 패스의 코너의 형태를 Miter, Round, Bevel 중에서 선택합니다.
❸ **Miter Limit** Joins가 Miter일 때 지정합니다.

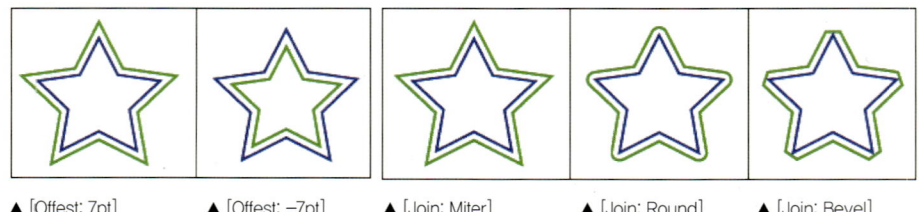

▲ [Offest: 7pt]   ▲ [Offest: –7pt]   ▲ [Join: Miter]   ▲ [Join: Round]   ▲ [Join: Bevel]

01
선 따라 그리기

예제 파일 Sample\Theme01\Lesson01\Line.ai
완성 파일 Sample\Theme01\Lesson01\Line-완성.ai

키 워 드 파일 불러오기, 펜 툴, 선택 툴, 색상, [Color] 팔레트 활용법 익히기
길라잡이 일러스트레이터에서 펜 툴은 도형을 드로잉하는 데 가장 기본이 되고, 활용도가 높은 툴인 만큼 펜 툴의 원리와 사용법을 완벽하게 익혀야 합니다.

STEP 01 그리드(Grid) 라인 실행하기

01 일러스트레이터를 실행한 후 패스 작업을 실행하기 위한 밑그림 파일을 불러옵니다. 메뉴의 [File-Open]을 클릭하거나 단축키 Ctrl+O를 눌러 [Open] 대화상자를 엽니다. 이번 작업에 필요한 밑그림이 화면에 나타날 것입니다.

● 예제 파일
Sample\Theme01\Lesson01\Line.ai

02 01 메뉴의 [View-Show Grid]를 실행하여 그리드 선을 화면에 보이게 합니다. 02 앞으로 진행되는 패스 작업이 그리드에 맞추어 정확히 진행될 수 있도록 메뉴의 [View-Snap to Grid]를 실행합니다.

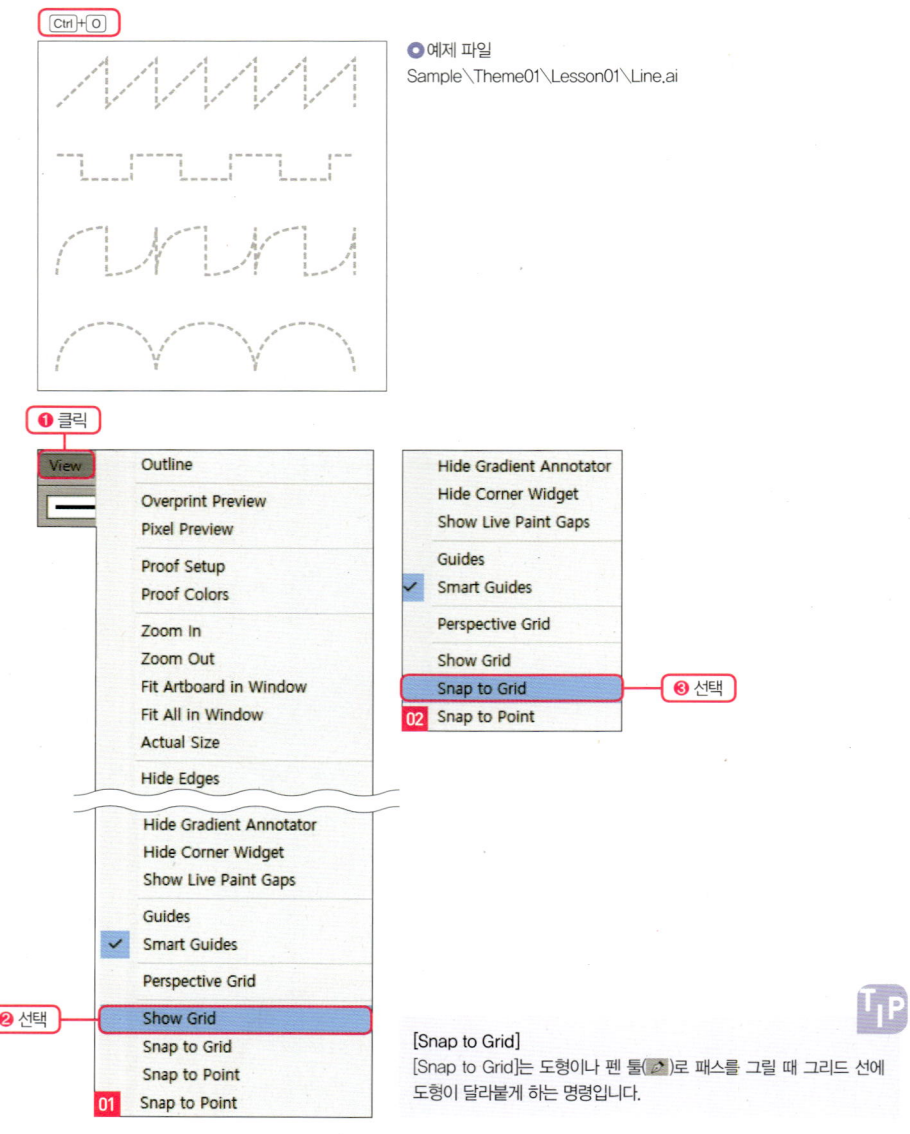

[Snap to Grid]
[Snap to Grid]는 도형이나 펜 툴( )로 패스를 그릴 때 그리드 선에 도형이 달라붙게 하는 명령입니다.

03 패스 작업을 하려고 하는데 화면의 이미지가 너무 작아 작업하기가 불편합니다. 이 경우 도구 상자에서 돋보기 툴( )을 선택하고, 작업할 영역을 드래그하여 화면의 비율을 크게 만듭니다. 여러분들이 작업하기 편한 비율로 확대합니다.

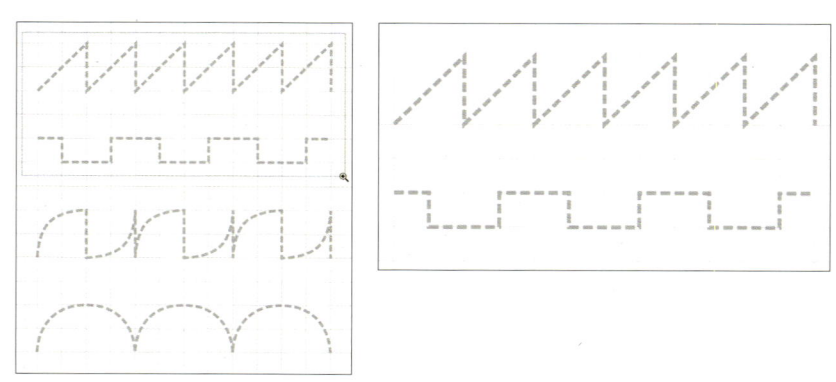

작업 크기 조절
일러스트레이터는 벡터 방식으로 구성된 프로그램입니다. 따라서 이미지를 크게 하거나 화면을 확대하더라도 이미지는 전혀 손상되지 않습니다. 그러므로 일러스트레이터 작업 시에는 30% 이상으로 완성한 후 실제 크기로 조절하는 것이 좋습니다.

확대 · 축소 단축키
화면을 확대하고 축소하는 것은 일러스트레이터 작업 시 자주 사용하는 기능입니다.
- 화면 확대: 돋보기 툴(🔍)은 클릭할 때마다 정해진 비율로 확대됩니다. 작업 도중에 Ctrl + Space Bar 를 누르면 확대 돋보기 툴로 전환됩니다.
- 화면 축소: Alt 를 누르고 클릭하면 아이콘이 '-'로 바뀌면서 축소됩니다. 작업 도중에 Ctrl + Alt + Space Bar 를 누르면 축소 돋보기 툴로 전환됩니다.
- 자주 사용되는 기능인 만큼 단축키를 활용하면 편리하게 작업할 수 있습니다.

STEP 02 펜 툴( )로 직선 그리기

01 작업하기 적당한 크기로 확대되었다면, 도구 상자에서 펜 툴( )을 선택하고 면 색상으로 'None'을 적용합니다. 그런 다음 상단의 옵션 바에서 면 색상, 선 색상을 변경하고 선 두께를 '5pt'로 설정합니다.

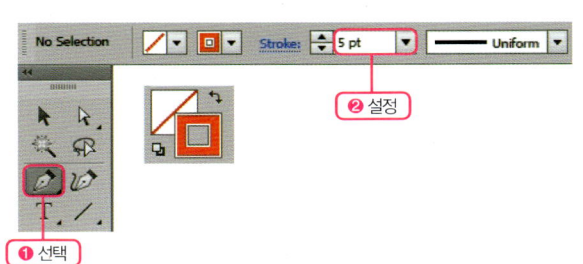

● **패스 색 설정**
패스 작업을 진행할 때는 선 색만을 가지고 작업을 해야 정확한 작업을 할 수 있습니다.

02 도구 상자에서 펜 툴( )을 지정합니다. **01** 첫 번째 직선의 끝 부분에 펜 툴을 위치합니다. 펜 툴을 정확히 위치시킨 다음, 클릭하면 기준점(앵커 포인트)이 그리드 선에 정확히 맞추어 생성됩니다. 패스의 시작점이 만들어진 것을 확인할 수 있습니다. **02** 빨간색으로 활성화되어 있는 상태에서 다음의 기준점이 되는 상단 부분을 클릭합니다. 그러면 기준점이 다시 생기고 기준점과 기준점 사이에 세그먼트가 생깁니다. **03** 이러한 방법으로 계속 기준점을 추가하여 직선을 그립니다.

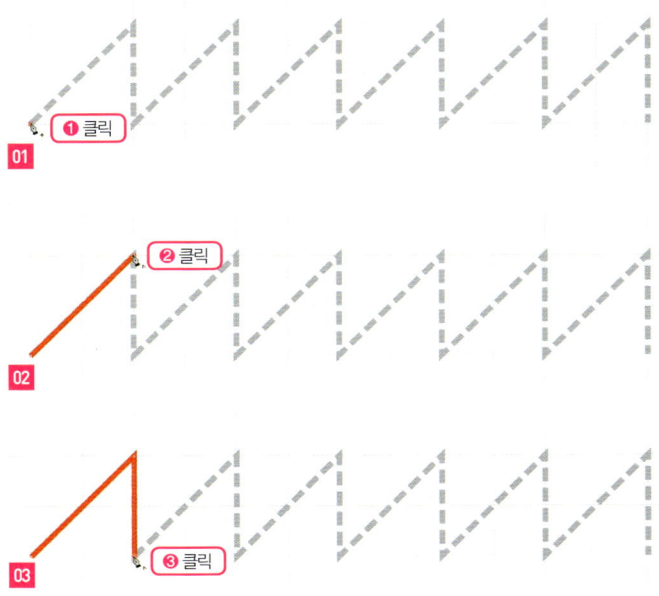

베이지 곡선이란?
일러스트레이터는 그래픽 드로잉의 기초가 되는 베지어 곡선의 체계를 따릅니다. 베지어 곡선이란 불규칙한 곡선을 수학적인 좌표 체계로 형상화시킨 선을 말합니다. 그래서 베지어 곡선은 도형을 형성하며 패스로 표현합니다. 패스는 기준점과 기준점이 모여 세그먼트를 만들고 세그먼트와 세그먼트가 이어져 패스를 이루며, 패스와 패스가 모여 하나의 도형을 이루게 됩니다.

03 패스 작업이 완성되었다면 진행 중인 패스의 선택을 해제해야 합니다. 메뉴의 [Select-Deselect] 명령을 사용하는 것이 일반적이지만 메뉴를 선택하고 해제합니다.

04 다음 그림처럼 계속해서 원하는 지점을 클릭해 직선을 완성해봅니다. Shift를 누르면서 진행하면 보다 빠르고 쉽게 작업할 수 있습니다.

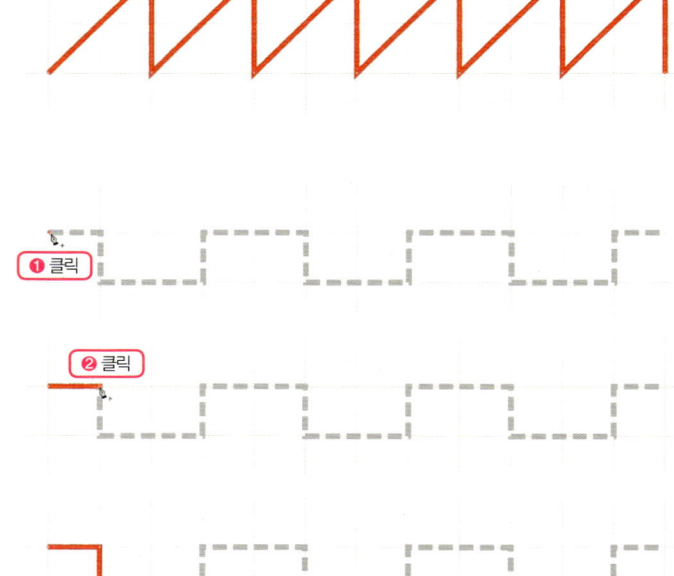

STEP 03 펜 툴( )로 꺾어진 곡선 그리기

01 **01** 꺾어진 곡선을 그리기 위해 먼저 곡선의 끝부분에 시작점을 만든 후 기준점을 마우스로 클릭하면서 드래그합니다. **02** 그러면 방향을 잡을 수 있는 방향 선과 방향점이 나타나게 됩니다. 이때 원하는 모양의 곡선이 되면 마우스에서 손을 뗍니다. **03** 그러면 곡선으로 이루어진 첫 번째 세그먼트가 만들어집니다.

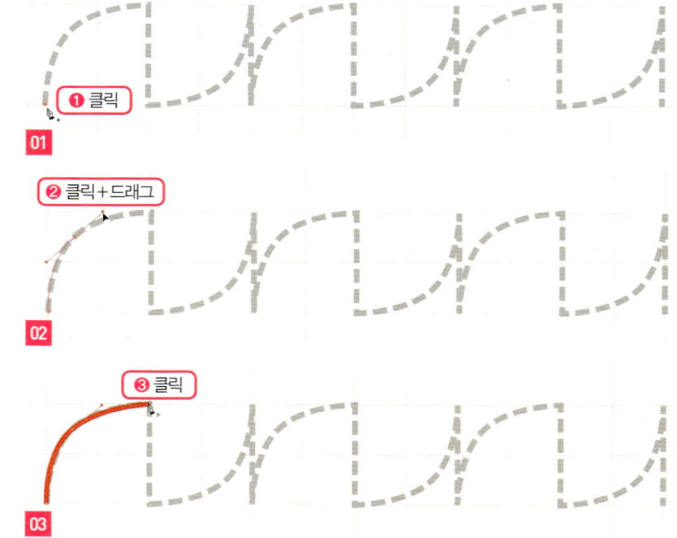

● 방향 선을 드래그할 때 Shift를 누르면 방향 선이 수직, 수평 또는 45도 방향을 기준으로 고정되어 좀 더 정확한 곡선의 형태를 그릴 수 있습_l다.

02 방향 핸들의 삭제 없이 다음 기준점을 추가하면 방향 선의 영향으로 곡선의 형태가 나타나게 됩니다. 곡선의 세그먼트를 만든 후 직선을 만들려고 한다면 진행 방향의 핸들을 삭제하고, 다음 기준점을 만들어야 직선의 세그먼트를 만들 수 있습니다. 두 번째 기준점을 펜 툴로 클릭하면 앞쪽의 진행 핸들이 삭제될 것입니다. 세 번째 기준점을 클릭해 직선을 그려 나갑니다.

작업 도중 전단계의 작업 과정으로 되돌아가기
• 메뉴의 [Edit-Undo] 명령 또는 단축키 Ctrl+Z 를 눌러 실행
• Undo 명령은 전 작업의 단계를 복구시키는 명령

다시 전 과정으로 되돌아가기
• 메뉴의 [Edit-Redo] 명령 또는 단축키 Ctrl+Shift+Z 를 눌러 실행

03 04 계속해서 네 번째 기준점을 추가하고 마우스로 클릭한 상태에서 방향 선을 드래그 곡선으로 만듭니다. 펜 툴로 네 번째 기준점을 클릭하여 방향 선을 삭제합니다. 05 같은 방법으로 다섯 번째 기준점을 클릭하여 직선을 그립니다.

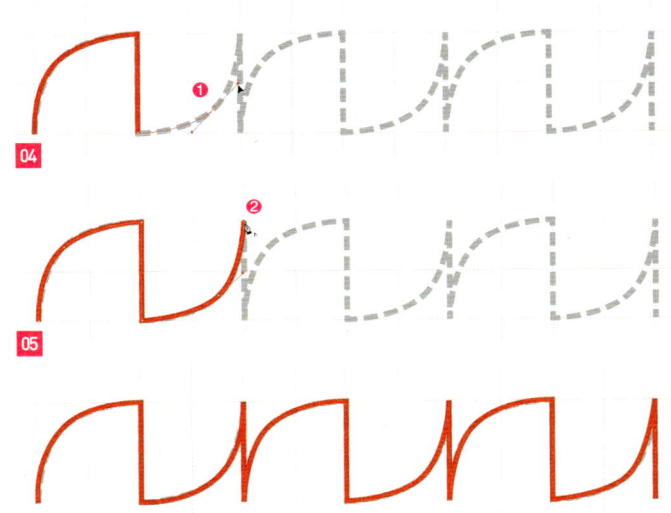

STEP 04 펜 툴(✎)로 곡선 그리기

01 01 두 기준점 사이에 곡선의 변화를 가진 세그먼트를 만듭니다. 곡선의 끝부분에서 기준점을 클릭하면서 드래그하여 방향 선과 핸들을 보이게 합니다. 02 두 번째 기준점을 클릭하여 오른쪽 수평 방향으로 드래그하면 두 기준점 사이에 부드러운 곡선이 만들어집니다.

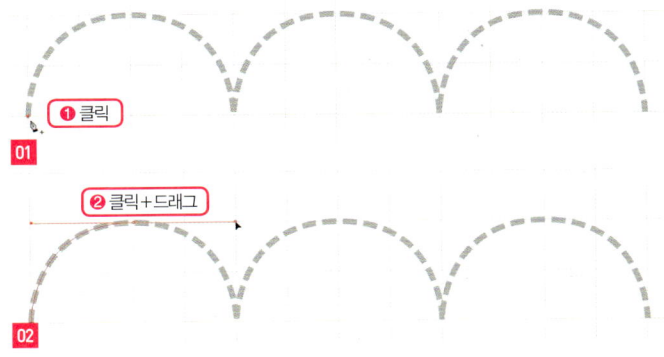

02 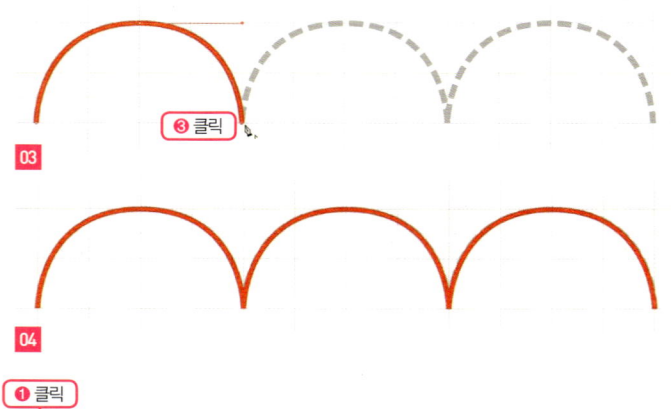 03 세 번째 기준점, 네 번째 기준점을 클릭해 곡선을 연결합니다. 04 곡선의 끝부분까지 완성시키고 선택을 해제합니다.

03 모든 작업을 마쳤다면 실제 크기로 전환합니다. 05 돋보기 툴()을 더블클릭하거나 메뉴의 [View-Actual Size]를 실행하면 실제 작업크기로 보이게 됩니다. 06 단축키 Ctrl+1을 누르면 됩니다. 그런 다음 메뉴의 [View-Hide Grid]를 실행하여 그리드 선을 숨깁니다.

STEP 05 선의 두께 및 색상 적용하기

01 작업된 패스의 두께를 조절해봅니다. 첫 번째 패스를 선택 툴()로 선택한 후 01 메뉴의 [Window-Stroke]를 실행하면 나타나는 02 [Stroke] 팔레트의 [Weight] 항목에 '10pt'를 적용하여 패스를 두껍게 만듭니다.

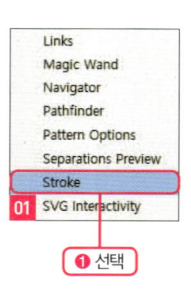

[Stroke] 팔레트
[Stroke] 팔레트는 도형 또는 선의 외곽선 굵기와 선 형태, 끝부분의 형태, 모서리 부분의 형태 등을 설정할 수 있는 팔레트입니다.

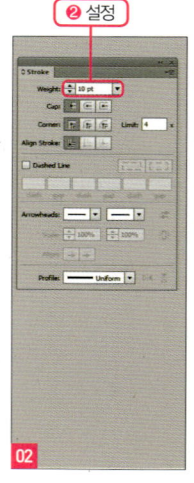

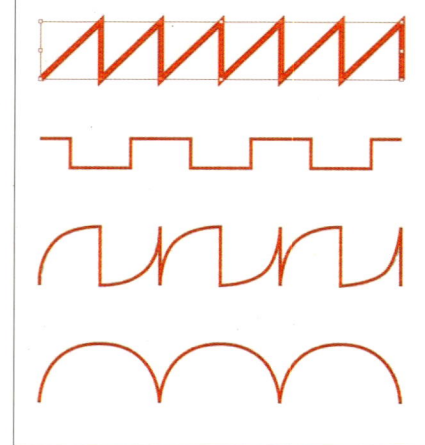

02 작업된 패스에 색상을 적용해봅니다. [Swatches] 팔레트의 색상 아이콘을 클릭하여 원하는 색상을 클릭합니다. 패스에 선 색상이 변경됩니다. 각각의 패스에 두께와 색상을 적용시킨 후 작업을 마무리합니다.

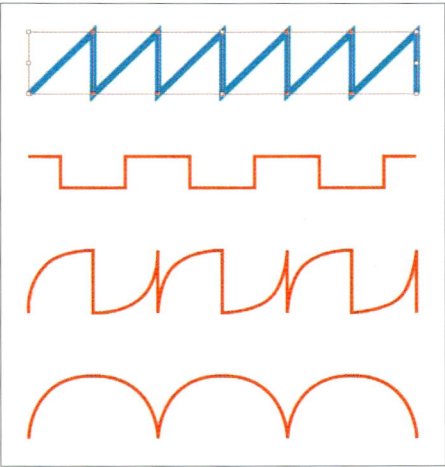

일러스트레이터를 이용한 기초 드로잉

일러스트레이터의 가장 중요한 목적은 벡터 속성을 이용한 드로잉이라고 할 수 있습니다. 드로잉을 위한 가장 기본적인 툴은 펜 툴(Pen Tool)입니다. 이번에는 펜 툴을 익히기 전에 벡터로 그려지는 베지어 곡선(Bezier Curve)에 대해 살펴보겠습니다.

1 베지어 곡선의 기본적인 구조

기본적으로 기준점(Anchor Point)을 중심으로 방향 선(Direction Line)과 방향점(Direction Point)으로 구성되어 있습니다.

❶ **기준점(Anchor Point)** 하나의 곡선을 구성하는 기본이 되는 점으로, 펜 툴을 이용하여 클릭하면 만들어집니다.
❷ **선분(Segment)** 하나의 점(Point)에서 또 다른 점 사이를 연결하는 곡선으로 펜 툴을 이용하여 두 점을 클릭하면 만들어집니다.
❸ **방향 선(Direction Line)** 곡선의 형태를 조절할 수 있는 선으로, 펜 툴을 이용하여 기준점을 클릭한 후 드래그하면 나타납니다.
❹ **방향점(Direction Point)** 방향 선의 끝점을 말하며, 방향 선의 각도와 길이를 조절하거나 방향과 함께 곡선의 형태를 만들어줍니다.
❺ **패스(Path)** 여러 개의 세그먼트가 연결된 것으로, 하나의 개체라고 할 수 있습니다.

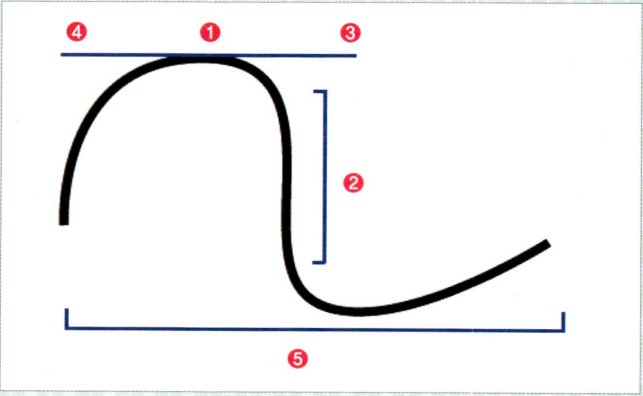

2 선분(Segment)과 기준점(Anchor Point)

두 개의 기준점 사이를 연결하고 있는 하나의 직선 또는 곡선을 세그먼트라고 합니다. 세그먼트는 기준점과 상호 관계를 가지고 있기 때문에 기준점을 이동하여 세그먼트의 형태를 변경, 이동시킬 수 있으며, 세그먼트를 이동해도 기준점을 변경시킬 수 있습니다.

- Alt 를 누르고 방향점을 클릭하면 기준점 전환 툴로 바뀌어 방향 선의 방향을 바꿀 수 있습니다.
- 방향 선을 드래그할 때 Shift 를 누르고 드래그하면 방향 선이 수직, 수평 또는 45도의 방향을 기준으로 고정되어 좀 더 정확한 곡선의 형태를 그릴 수 있습니다.

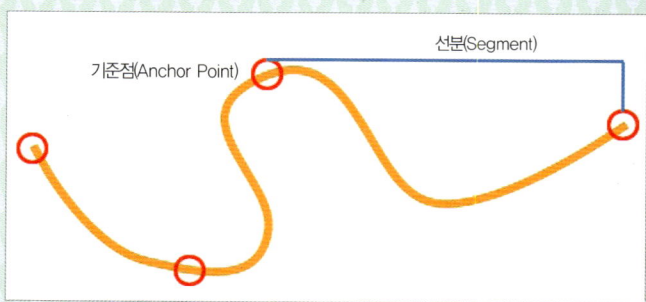

3 방향 선(Direction Line)과 방향점(Direction Point)

방향 선과 방향점은 기준점에 연결된 곡선의 형태를 만들어주는 기능을 가지고 있으며, 방향 선의 길이와 각도, 그리고 방향점을 이동시켜 세그먼트 형태를 변화시켜줄 수 있습니다. 방향점은 한꺼번에 이동시켜줄 수도 있으며, 하나의 방향점만을 이동시켜줄 수도 있습니다.

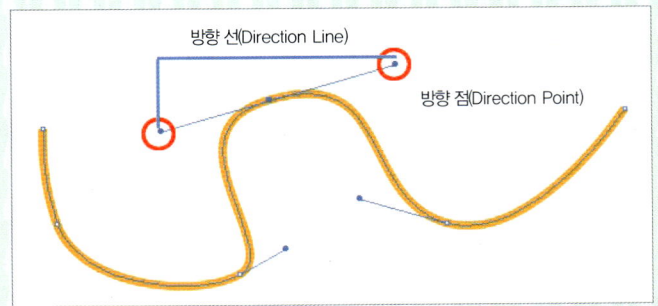

4 패스(Path)와 도형(Object)

여러 개의 세그먼트가 연결되어 패스를 만들어줍니다. 패스는 열린 패스와 닫힌 패스로 나눌 수 있습니다. 이러한 패스에 의해 만들어지는 형태를 '도형'이라고 합니다.

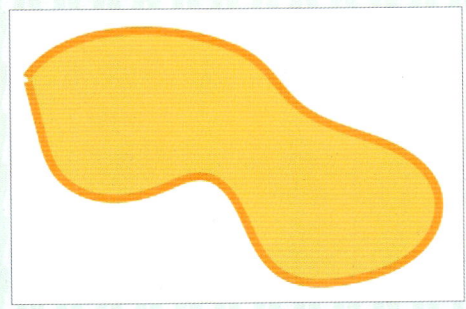

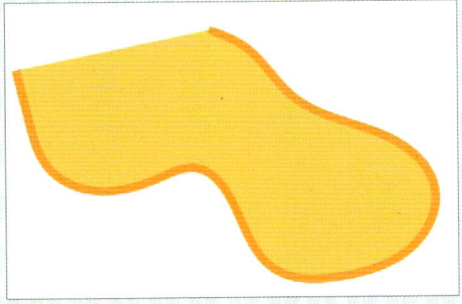

LESSON 02 도형 툴로 도형 만들기

일러스트레이터에서 도형 툴은 앞서 익힌 펜 툴만큼 필수적인 기능입니다. 도형 툴을 사용하여 도형을 생성하고 그 도형들의 패스를 수정하여 단순하면서도 눈길을 끄는 타원 캐릭터를 제작해보겠습니다.

핵심기능 ▶ 기본 도형 알아보기

기본 도형 도구와 일러스트레이터에서 추가된 도구의 사용법을 알아보고, 각 도구들의 대화상자를 살펴본 후 도구를 이용해 도형을 작업해보겠습니다.

∷ 사각형 도구(Rectangle Tool, 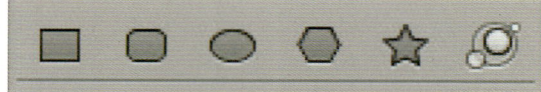)

사각형 툴(■)을 선택한 후 화면을 클릭하여 [Rectangle] 대화상자에 값을 입력하고 [OK] 버튼을 클릭합니다.

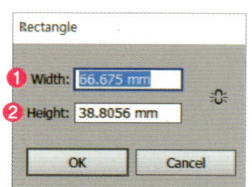

❶ Width 사각형의 가로 넓이를 입력합니다.
❷ Height 사각형의 세로 높이를 입력합니다.

∷ 마우스를 이용한 사각형 드로잉

사각형 툴(■)을 선택한 후 화면에 클릭, 드래그합니다.

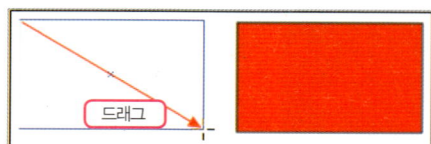

• Shift+드래그: 정사각형이 드로잉됩니다.

- Alt+드래그: 클릭한 지점이 사각형의 중심이 되어 사각형이 드로잉됩니다.
- Shift+Alt+드래그: 클릭한 지점이 사각형의 중심이 되어 정사각형이 드로잉됩니다.

:: 둥근 사각형 도구(Rounded Rectangle Tool, ▢)

둥근 사각형 툴(▢)을 선택한 후 화면을 클릭하여 [Rounded Rectangle] 대화상자에 값을 입력하고 [OK] 버튼을 클릭합니다.

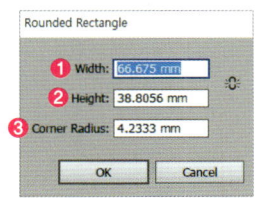

❶ Width 둥근 사각형의 가로 넓이를 입력합니다.
❷ Height 둥근 사각형의 세로 높이를 입력합니다.
❸ Corner Radius 모서리의 반지름 값을 입력합니다.
즉, 모서리의 굴림 정도를 말합니다.

:: 마우스를 이용한 둥근 사각형 드로잉

둥근 사각형 툴(▢)을 선택한 후 화면을 클릭하여 [Rounded Rectangle] 대화상자에 값을 입력하고 [OK] 버튼을 클릭합니다.
- 둥근 사각형 툴(▢)을 선택한 후 화면을 클릭, 드래그합니다.
- Shift+Alt+드래그: 클릭한 지점이 둥근 사각형의 중심이 되어 둥근 정사각형이 드로잉됩니다.

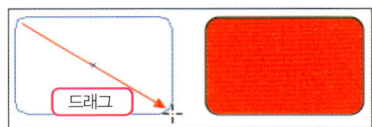

- 선택 툴(▶)을 이용해 도형을 클릭한 후 모서리의 정점을 클릭, 드래그하여 모서리의 반지름 값을 임의로 크거나 작게 조절할 수 있습니다.

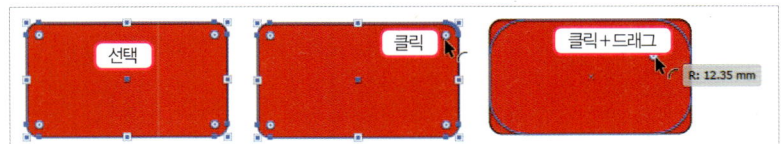

:: 원 도구(Ellipse Tool, ◯)

원형 툴(◯)을 선택한 후 화면을 클릭합니다. [Ellipse] 대화상자가 나타나면 값을 입력하고 [OK] 버튼을 클릭합니다.

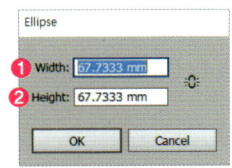

❶ Width 원의 가로 크기를 입력합니다.
❷ Height 원의 세로 크기를 입력합니다.

:: 마우스를 이용한 원 드로잉

- 원형 툴( )을 선택한 후 화면에 클릭하고 대각선으로 드래그합니다.

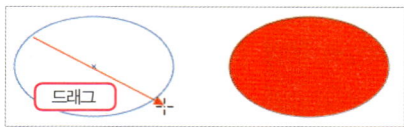

- Shift+드래그: 정원이 드로잉됩니다.
- Shift+Alt+드래그: 클릭한 지점이 원의 중심이 되어 정원이 드로잉됩니다.

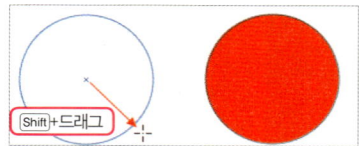

- Alt+드래그: 클릭한 지점이 원의 중심이 되어 원이 드로잉됩니다.

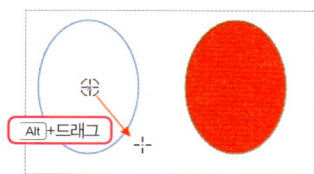

:: 다각형 도구(Polygon Tool,)

다각형 툴( )을 선택한 후 화면을 클릭하여 [Polygon] 대화상자에 값을 입력하고 [OK] 버튼을 클릭합니다.

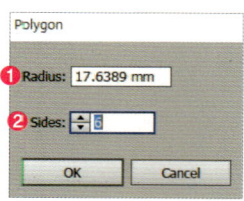

❶ Radius 다각형에 반지름을 입력합니다.
❷ Sides 다각형의 면수를 지정합니다.

:: 마우스를 이용한 다각형 드로잉

다각형 모양의 도형을 드로잉할 때 사용하고, 클릭하는 위치가 중심이 되며, 드래그하여 크기를 조절합니다.

- 다각형 툴( )을 선택한 후 화면에 클릭, 드래그합니다.
- Shift+드래그: 다각형의 각도가 회전되지 않고 정으로 드로잉됩니다.

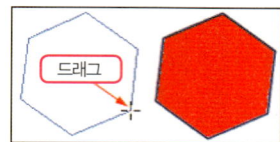 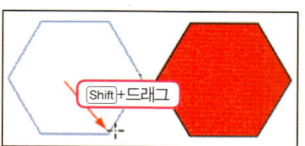

:: 별 도구(Star Tool, ☆)

별 툴(☆)을 선택한 후 화면을 클릭하여 [Star] 대화상자에 값을 입력하고 [OK] 버튼을 클릭합니다.

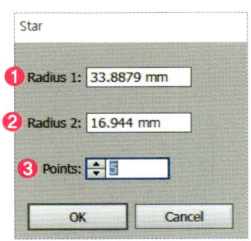

❶ Radius1 안쪽 또는 바깥쪽 꼭짓점의 반지름을 입력합니다.
❷ Radius2 안쪽 또는 바깥쪽 꼭짓점의 반지름을 입력합니다. Radius1과 Radius2 중에 값이 큰 쪽이 바깥쪽 꼭짓점의 반지름이 됩니다.
❸ Points 별의 꼭짓점 수를 입력합니다.

:: 마우스를 이용한 별 드로잉

별 모양의 도형을 드로잉할 때 사용하며, 클릭하는 위치가 중심이 됩니다. 드래그하면 크기를 조절할 수 있습니다.

- 별 툴(☆)을 선택한 후 화면을 클릭, 드래그합니다.
- Shift+드래그: 별형의 각도가 회전되지 않고 정으로 드로잉됩니다.

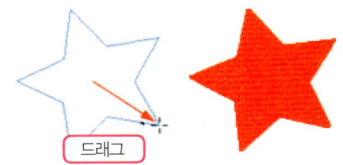

:: 플레어 도구(Flare Tool, ◎)

일러스트레이터에서 새롭게 추가된 도구로 렌즈 조명 효과를 만들 수 있고, 광택 또는 화려함을 표현할 수 있습니다. 비트맵 이미지나 도형 위에 드래그하여 광선 효과를 지정하면 완성도 있는 작품을 만들 수 있습니다.

플레어 툴(◎)을 선택한 후 화면을 클릭해 [Flare] 대화상자에 값을 입력하고 [OK] 버튼을 클릭합니다.

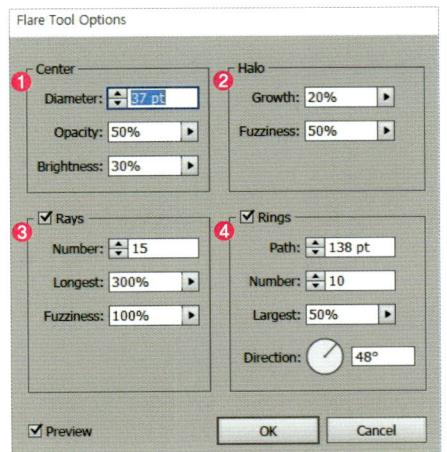

❶ **Center** 플레어 중심에 대한 설정입니다.
- Diameter: 광원의 지름을 지정합니다(기본 값: 100pt, 설정 범위: 0~1000pt).
- Opacity: 광원의 불투명을 지정합니다(설정 범위: 0~100%).
- Brightness: 광원의 밝기를 지정합니다(설정 범위: 0~100%).

❷ **Halo** 플레어 후광에 대한 설정입니다.
- Growth: 후광의 크기를 배율로 지정합니다(설정 범위: 0~300%).
- Fuzziness: 후광의 흐린 정도를 지정합니다(설정 범위: 0~100%).

❸ **Rays** 플레어에 나타나는 광선에 대한 설정입니다.
- Number: 90도에 들어가는 광선의 수를 조절합니다(설정 범위: 0~50).
- Longest: 가장 긴 광선의 크기를 지정합니다(기본 값: 300%, 설정 범위: 10~1000%).
- Fuzziness: 광선의 흐릿한 정도를 지정합니다(설정 범위: 0~100%).

❹ **Rings** 플레어의 고리에 대한 설정입니다.
- Path: 고리들의 길이를 지정합니다(설정 범위: 0~1000pt).
- Number: 고리의 수를 지정합니다(설정 범위: 0~50).
- Largest: 가장 큰 고리의 크기를 지정합니다(0~250%).
- Direction: 플레어에서 고리가 나가는 방향을 지정합니다.

마우스를 이용한 플레어 드로잉

플레어 툴( )을 선택한 후 드래그하여 광선의 중심을 지정하고, 다시 드래그 또는 클릭해 길이를 지정합니다.

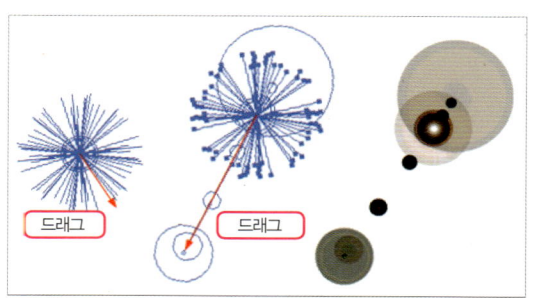

선 도구(Line Segment Tool,)

일러스트레이터에서 새롭게 추가된 도구로 직선, 수평, 수직, 사선 등을 정확히 그릴 때 사용합니다. 선 툴( )을 선택한 후 화면을 클릭하여 [Line Segment] 대화상자에 값을 입력하고 [OK] 버튼을 클릭합니다.

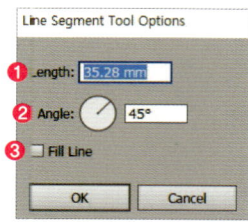

❶ **Length** 선의 길이를 지정합니다.
❷ **Angle** 선의 기울기를 지정합니다.
❸ **Fill Line** 그려지는 선에 지정된 면 색상이 채워집니다.

:: 마우스를 이용한 선 드로잉

- 선 툴( )을 선택하고 화면에 클릭, 드래그하여 방향과 길이를 정해 직선을 그립니다.
- Shift+드래그: 45도의 정확한 수평, 수직선이 드로잉됩니다.
- Alt+드래그: 클릭한 지점이 선의 중심이 되어 양쪽으로 선이 드로잉됩니다.

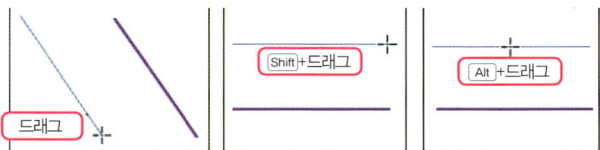

:: 호 도구(Arc Tool,)

일러스트레이터에서 새롭게 추가된 도구로 원의 1/4호를 드로잉하는 도구입니다. 호 툴( )을 선택한 후 화면을 클릭하여 [Arc Segment] 대화상자에 값을 입력하고 [OK] 버튼을 클릭합니다.

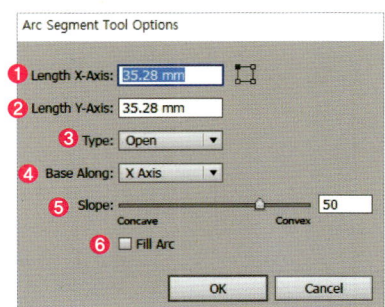

❶ **Length X-Axis** 호의 X축 방향 길이를 지정합니다.
❷ **Length Y-Axis** 호의 Y축 방향 길이를 지정합니다.
❸ **Type** 작성되는 호의 형태를 지정합니다.
- Open: 열린 호를 그려줍니다.
- Closed: 닫힌 호를 그려줍니다.

❹ **Base Along** 기준이 되는 축을 선택합니다.
- X Axis: X축을 기준으로 그립니다.
- Y Axis: Y축을 기준으로 그립니다.

❺ **Slope** 호의 경사도를 지정하는 옵션입니다.
❻ **Fill Arc** 그려지는 호에 지정된 면 색상이 채워집니다.

:: 마우스를 이용한 호 드로잉

- 호 툴( )을 선택한 후 화면에 클릭, 드래그하여 원하는 방향과 길이로 호를 그립니다.
- Shift+드래그: 90도를 이루는 호가 드로잉됩니다.

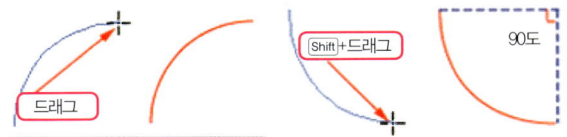

:: 나선형 도구(Spiral Tool,)

나선형의 소용돌이를 만드는 도구입니다. 나선형 툴( )를 선택한 후 화면을 클릭하여 [Spirl] 대화상자에 값을 입력하고 [OK] 버튼을 클릭합니다.

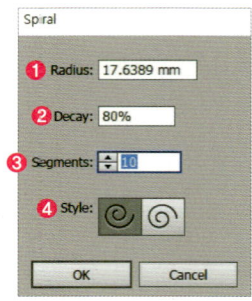

❶ **Radius** 중심에서 바깥쪽 끝점까지의 거리를 지정합니다.
❷ **Decay** 회전하면서 퍼져 나가는 정도를 지정합니다. 100%를 기준으로 100%보다 작은 값은 나선형이 안쪽으로 말리며, 100%보다 큰 값은 바깥쪽 반대 방향으로 말리면서 커집니다. 또한 100%인 경우에는 원이 그려집니다.
❸ **Segments** 나선을 구성하는 세그먼트 수를 지정합니다.
❹ **Style** 회전하는 방향을 설정합니다.

:: 마우스를 이용한 나선형 드로잉

- 나선형 툴( )을 선택한 후 화면에 클릭, 드래그합니다.
- Ctrl+드래그: Decay(퍼짐) 정도를 조절하며 드로잉됩니다.

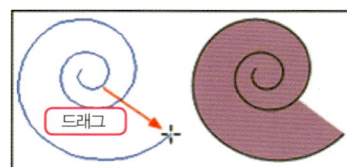 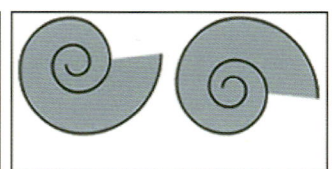

▲ Style에 따른 변화

:: 사각 그리드 도구(Rectangular Tool,)

사각 그리드 툴( )을 선택한 후 화면을 클릭하여 [Rectangular Grid] 대화상자에 값을 입력하고 [OK] 버튼을 클릭합니다.

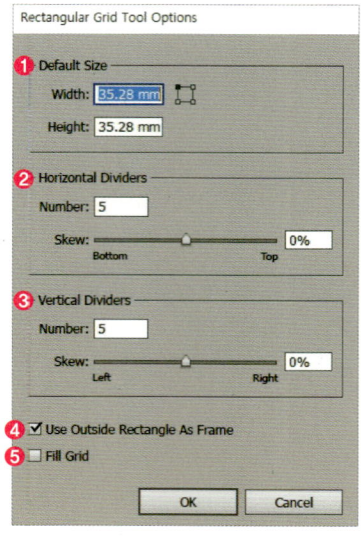

❶ **Default Size**
 • Width: 가로 방향의 크기를 지정합니다.
 • Height: 세로 방향의 크기를 지정합니다.
❷ **Horizontal Dividers**
 • Number: 가로 방향의 분할 개수를 지정합니다.
 • Skew: 가로 방향으로 선들이 치우치는 정도를 지정합니다.
❸ **Vertical Dividers**
 • Number: 세로 방향의 분할 수를 지정합니다.
 • Skew: 세로 방향으로 선들이 치우치는 정도를 지정합니다.
❹ **Use Outside Rectangle As Frame** 외곽선을 사각형 도형으로 그려집니다.
❺ **Fill Grid** 그려지는 그리드에 지정된 면 색상이 채워집니다.

:: 마우스를 이용한 사각 그리드 드로잉

• 사각 그리드 툴(▦)을 선택한 후 화면에 클릭, 드래그합니다.

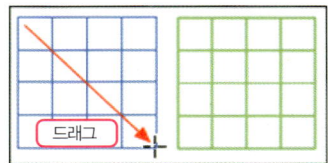

:: 원 그리드 도구(Polar Grid Tool, ◉)

원 그리드 툴(◉)을 선택한 후 화면을 클릭해 [Polar Grid] 대화상자에 값을 입력하고 [OK] 버튼을 클릭합니다.

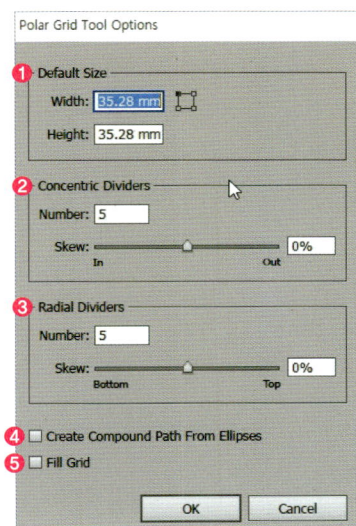

❶ Default Size
  • Width: 원형 격자의 가로 크기를 지정합니다.
  • Height: 원형 격자의 세로 크기를 지정합니다.
❷ Concentric Dividers
  • Number: 동심원(트랙) 분할 수를 지정합니다.
  • Skew: 동심원이 내 · 외부로 치우치는 정도를 지정합니다.
❸ Radial Dividers
  • Number: 방사상(섹터) 분할 수를 지정합니다.
  • Skew: 방사상으로 분할되는 선의 치우치는 정도를 말합니다.
❹ Create Compound Path From Ellipses 동심원으로 분할되는 원을 콤파운드 패스로 작성할지, 원으로 작성할지를 결정합니다.
❺ Fill Grid 그려지는 그리드에 지정된 면 색상이 채워집니다.

:: 마우스를 이용한 원 그리드 드로잉

• 원 그리드 툴(◉)을 선택한 후 화면에 클릭, 드래그합니다.

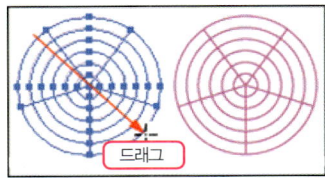

:: 회전 도구(Rotate Tool, ↻)

• 회전시킬 도형을 선택하고 회전 툴(↻)을 누르면 도형 중앙에 중심점이 나타납니다.
• 도형을 제외한 화면의 아무 곳이나 누르고 마우스로 드래그하면 중심점을 기준으로 도형이 반사됩니다.

● 예제 파일
Sample\Theme01\
Lesson02\rotate.ai

> **TIP**
> 객체 회전을 도와주는 단축키
> • 중심축을 이동하려면 기준이 될 위치를 클릭하거나 중심점을 선택하고 드래그합니다.
> • Shift +드래그: 도형이 수평·수직의 45도로 회전됩니다.
> • Alt +드래그: 회전되면서 도형이 복사됩니다.

:: 대화상자를 이용한 도형 회전하기

대화상자를 이용하면 정확한 각도로 회전할 수 있고, 패턴만 회전할 수도 있습니다.
• 도형을 선택한 후 회전 툴()을 더블클릭하면 [Rotate] 대화상자가 나타납니다.
• 대화상자에 원하는 회전 각도를 입력한 후 [OK] 버튼을 클릭합니다.

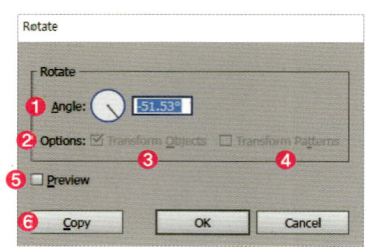

❶ **Angle**   회전할 각도를 입력합니다.
❷ **Options**   도형 내부 색상이 패턴일 경우에 활성화됩니다.
❸ **Transform Objects**   도형의 회전 여부를 지정합니다.
❹ **Transform Patterns**   패턴의 회전 여부를 지정합니다.
❺ **Preview**   회전할 도형의 상태를 미리 보여줍니다.
❻ **Copy**   도형이 복사되면서 회전합니다.

:: 크기 조절 도구( )

• 도형을 선택하고 크기 조절 툴( )을 누르면 도형 중앙에 중심점이 나타납니다.
• 도형을 제외한 화면의 아무 곳이나 누르고 마우스로 드래그하면 중심점을 기준으로 도형의 크기가 조절됩니다.

   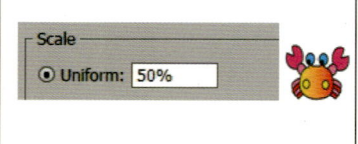   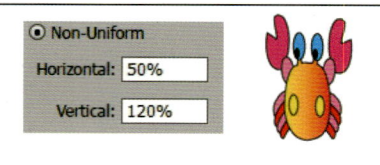

▲ 원본   ▲ 가로, 세로 같은 비율로 크기 조절   ▲ 가로, 세로 다른 비율로 크기 조절

객체 크기 조절을 도와주는 단축키
- 중심축을 이동하려면 기준이 될 위치를 클릭하거나 중심점을 선택하고 드래그합니다.
- Shift +드래그: 가로·세로 비율을 같게 조절할 수 있습니다.
- Alt +드래그: 크기가 조절되면서 도형이 복사됩니다.

∷ 대화상자 이용해 도형 크기 조절하기

- 도형을 선택한 후 크기 조절 툴( )을 더블클릭하면 [Scale] 대화상자가 나타납니다.
- 대화상자에 원하는 옵션을 선택한 후 [OK] 버튼을 클릭합니다.

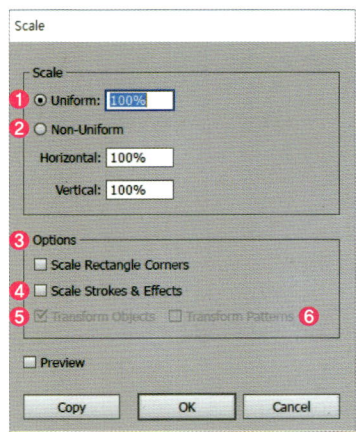

❶ **Uniform** 가로 세로의 크기를 똑같은 비율대로 함께 조절합니다.
❷ **Non-Uniform** Horizontal(가로)와 Vertical(세로)을 따로 지정하여 크기를 다르게 조절할 수 있습니다.
❸ **Options** 도형 내부 색상이 패턴일 경우 활성화됩니다.
❹ **Scale Strokes & Effects** 체크를 하면 외곽선도 확대·축소의 비율대로 조절됩니다.
❺ **Transform Objects** 도형의 크기 조절 여부를 지정합니다.
❻ **Transform Patterns** 패턴의 크기 조절 여부를 지정합니다.

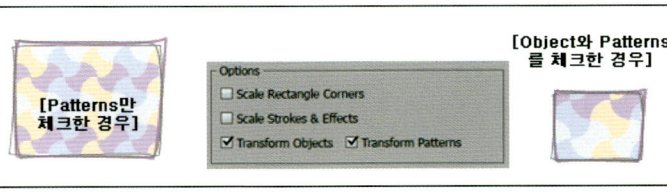

테두리 굵기 조절하기
- 크기 조절 툴( )의 세 개 옵션은 기본적으로 체크되어 있고, 크기 조절에 따라 적용된 효과나 테두리 굵기가 함께 변하는 것이 좋으며, 상황에 따라 설정은 변경하여 사용하면 됩니다.
- Alt 를 누른 채 다른 지점을 클릭하면 클릭한 지점을 중심으로 대화상자를 이용할 수 있습니다.

타원 모양
모델링 작업하기

01

완성 파일 Sample\Theme01\Lesson02\타원-완성.ai

키 워 드 도형 툴, 직접 선택 툴, Scale 툴, Rotate 툴, 도형의 복사 활용법
길라잡이 일러스트레이터가 만들어 내는 다양한 도형들의 시작은 도형 툴에서부터 시작하며, 쉬운 기능이면서도 활용할 수 있는 범위가 다양합니다.

STEP 01 도형 생성 및 선 두께와 색상 적용하기

01 새로운 문서를 메뉴의 [File-New]를 실행하여 열고, 01 도구 상자에서 원형 툴( )을 선택한 후 화면에 클릭합니다. 그러면 새로운 도형을 생성하기 위한 [Ellipse] 대화상자가 화면에 나타날 것입니다. 02 대화상자에서 가로의 크기와 세로의 크기, 라운드될 도형의 값을 입력하고 (Width: 80mm, Height: 160mm) [OK] 버튼을 클릭합니다.

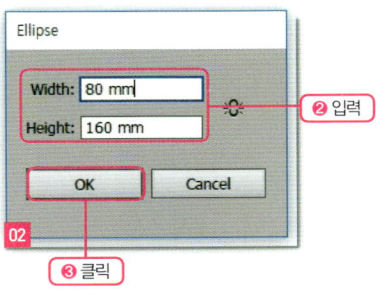

02 생성된 도형의 선에 색상을 적용시킬 차례입니다. 03 도구 상자에서 도형의 면(Fill)은 None( )을 클릭하여 색상을 지정하지 않습니다. 그런 다음 04 메뉴의 [Window-Stroke]에서 선의 두께를 '10pt'로 적용합니다. 선의 두께가 적용되면 선 색상으로 'M: 100', 'Y: 100'을 적용합니다.

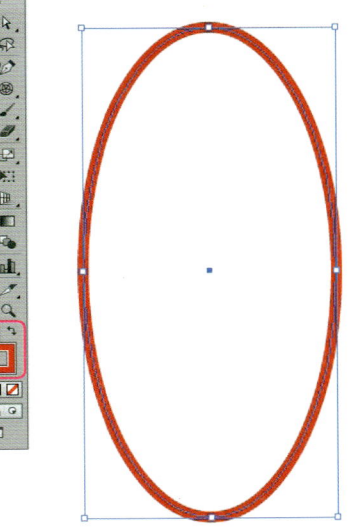
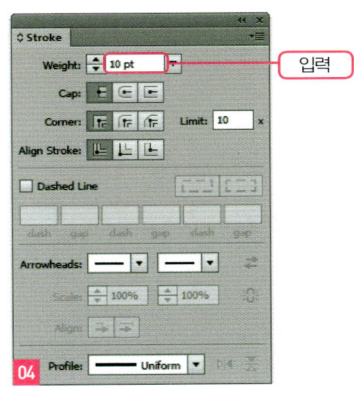

컬러 모드 도구
컬러 모드에서 도형의 면(Fill)과 선(Stroke)의 색상을 조절할 수 있습니다. 면 부분에는 단일 색상이나 패턴, 그레이던트 등을 적용할 수 있지만, 선 부분에는 단일 색상만이 적용됩니다.

STEP 02 도형 편집하기

01 도형을 복사하여 새로운 도형을 생성해봅니다. 도형을 선택하고 메뉴의 [Edit-Copy]를 실행합니다.

도형 복사 및 붙여 넣기
도형을 복사하여 붙여 넣기를 할 때는 단축키 Ctrl+C를 누른 후 Ctrl+V를 누르거나 선택 툴로 전체 선택을 한 후 Alt를 누르고 드래그하면 쉽게 도형을 복사, 이동시킬 수 있습니다.

02 복사된 도형을 붙여 넣기 위하여 메뉴의 [Edit-Paste]를 실행합니다. 단축키로는 Ctrl+V를 실행해도 됩니다. 도형이 복사되어 화면에 삽입이 됩니다.

03 도구 상자에서 직접 선택 툴()을 선택하고, 복사된 도형의 위쪽 기준점을 드래그하여 선택합니다. 선택된 기준점을 Delete를 눌러 삭제합니다.

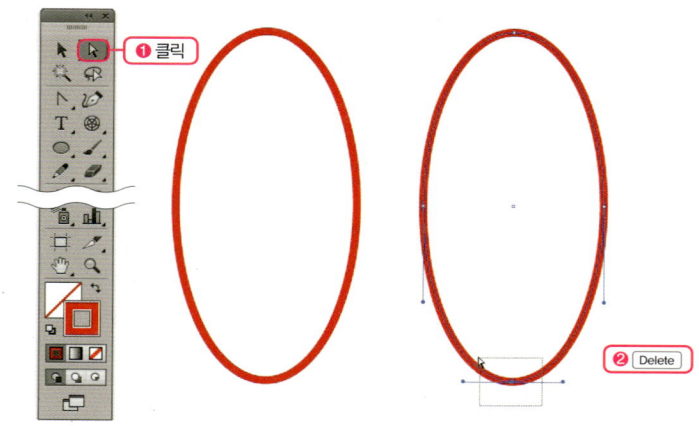

직접 선택 기준점 이해하기
직접 선택 툴은 도형의 기준점(Anchor Point)과 방향점(Direction Point), 방향 선(Direction Line), 선분(Segment)을 부분적으로 선택하여 도형을 수정하는 기능을 합니다. 직접 선택된 기준점은 안이 채워진 작은 사각형 모양이며, 선택되지 않은 기준점은 선으로 그려진 사각형 모양을 띕니다.

04 위쪽 기준점을 삭제하면 윗부분의 곡선이 사라지고, 패스가 열린 도형으로 변합니다. **01** 선의 끝부분의 두 기준점을 연결하여 하나의 닫힌 도형으로 만들기 위해 직접 선택 툴( )로 위쪽의 열린 두 기준점을 선택하고 **02** 메뉴의 [Object-Path-Join]을 실행합니다. 그런 다음 도구 상자에서 Swap Fill and Stroke( )를 실행하여 면만을 가진 도형으로 변화합니다.

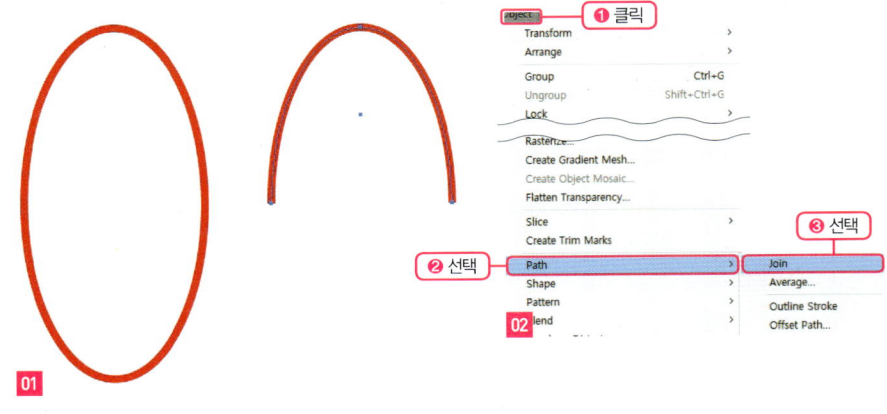

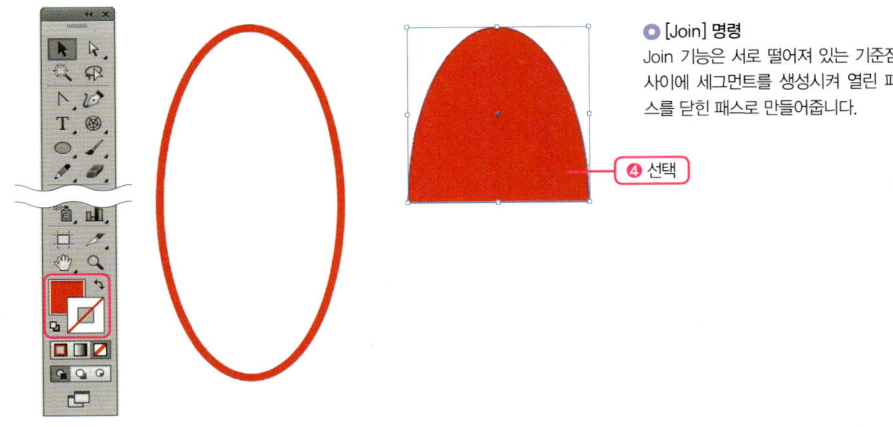

○ [Join] 명령
Join 기능은 서로 떨어져 있는 기준점 사이에 세그먼트를 생성시켜 열린 패스를 닫힌 패스로 만들어줍니다.

05 **03** 도형의 크기를 조절하기 위해 선택 툴( )을 클릭하고 도형의 아래쪽의 두 기준점을 드래그하여 선택합니다. 선택된 이 두 기준점 사이의 세그먼트를 직접 선택 툴로 드래그하여 크기를 조절합니다. **04** 이 도형의 위치를 선택 툴( )로 이동시키고 바운딩 박스의 왼쪽 부분을 Alt를 누른 채 드래그하여 그림처럼 가운데로 조절합니다.

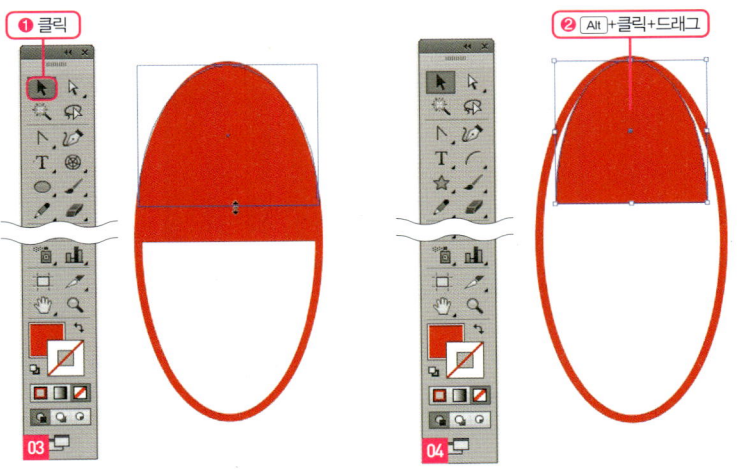

도형의 기준점 위치 조절하기
일러스트레이터의 도형들은 기준점을 사이에 두고 이루어진 세그먼트들로 형태를 이루고 있습니다. 그러므로 이 기준점들의 위치를 조절하여 새로운 형태를 만들어 나갈 수 있습니다.

STEP 03 눈 도형 작업 및 편집하기

01 타원 모양의 기본 도형이 만들어졌습니다. 이 도형에 눈을 붙여 넣는 작업을 해봅니다. 01 도구 상자에서 숨은 도형 툴 중 별 툴(★)을 선택합니다. 02 [Stroke] 팔레트에서 선의 두께를 '10pt'로 적용합니다.

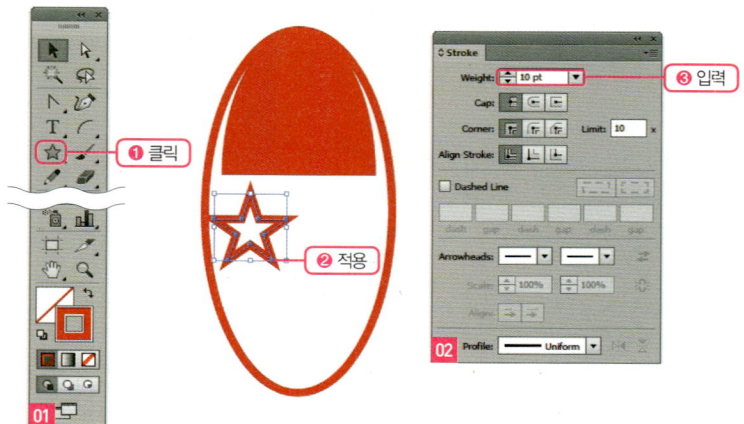

02 한쪽 눈 도형이 완성되었습니다. 이 도형을 복사하고 크기를 조절해봅니다. 03 작업된 원과 선을 직접 선택 툴(▶)로 선택하고, 도구 상자에서 크기 조절 툴을 더블클릭하면 나타나는 04 [Scale] 대화상자의 옵션에서 Scale을 50%로 축소하고 [Copy] 버튼을 클릭합니다. 05 복사된 도형을 타원 도형의 오른쪽으로 이동합니다.

03 06 호 툴(⌒)을 선택한 후 드래그하여 입 모양을 완성합니다. 07 첫 번째 도형의 모든 작업이 완성되었습니다.

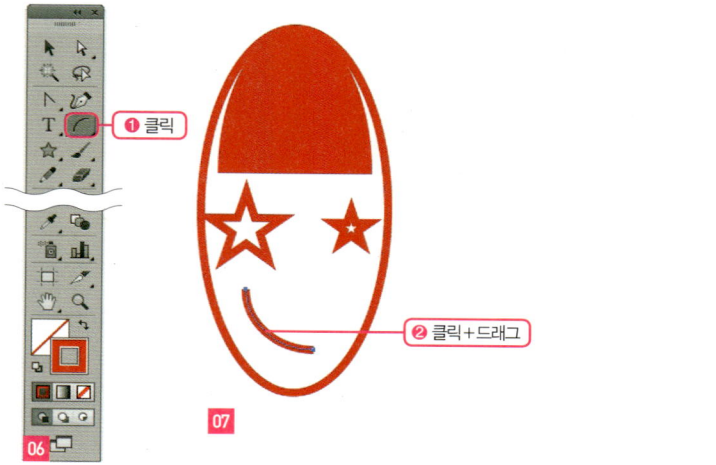

04 08 첫 번째 도형의 타원 모양을 복사하기 위해 선택 툴(▶)로 09 타원 도형의 외곽선과 면 머리를 Shift를 누르고 선택합니다. 선택된 도형을 Alt를 누르고 드래그하여 복사, 이동합니다.

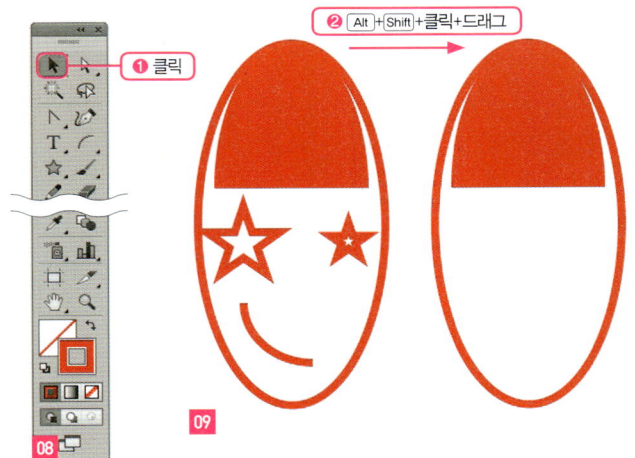

05 복사된 도형의 선과 면 색상을 C100, M50을 적용시켜 도형의 색상을 변경합니다.

도형을 수직, 수평으로 이동하기
선택된 도형을 복사, 이동할 때 수직, 수평 방향으로 이동시키려고 한다면 Shift를 누르고 드래그한 후 이동해봅니다. 복사된 도형이 직선 방향으로 복사한 후 이동됩니다.

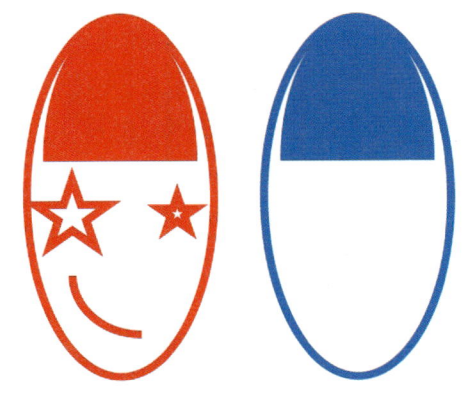

06 타원 모양의 기본 도형이 만들어졌습니다. 이 도형에 눈을 붙여 넣는 작업을 실행해보겠습니다. 10 도구 상자에서 다각형 툴(⬟)을 선택합니다. 11 선택된 툴로 화면을 더블클릭하여 [Polygon] 대화상자를 엽니다. 대화상자에서 사이즈와 면의 수에 '5'를 입력하고, [OK] 버튼을 클릭합니다.

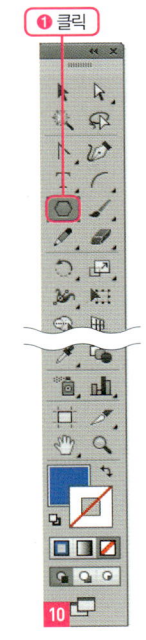
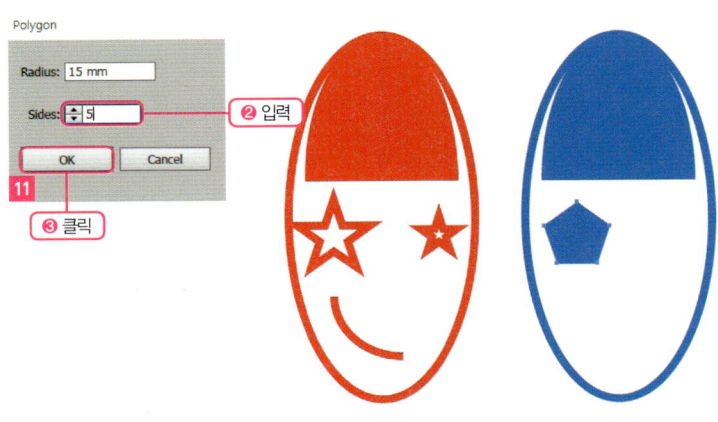

Lesson 02 _ 도형 툴로 도형 만들기 045

07 12 오각형 도형이 생성되었다면 이 오각형 도형을 선택 툴( )로 선택하고, 바운딩 박스를 180도 회전시켜 한쪽 눈 도형을 완성합니다. 13 선택 툴로 Alt + Shift 를 누르고 이동 복사하여 눈 도형을 완성합니다. 14 그림처럼 호 툴( )을 선택한 후 드래그하여 입 모양을 완성합니다.

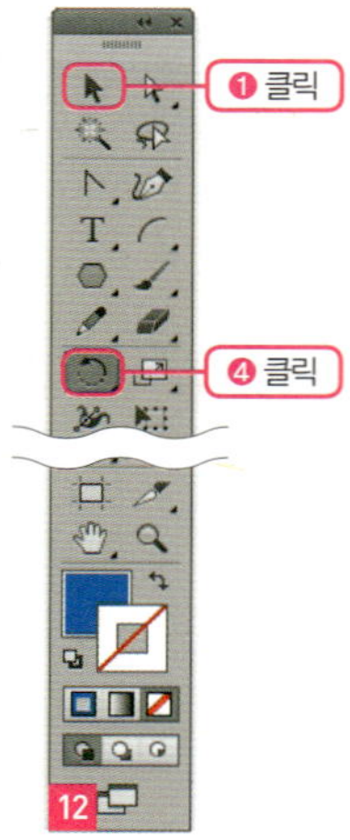

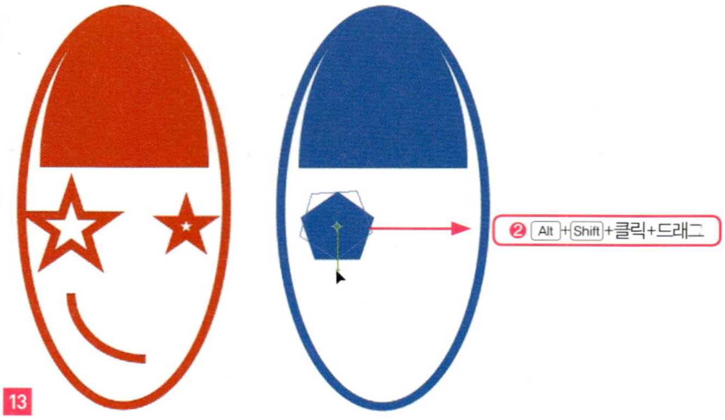

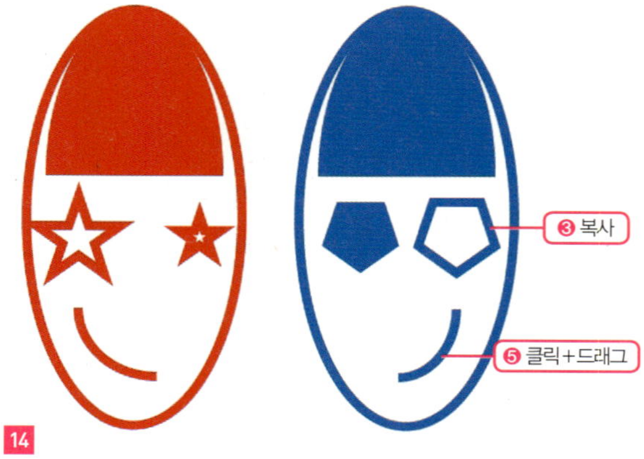

08 세 번째 타원 도형을 만듭니다. 앞의 과정과 마찬가지로 타원 형태의 기본 도형을 복사, 이동하여 색상을 변경합니다. 15 도구 상자에서 원형 툴( )을 선택하고 16 드래그하여 타원 도형을 생성합니다.

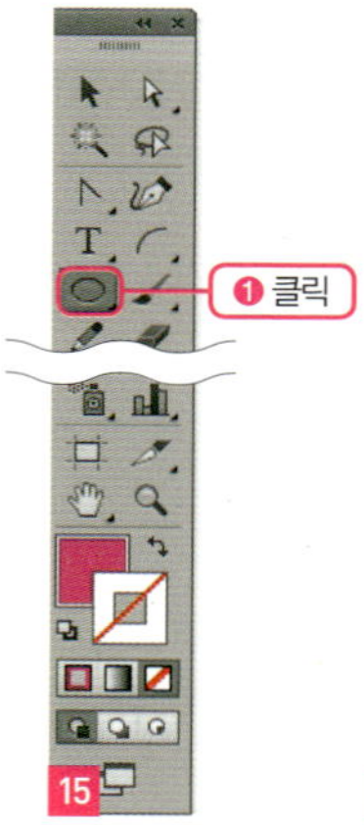

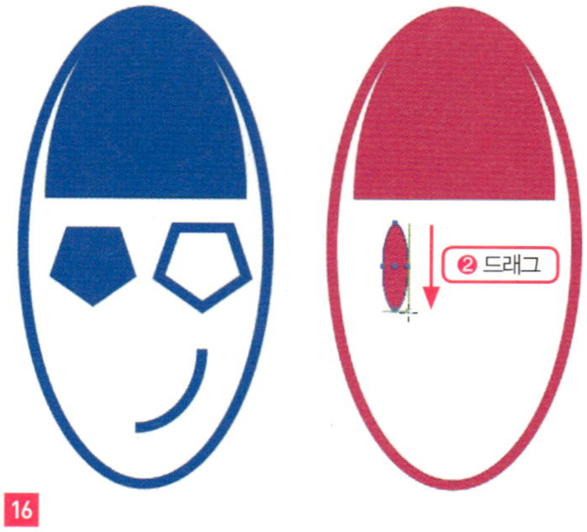

09 드로잉된 타원을 복사한 후 회전하여 한쪽 눈 도형을 완성해보겠습니다. 17 선택 툴( )로 도형을 선택하고 도구 상자에서 회전 툴( )을 더블클릭하여 18 [Rotate] 대화상자를 엽니다. 대화상자의 회전 각도에 '90'을 입력하고 [Copy] 버튼을 클릭합니다.

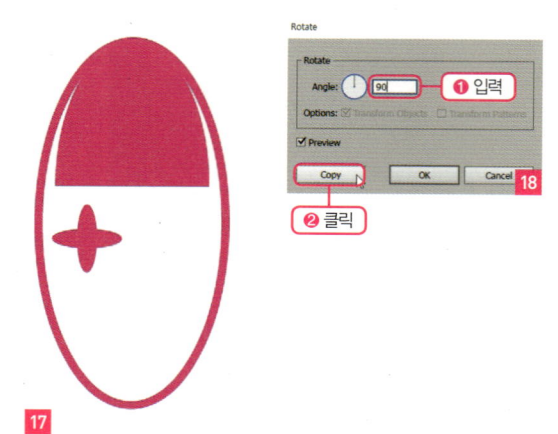

10 선택 툴(▶)로 복사한 후 이동하여 눈 도형을 완성합니다. 선택 툴(▶)로 도형을 선택한 후 회전 툴(⟳)을 더블클릭하면 나타나는 19 [Rotate] 대화상자에서 회전 각도에 '45'를 입력하고 [OK] 버튼을 클릭합니다.

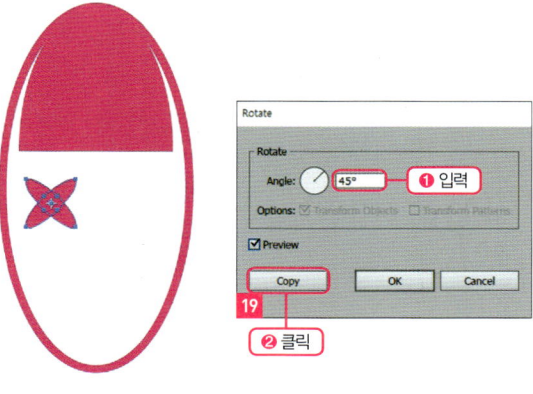

11 20 앞에서 작업한 눈 모양의 도형을 복사하기 위해 선택 툴(▶)로 선택된 도형을 Alt 를 누른 채 드래그하여 복사, 이동합니다. 원형 툴(◯)을 선택하고 드래그하여 입 모양을 완성합니다.

12 타원 기본 도형을 복사하여 색상을 적용합니다. 21 도구 상자에서 나선형 툴(◉)을 선택한 후 눈 도형을 만듭니다. 22 선택 툴(▶)로 눈 도형을 Alt 를 누른 채 드래그하여 복사, 이동합니다. 23 그리고 회전 툴(⟳)을 더블클릭하여 [Rotate] 대화상자에서 회전 각도에 '180'을 입력하고 회전합니다. 24 사각형 툴(▭)을 선택하고 드래그하여 입 모양을 완성합니다.

13 모든 작업이 마무리되었습니다.

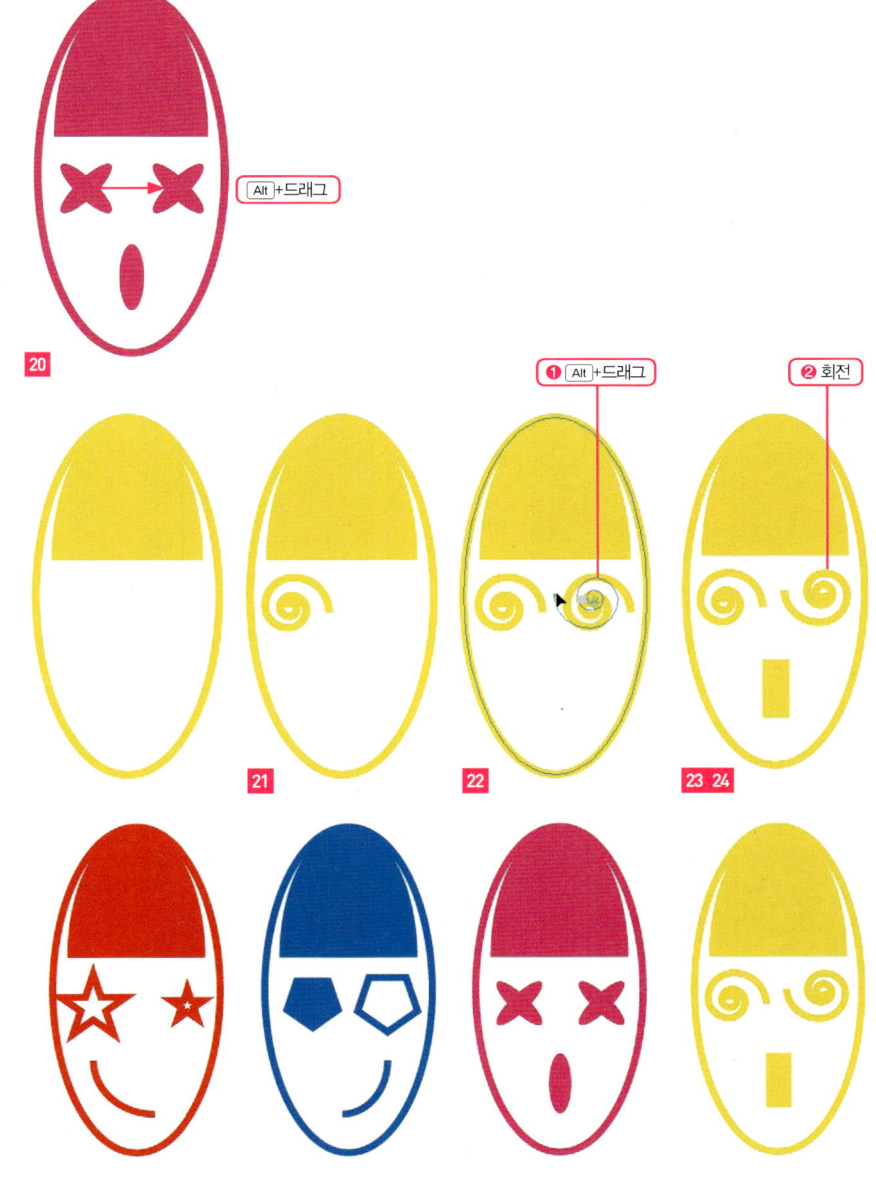

개체 편집을 위한 기본 기능 알아보기

도구 모음을 이용해 여러 가지 드로잉을 할 수 있는 도구들을 좀 더 효율적으로 사용할 수 있는 기본 옵션 기능에 대해 알아보겠습니다.

1 선택 툴( )로 도형을 복사하여 붙여 넣을 때
- 도형 복사: 메뉴의 [Edit-Copy] 또는 Ctrl+C
- 도형 붙여 넣기: 메뉴의 [Edit-Paste] 또는 Ctrl+V

2 중심을 도형의 중앙이 아닌 다른 곳으로 이동한 상태에서 대화상자를 나타내려면 Alt 를 누른 채 중심으로 만들고 싶은 곳을 클릭하면 클릭한 지점을 중심으로 대화상자를 이용할 수 있습니다. 바로 전에 한 작업을 재실행하려면 Ctrl+D 를 클릭합니다.

3 일러스트레이터에서 그려지는 도형은 먼저 그린 도형이 뒤에 위치하며, 가장 나중에 그린 도형은 가장 앞쪽에 위치합니다.

4 [Arrange] 메뉴로 도형 배열하기
- 여러 개의 도형이 겹칠 때, 겹치는 순서를 변경할 때 사용합니다.
- 도형을 선택한 후 메뉴의 [Object-Arrange]를 선택하거나 도형 위에서 마우스 오른쪽 버튼을 클릭한 후 바로 가기 메뉴를 실행해도 됩니다.

❶ **Bring to Front** 선택된 도형이 맨 앞에 위치합니다.
❷ **Bring Forward** 선택된 도형이 현재 위치보다 한 단계 앞에 위치합니다.
❸ **Send Backward** 선택된 도형이 현재 위치보다 한 단계 뒤에 위치합니다.
❹ **Send to Back** 선택된 도형이 맨 뒤에 위치합니다.

▲ [Bring to Front]

○ 예제 파일
Sample\Theme01\Lesson02\arrange.ai

▲ [Bring Forward]

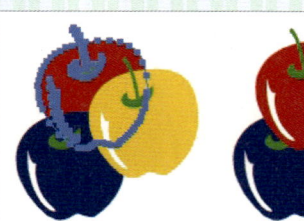
▲ [Send Backward]

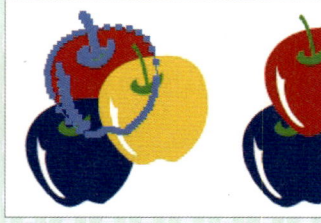
▲ [Send to Back]

LESSON 03 패스파인더(Pathfinder)의 기능 응용하기

이번에는 패스파인더(Pathfinder)의 기능을 응용해 회사 광고 포스터를 만들어 보겠습니다. 펜 툴과 더불어 일러스트레이터의 도형 제작의 생명이라고 할 수 있는 기본 도형 툴을 쉽게 응용하여 작업할 수 있도록 도와주는 기능이 바로 패스파인더이므로 확실히 숙지하시고 넘어가기 바랍니다.

핵심기능 [Pathfinder] 명령 이해하기

여러분이 원하는 개체를 만들기 위해 일러스트레이터에서는 자르기, 교차 부분만 남기기 등의 다양한 결과물을 만들 수 있는 패스파인더 명령을 제공합니다. 메뉴의 [Window-Pathfinder] 명령을 수행한 후 나타나는 팔레트에서 원하는 명령을 수행할 수 있습니다.

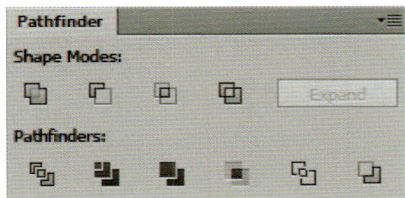

:: Shape Modes

○ 예제 파일
Sample\Theme01\
Lesson03\파인더[1].ai

두 개 이상의 도형이 겹쳐 있을 때 결합하거나, 겹친 영역을 남기거나, 삭제하는 기능입니다.

- Add to shape area(): 여러 개의 Object를 합쳐 하나의 도형으로 만듭니다. 적용 후 도형의 색상은 맨 위에 있는 도형 색상으로 지정되면서 합쳐집니다.

- Subtract from shape area(): 도형 중 밑에 있는 도형에서 위에 있는 도형을 삭제하여 제외시켜주는 기능입니다.

- Intersect shape areas(): 선택되어 있는 도형들에서 겹쳐진 영역만 남기고 나머지는 삭제됩니다. 맨 위 도형의 속성(Fill, Stroke등)을 따르며 교집합을 의미합니다.

- Exclude overlapping shape areas(): Intersect와 반대로 겹쳐진 부분은 삭제되고, 나머지 영역만 남깁니다.

> **TIP**
>
> **Expand**
> 패스파인더의 Shape Modes 명령을 통해 만들어진 새로운 개체라도 원시 개체의 흔적을 통해 실시간으로 개체의 모양을 수정해줄 수 있습니다. 그러나 [Expand] 명령은 작성된 원시 개체의 흔적을 제거하고, 새롭게 만들어진 개체의 속성으로 분해하여 작성해주는 명령으로, 다른 도구와의 호환성을 위해 사용됩니다.

:: Pathfinders

○ 예제 파일
Sample\Theme01\
Lesson03\파인더[2].ai

도형이 겹쳐 있을 때 나누거나 합치는 기능입니다.

- Divide(): 겹쳐진 개체를 기준으로 각각의 개체를 분리시켜줍니다. 명령을 수행하고 나면 그룹 개체로 묶여져 있기 때문에 메뉴의 [File-Ungroup] 명령을 통해 각각의 개체로 분리할 수 있습니다.

- Trim(): 뒤에 위치하고 있는 개체를 겹쳐지는 만큼 삭제하면서 각각의 개체로 분리합니다.

- Merge(): 뒤에 위치하고 있는 개체를 겹쳐지는 만큼 삭제하면서 같은 색상의 개체의 경우는 하나의 개체로 합칩니다.

- Crop(■): 교차되는 부분 중에서 아래 부분의 개체의 것만 남깁니다. 마치 마스크 기능과 비슷한 결과를 만듭니다.

- Outline(▣): 겹쳐진 개체를 분리하면서 각각의 개체를 패스로 만듭니다.

- Minus Back(▣): 앞에 위치하고 있는 개체를 뒤에 위치하고 있는 객체의 영역만큼 삭제합니다. [Subtract from shape area]의 반대 명령이라고 할 수 있습니다.

핵심기능 문자 도구(Type Tool, T)

일러스트레이터에서 문자를 작성하는 기능은 다른 프로그램에 비해 강력하며, 다양한 방법으로 문자를 작성할 수 있습니다.
- 문자를 입력하는 기본적인 도구이며, 가로로 입력됩니다.
- [Type] 메뉴에서 서체, 크기, 속성 등을 변경할 수 있고, 메뉴의 [Window-Type-Character]을 선택하면 문자 속성을 변경할 수 있는 [Character] 팔레트가 나타납니다.
- 문자 툴(T)을 선택한 후 화면에서 임의의 한 곳을 클릭하면 커서가 깜빡입니다.
- 워드를 치듯이 글자를 입력하면 되고, 줄을 바꾸고 싶으면 Enter를 누르면 됩니다.

○ 문자 툴(T)로 화면을 클릭할 때 Shift를 누르고 클릭하면 자동으로 세로쓰기가 됩니다.

∷ [Type]을 이용해 글자 크기와 모양 바꾸기

- 선택 툴(▶)로 문자를 클릭하면 문자 입력 영역에 바운딩 박스가 나타나면서 선택 영역이 만들어집니다.

- 메뉴의 [Type-Font](서체)와 [Type-Size](크기)를 이용해 글자 서체와 크기를 변경합니다.

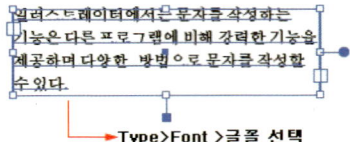

TIP

문자 속성 변경하기
- 속성을 변경하려면 문자를 선택해야 하는데, 문자의 일부분만을 선택하려면 문자 툴로 문자 일부분만을 드래그해 블록을 지정하고, 전체를 선택하려면 선택 툴( )로 문자를 클릭합니다.
- 바운딩 박스의 조절점을 드래그하면 전체 글자 크기가 드래그하는 대로 크기가 조절됩니다.
- 글자 색상 변경하기: 글자를 선택한 후 [Color] 팔레트나 [Swatches] 팔레트에서 원하는 색상을 선택하면 됩니다.

■■ 문자에 그레이디언트 적용하기

01 문자 툴(T)로 'Create Outline'이라는 글자를 입력한 후 선택 툴( )로 글자를 선택하고 [Type] 메뉴에서 Font는 'Ravie', Size는 '60pt'를 각각 선택합니다.

02 앞에서 작업한 글자를 선택한 후 마우스 오른쪽 버튼을 클릭하고 [Create Outline]을 선택합니다.

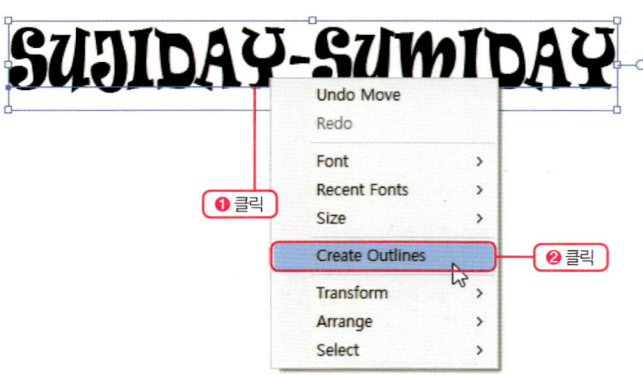

03 작업한 글자를 선택한 채로 [Swatches] 팔레트에서 그레이디언트를 선택하여 문자에 적용합니다.

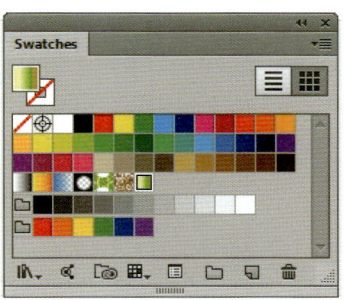

[Create Outline]
· 문자는 도형이 아니므로 그레이디언트를 적용하거나 왜곡 도구로 변형시킬 수 없습니다. 적용을 하려면 반드시 메뉴의 [Type-Create Outline]를 실행해 문자를 도형으로 전환해야 합니다.
· [Create Outline] 명령을 실행하면 문자의 모든 속성을 잃습니다.

[Character] 팔레트 알아보기

· 메뉴의 [Window-Type-Character]을 선택하거나 단축키 Ctrl+T를 누르면 [Character] 팔레트가 나타납니다.
· [Character] 팔레트를 이용하면 문자와 관련된 세부 설정을 할 수 있습니다.

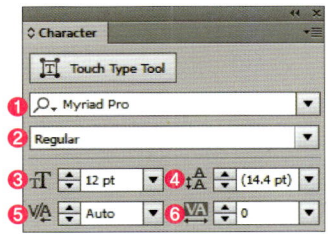

❶ **Font** 글자체(서체)를 지정합니다.
❷ **Style** 입력한 글자체를 정해져 있는 변형 서체로 설정합니다.
❸ **Font Size** 글자의 크기를 지정합니다. 6pt에서 72pt까지 선택해 사용할 수 있고, 원하는 크기를 직접 입력하거나 ▲, ▼를 눌러 조절할 수도 있습니다.
❹ **Leading(행간)** 줄 간격을 조정합니다.
❺ **Kerning** 커닝은 영문에만 적용되는 옵션으로, 커서가 두 문자 사이에 있을 때만 사용합니다. 주로 Auto로 지정하여 사용합니다.
❻ **Tracking(자간)** 글자와 글자 사이인 자간을 조정합니다.

[Paragraph] 팔레트 알아보기

- 문자를 입력했을 경우 문단의 속성을 지정하거나 정렬 등을 지정하는 팔레트입니다.
- 메뉴의 [Window-Type-Paragraph]을 선택하거나 단축키 Ctrl+M을 누르면 [Paragraph] 팔레트가 나타납니다.

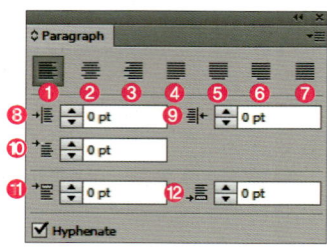

❶ Align Left 가장 일반적인 방식으로, 왼쪽을 기준으로 문자를 정렬합니다.
❷ Align Center 가운데를 기준으로 정렬합니다.
❸ Align Right 오른쪽을 기준으로 정렬합니다.
❹ Justify Last Left 문단을 왼쪽으로 정렬하며, 문단이 계속되는 줄에서는 양쪽 모두 정렬합니다.
❺ Justify Last Center 문단을 가운데로 정렬하며, 문단이 계속되는 줄에서는 양쪽 모두 정렬합니다.
❻ Justify Last Right 문단을 오른쪽으로 정렬하며, 문단이 계속되는 줄에서는 양쪽 모두 정렬합니다.
❼ Justify All 선택된 문단을 양쪽으로 정렬합니다.
❽ Left Indent 왼쪽을 기준으로 입력한 수치만큼 들여쓰기합니다.
❾ Right Indent 오른쪽을 기준으로 입력한 수치만큼 들여쓰기합니다.
❿ First Line Left Indent 문단 중 첫 행만 들여쓰기를 지정합니다.
⓫ Space Before Paragraph 앞 단락과의 간격을 유지하기 위해 사용합니다. 주로 제목과 본문과의 간격을 띄우고 싶을 때 사용합니다.
⓬ Last Line Left Indent 문단 중 마지막 행만 들여쓰기를 지정합니다.

영역 문자 도구(Area Type Tool, T)

- 글상자를 만들어 도형 형태대로 문자를 입력하기 위해 사용하는 도구입니다.
- 도형을 드로잉한 후 영역 문자 툴로 도형의 외곽선을 클릭하여 내용을 입력합니다.

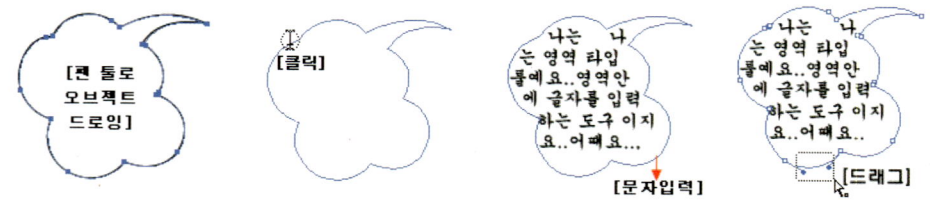

외곽선의 문자 입력
- 문자가 입력된 도형의 면이나 테두리에 색상을 적용하려면 직접 선택 툴로 도형만을 선택한 후 색상을 적용해야 합니다.
- 영역 툴이나 패스 문자 툴을 이용할 때 에러 메시지 대화 창이 나타나는 것은 도형의 외곽선 부분을 클릭하지 않았기 때문입니다. 반드시 도형의 외곽선을 클릭해야만 문자를 입력할 수 있습니다.

▪▪ 패스 문자 도구(Path Type Tool,)

- 도형의 주위나 패스를 따라 흐르는 문자를 입력할 때 사용하는 도구입니다.
- 문자가 따라 갈 패스를 그린 후 패스 문자 툴( )을 선택하고, 가장 앞에 있는 정점을 클릭합니다.
- 커서가 나타나면 문자를 입력합니다.

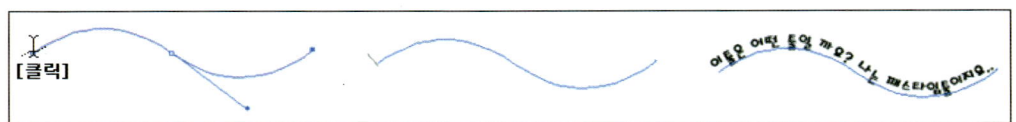

패스 색상 변경 및 형태 변경
문자를 입력하고 빈곳을 클릭하면 패스가 사라집니다. 이때 선에 색상을 적용하기 위해서는 직접 선택 툴( )로 문자 아래 부분의 선만을 클릭해 색상을 적용하거나 패스의 형태를 변경하면 됩니다.

▪▪ 세로 문자 도구(Vertical Type Tool, IT)

- 문자 툴과 같은 방법으로 사용하며, 문자가 세로로 입력되는 도구입니다.
- 영문과 숫자는 -90도 회전된 상태로 입력되며, 한글은 세로로 입력됩니다.

▪▪ 세로 영역 문자 도구(Vertical Area Type Tool, IT)

영역 안에 문자를 세로로 입력하는 도구로 영역 문자 툴과 같은 방법으로 사용하면 됩니다.

▪▪ 세로 패스 문자 도구(Vertical Path Type Tool,)

도형 주위나 패스를 따라 세로로 흐르는 문자를 입력하는 도구입니다.

기능 실습

01

홍보 포스터 만들기

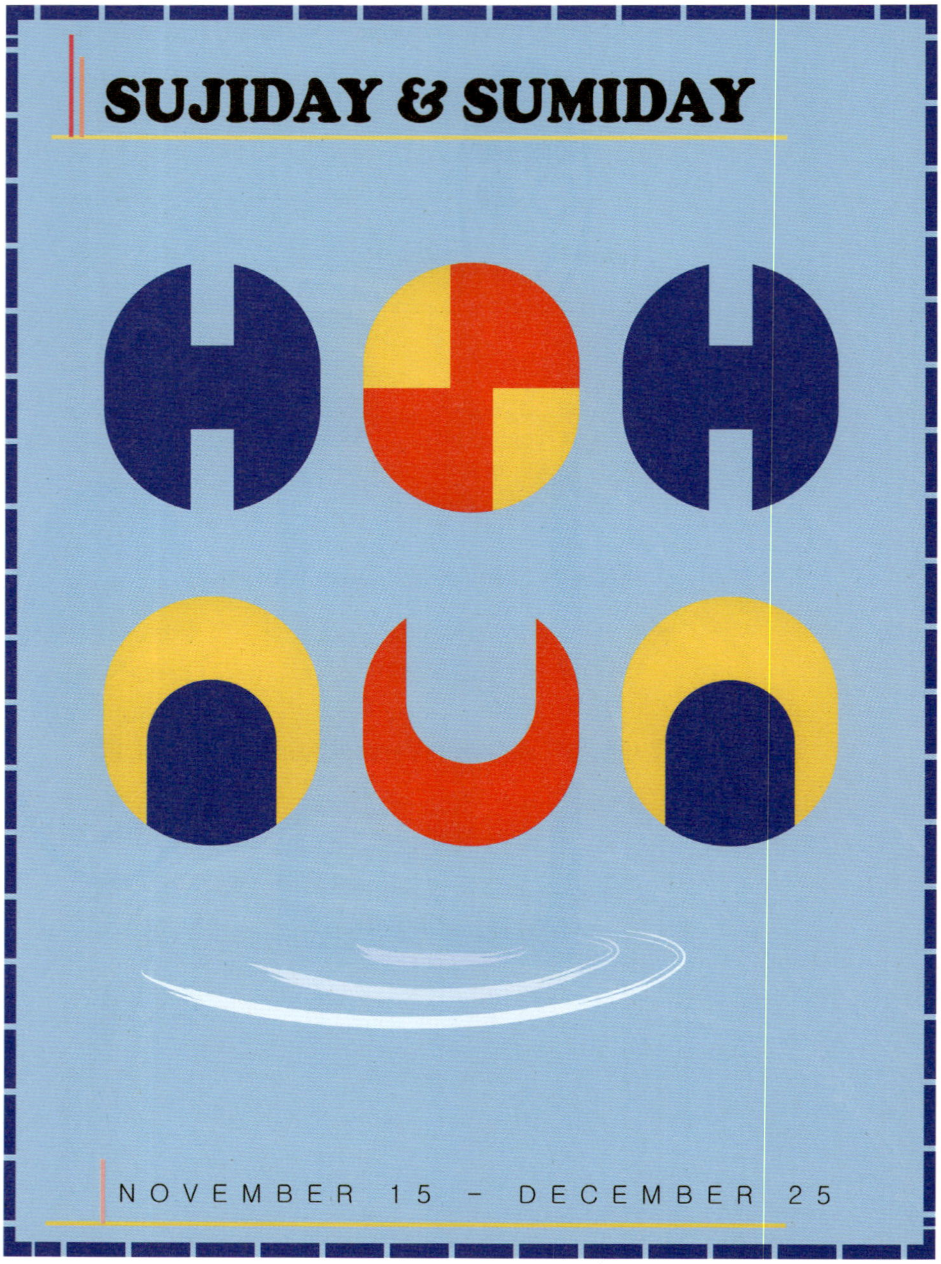

예제 파일 Sample\Theme01\Lesson03\포스터.ai
완성 파일 Sample\Theme01\Lesson03\포스터-완성.ai

키 워 드 도형 툴, 문자 툴, [Pathfinder] 팔레트 활용, Arrange 기능 활용법
길라잡이 일러스트레이터에서는 Shape Mode가 추가되어 합성한 후에도 도형이 편집 가능한 상태가 되므로 합성 작업을 언제든지 변경할 수 있습니다.

STEP 01 그리드(Grid) 활용 및 스냅 설정하기

01 새로운 화면을 엽니다. 세밀한 작업을 진행하기 위해 메뉴의 [View-Show Grid]를 실행하여 화면에 그리드 선을 보이게 합니다.

02 작업 과정에 맞추어 그리드를 편집해봅니다. **01** 메뉴의 [Edit-Preference-Guides & Grid]를 실행하여 [환경 설정] 대화상자를 엽니다. **02** 대화상자에서 그리드의 간격을 표시하는 [Grid line every] 항목에 '30mm'를 입력하고, 그리드의 중간 표시 수를 나타내는 [Subdivisions] 항목에 '3'을 입력하여 [OK] 버튼을 클릭합니다.

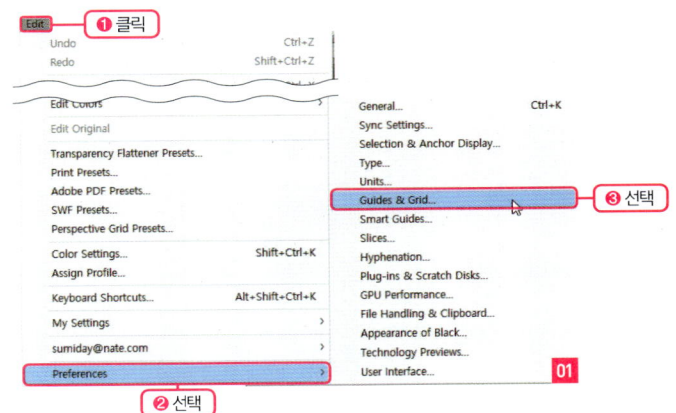

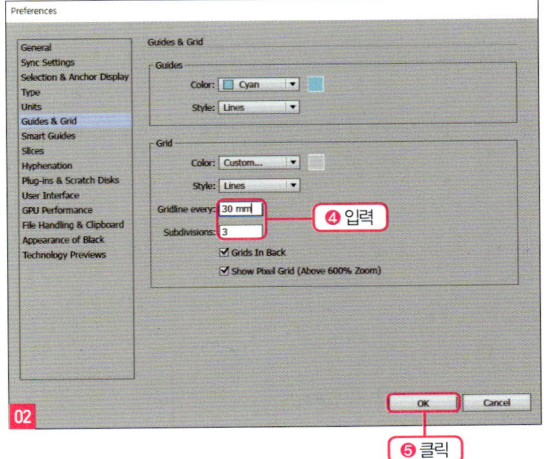

TIP

[Preference] 명령
[Preference]는 일러스트레이터의 환경을 작업자의 스타일에 맞게 설정할 수 있는 명령입니다. 한 번 설정된 환경은 사용자가 변경하기 전까지 그대로 유지됩니다.

03 환경 설정을 마치면 화면의 그리드 선이 사용자가 정의한 형태로 변경됩니다. 이 그리드 선에 도형이 달라붙을 수 있도록 메뉴의 [View-Snap to Grid]를 적용합니다.

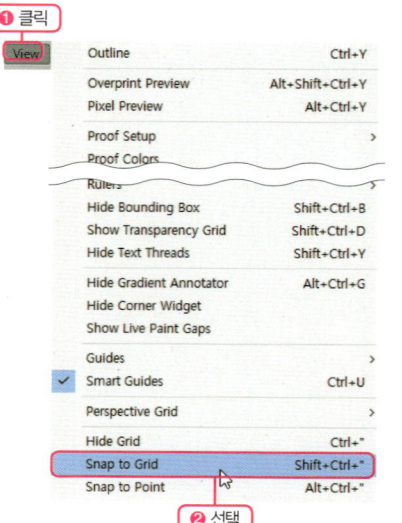

[Snap] 명령
[Snap] 기능은 치수와 크기가 정확한 도형일 경우에는 매우 편리한 기능이지만, 유기적인 선이나 자유 곡선 형태의 도형을 만들 경우에는 체크하지 않는 것이 좋습니다.

STEP 02 도형 설정 및 복사, 이동하기

01 기본 환경 설정이 적용되었습니다. 그리드 선에 맞추어 도형을 만듭니다. 도구 상자에서 01 둥근 사각형 툴(▢)을 선택하고 [Color] 팔레트에서 02 면 색상으로 'M: 100', 'Y: 100' 그리고 03 선 색상으로 'None'을 적용합니다.

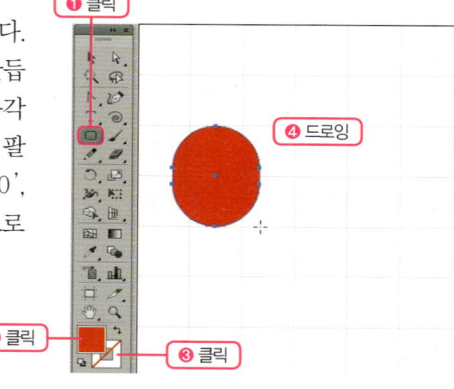

02 01 선택 툴(▶)을 선택하고 만들어진 둥근 사각형을 Alt 를 누른 후 드래그하여 옆으로 복사, 이동하여 두 개의 둥근 사각형을 더 만듭니다. 02 세 개의 둥근 사각형을 모두 선택하고 아래로 복사, 이동합니다.

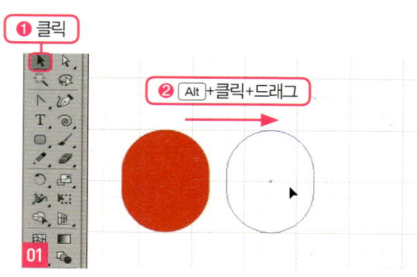

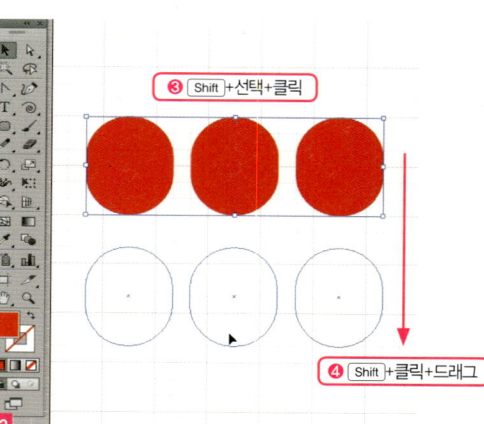

도형의 복사 및 이동하기
도형을 복사, 이동할 때 선택 툴(▶)로 선택하여 Alt 를 누르고 드래그하면 복사, 이동되고, Alt + Shift 를 누르고 드래그하면 도형을 직선 방향이나 45도 방향으로 정확히 복사, 이동시킬 수 있습니다.

03 도형을 추가해 패스파인더의 기능에 대해 알아봅니다. 돋보기 툴(🔍)로 도형을 조금 확대합니다. 사각형 툴(■)을 선택해 그리드 선 중간 표시자의 한 칸에 맞추어 드로잉하면 사각형이 달라붙습니다.

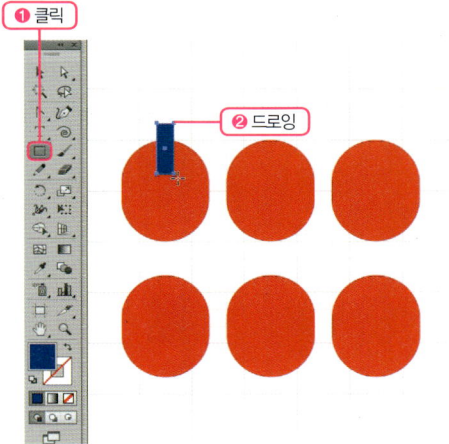

◐ 바운딩 박스 이해
바운딩 박스를 이용하면 도형의 크기를 변경하거나 회전 등을 할 수 있습니다.

04 만들어진 사각형을 선택 툴(▶)로 드래그, 복사하면서 이동합니다.

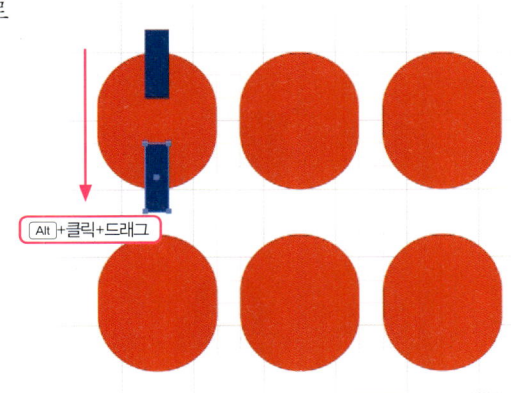

05 만들어진 도형을 복사하면서 이동시켜 그림과 같은 위치로 배치합니다.

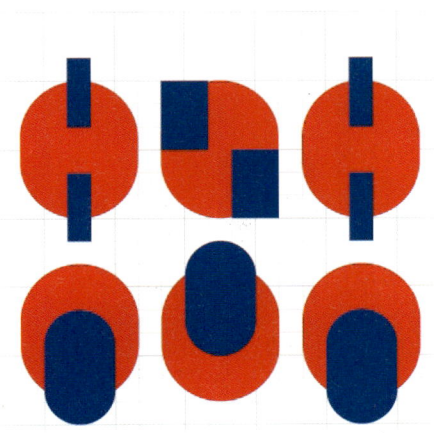

STEP 03 [Pathfinder] 팔레트 활용하기

01 겹쳐진 도형을 [Pathfinder] 팔레트를 이용해 새로운 형태의 도형으로 만듭니다. 01 선택 툴( )로 첫 번째 도형을 선택하고 02 [Pathfinder] 팔레트 (Subtract from shape area) 버튼을 클릭합니다. 03 그 결과 겹쳐 있는 도형들 중 가장 아래에 위치한 도형을 제외한 나머지 교차되는 부분이 삭제되어 그림과 같은 도형 형태가 만들어집니다.

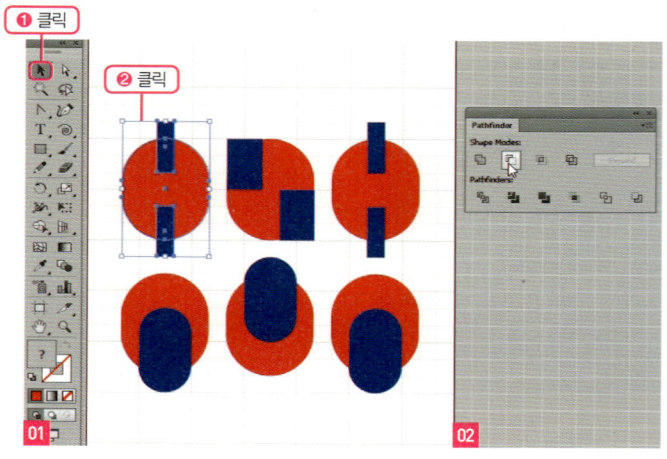

● [Shape Modes] 버튼 이해
[Shape Modes]에서 완전한 합성 모양을 만들기 위해서는 Alt 를 누른 상태에서 [Shape Modes] 버튼을 클릭하거나 [Shape Modes]의 기능을 적용한 후 [Expand] 버튼을 누르면 됩니다.

02 두 번째 도형을 편집하기 위해 두 번째 도형을 돋보기 툴( )로 드래그하여 확대합니다. 04 선택 툴( )로 모든 도형을 선택하고 05 [Pathfinder] 팔레트의 [Divide] 버튼 을 클릭합니다. 도형들의 겹친 부분이 각각의 도형으로 분할됩니다. 06 분할된 도형을 직접 선택 툴( )로 선택하여 원 안의 도형만 남기고 모두 삭제합니다.

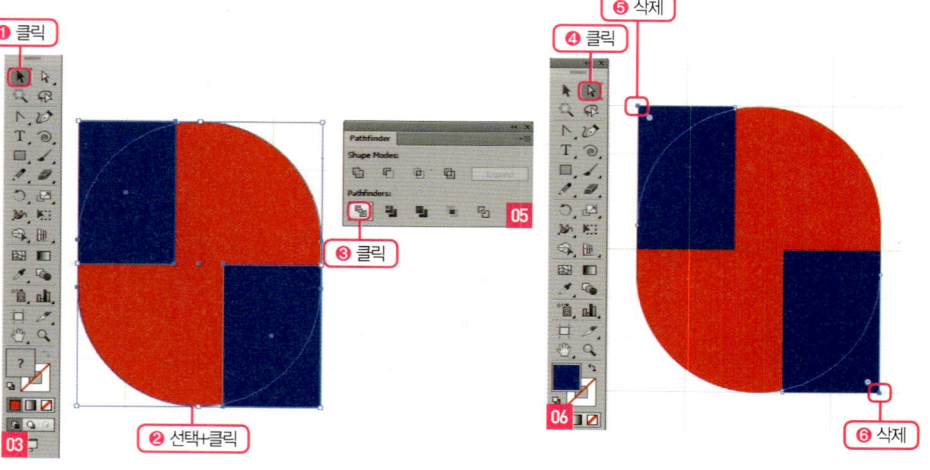

03 도형에 색상을 적용시켜보겠습니다. 분할된 도형 중 군청색 면을 가진 도형을 01 직접 선택 툴( )로 Shift를 눌러 모두 선택합니다. 선택된 도형의 면 색상을 적용합니다.

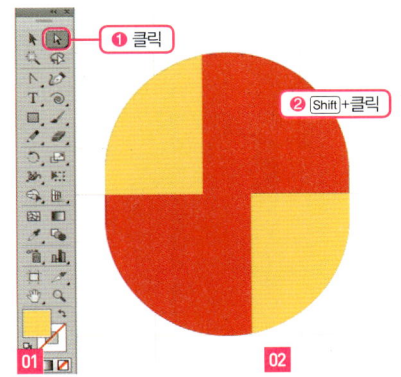

04 실제 화면 사이즈로 되돌아오면 세 번째 도형을 모두 선택한 후 [Pathfinder] 팔레트의 [Subtract from shape area] 버튼( )을 클릭합니다. 겹쳐 있는 도형들 중 가장 아래 위치한 도형을 제외한 나머지 교차되는 부분이 삭제되어 그림과 같은 도형 형태가 만들어집니다.

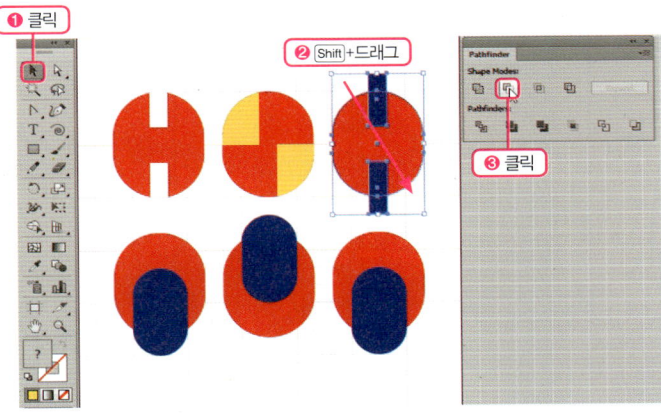

05 네 번째 도형을 돋보기 툴로 확대하고 01 군청색 면을 선택합니다. 합쳐진 도형과 밑의 도형을 선택하고 02 [Pathfinder] 팔레트의 [Divide] 버튼( )을 클릭합니다.

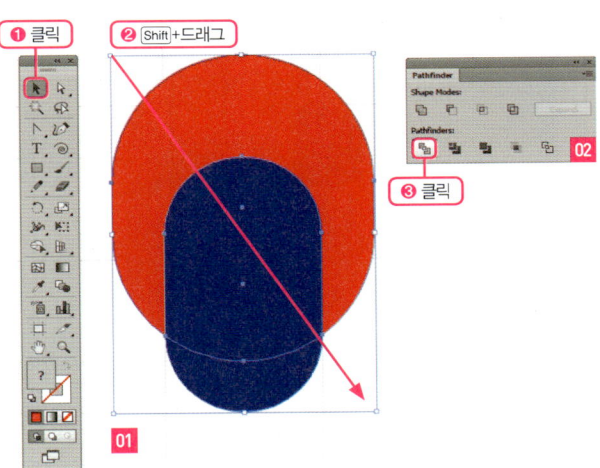

Lesson 03 _ 패스파인더(Pathfinder)의 기능 응용하기 061

06 분할된 도형의 원 안쪽 부분만 남기고 01 직접 선택 툴( )로 선택하여 삭제합니다. 02 마찬가지로 여섯 번째 도형도 동일한 작업을 거쳐 완성합니다.

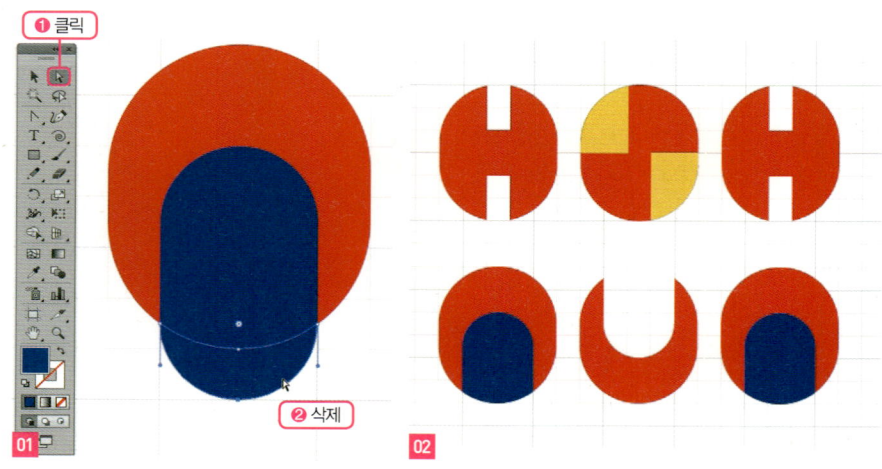

STEP 04 도형 색상 적용 및 편집하기

01 직접 선택 툴( )로 선택하고 도구 상자 스포이트 툴( )을 선택하여 색상이 적용된 도형의 면을 클릭합니다.

○ **스포이트 툴 이해**
스포이트 툴( )은 선택된 도형의 속성뿐만 아니라 문자의 속성도 동일하게 적용시킬 수 있습니다.

02 [Layer] 팔레트에서 [Create New Layer] 아이콘( )을 클릭하여 새로운 레이어를 추가합니다.

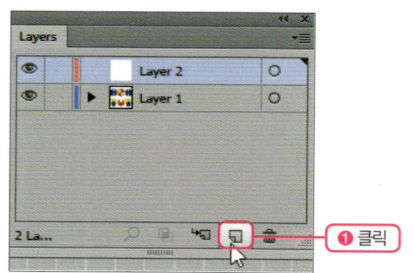

03 배경 이미지를 불러오기 전에 [Layer] 팔레트에서 [Create New Layer] 아이콘(🗔)을 클릭하여 새로운 레이어를 추가합니다. 01 이미지를 불러오기 위해 메뉴의 [File-Place] 명령을 선택합니다. 02 [Place] 대화상자에서 준비된 일러스트 파일을 선택하여 불러옵니다.

◉ 예제 파일
Sample\Theme01\Lesson03\배경.ai

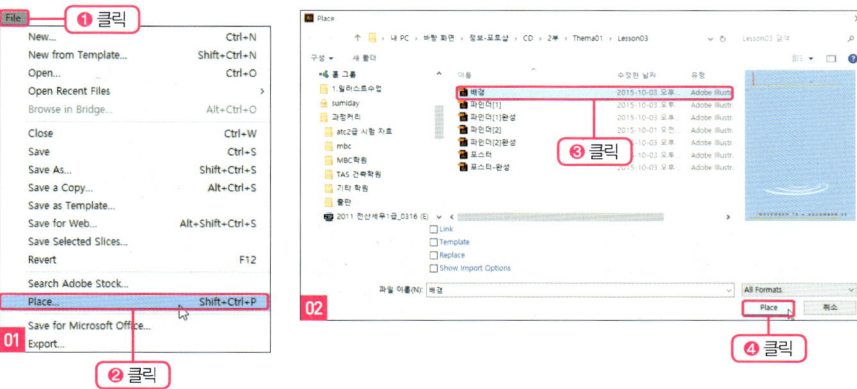

04 앞에서 불러온 일러스트 파일로 지금까지 작업한 도형들이 가려져 보이지 않습니다. [Layer] 팔레트에서 'Layer 2' 레이어를 드래그하여 'Layer 1' 레이어 아래로 이동합니다.

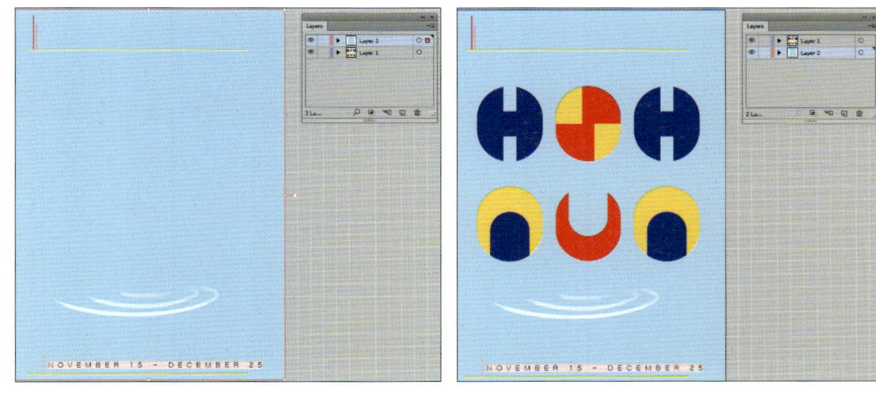

STEP 05 문자 삽입 및 테두리 만들기

01 배경에 추가 요소를 만듭니다.
01 [Layer] 팔레트에서 Create New Layer 아이콘(🗔)을 클릭하여 새로운 레이어를 추가합니다. 02 도구 상자에서 사각형 툴(▢)을 선택하고 03 [Color] 팔레트에서 면 색상으로 'None', 선 색상으로 '군청색'을 적용합니다. 04 [Stroke] 대화상자에서 Weight 값을 '20pt'로 입력하고, [Dashed Line] 옵션을 클릭합니다. 그림처럼 'dash: 40', 'gap: 4'로 설정해줍니다.

02 그래픽 도형의 작업이 모두 마무리 되었습니다. 여기에 문자 요소를 삽입해봅니다. 도구 상자에서 문자 툴(T)을 선택한 후 고딕 계열의 서체로 'SUJIDAY & SUMIDAY'라는 문구를 입력합니다.

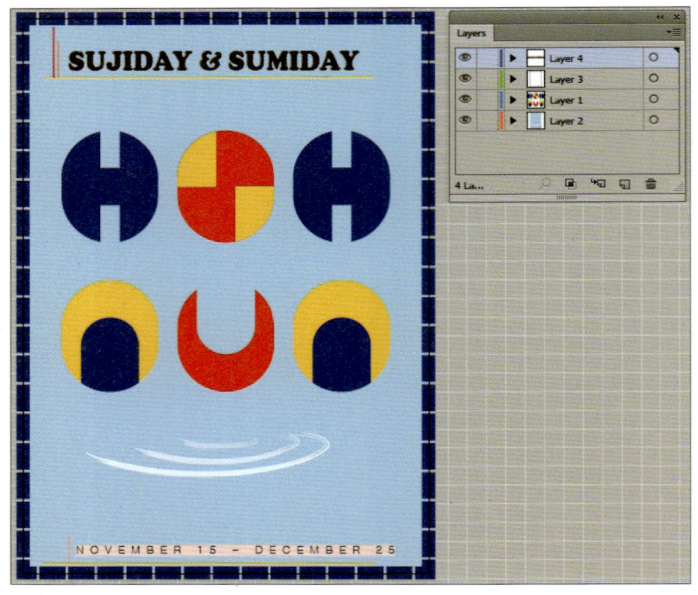

문자 툴의
또 다른 사용법 익히기

문자 툴을 이용해 한문, 특수 문자를 입력하는 방법과 입력된 문자 영역을 변환하는 방법을 알아보겠습니다.

1 입력한 문자를 수정하려면 [Type] 도구로 수정할 문자열을 선택하면 됩니다.

2 한문 입력하기
한글로 문자를 입력한 후 키보드의 [한자]를 누르면 화면 하단 오른쪽에 목록이 나타나는데, 이 목록 중에서 해당 한자를 선택하면 됩니다.

3 특수 문자 입력하기
한글 자음 하나를 입력하고 [한자]를 누른 후 화면 하단 오른쪽에 나타나는 목록 중에서 필요한 특수 문자를 선택하면 됩니다. 자음마다 메뉴에 표시되는 기호가 다르게 나타납니다.

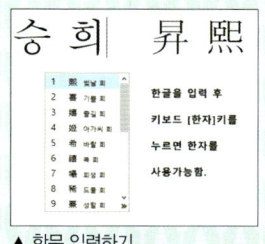

▲ 한문 입력하기　　▲ 특수 문자 입력하기

4 글자 선택하기
• 한 단어만 선택하기: 단어를 더블클릭합니다.　　• 한 줄을 선택하기: 글자 사이를 세 번 클릭합니다.

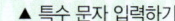

5 글상자로 사용된 도형을 수정하려면 직접 선택 툴( )로 도형만을 선택하여 정점을 이동하거나 방향 선을 수정하면 문자가 수정된 도형 형태대로 조정됩니다.

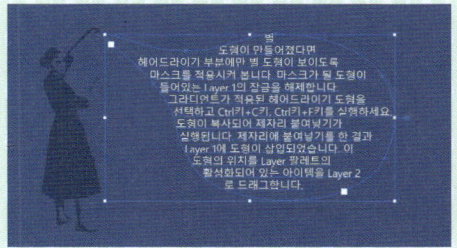
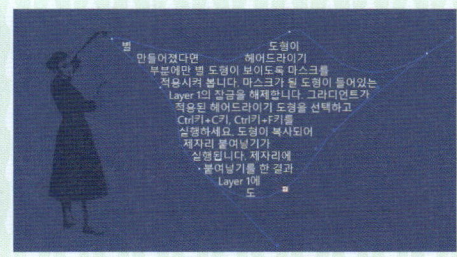

6 메뉴의 [Type-Create Outline] 명령은 작업한 문자를 다른 프로그램으로 불러들였을 때 동일한 서체가 없을 경우, 변경되는 것을 막기 위해 사용하기도 합니다.

LESSON 04 여러 복합적인 기능 알아보기

이번에는 일러스트레이터에서 입체 구를 응용한 도형을 여러 복합 기능으로 간단히 만들어 보겠습니다. 하나의 완성도 높은 도형을 위해서는 여러 기능들이 복합적으로 적용됩니다.

핵심기능 [Align] 팔레트 이해하기

 [Align] 팔레트에서 도형 정렬하기

○ 예제 파일
Sample\Theme01\Lesson04\align.ai

메뉴의 [Window-Show Align]을 클릭하면 [Align] 팔레트가 나타납니다.

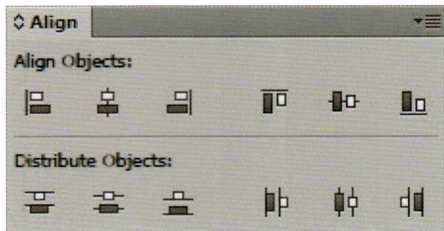

- ▫ (Horizontal Align Left)
  선택된 도형들 중에 가장 왼쪽의 도형을 기준으로 왼쪽으로 정렬합니다.
- ▫ (Horizontal Align Center)
  선택된 도형들이 수평 방향으로 중앙 정렬합니다.
- ▫ (Horizontal Align Right)
  선택된 도형들 중에 가장 오른쪽의 도형을 기준으로 오른쪽으로 정렬합니다.

- ▫ (Vertical Align Top)
  선택된 도형들 중에 가장 위쪽의 도형을 기준으로 위쪽으로 정렬합니다.
- ▫ (Vertical Align Center)
  선택된 도형들이 수직 방향으로 중앙 정렬합니다.
- ▫ (Vertical Align Bottom)
  선택된 도형들 중에 가장 아래쪽의 도형을 기준으로 아래쪽으로 정렬합니다.

:: [정렬(Alogn)] 명령을 이용한 이미지 제작

○ 예제 파일
Sample\Theme01\Lesson04
\align-예제.ai

01 메뉴의 [File-Open]을 클릭하여 예제 파일을 불러옵니다. 다음 그림과 같이 이미지를 정렬합니다. 선택 툴(▶)을 이용하여 가운데로 수직 정렬 세 개의 개체를 선택합니다. 메뉴의 [Window-Align]을 선택합니다.

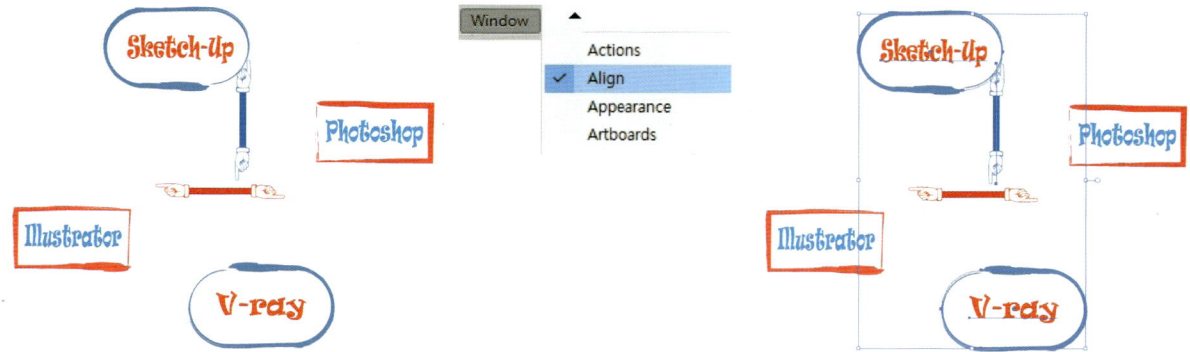

02 [Align] 대화상자가 나타나면 수직으로 가운데 정렬을 하기 위해 다음 그림과 같이 Horizontal Align Center(♣) 명령을 설정합니다. 다음 그림처럼 정렬된 것을 확인할 수 있습니다.

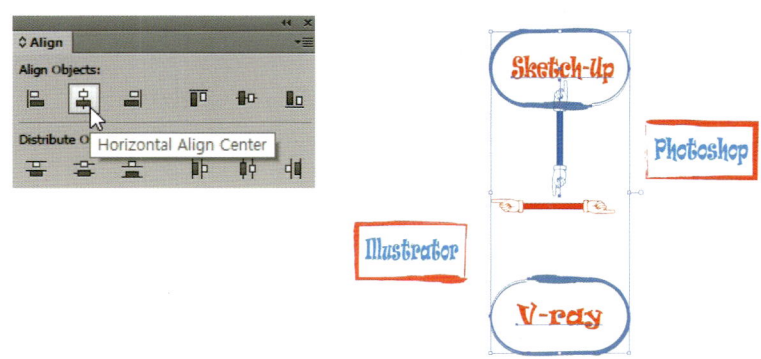

03 정렬한 후 다음 그림과 같이 적당한 위치로 이동시켜 그림을 완성합니다. 이번에는 수평으로 정렬할 개체를 선택합니다.

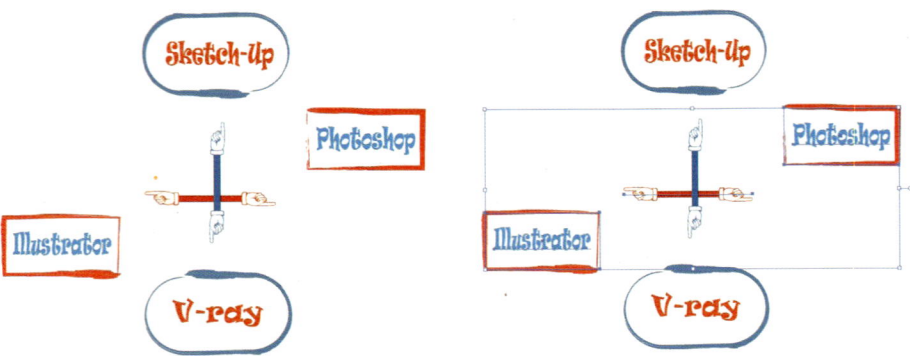

04 [Align] 대화상자에서 Vertical Align Center( ) 명령을 설정하여 수평 정렬한 후 다음 그림과 같이 수평으로 정렬된 개체의 위치를 적당한 간격으로 배치합니다.

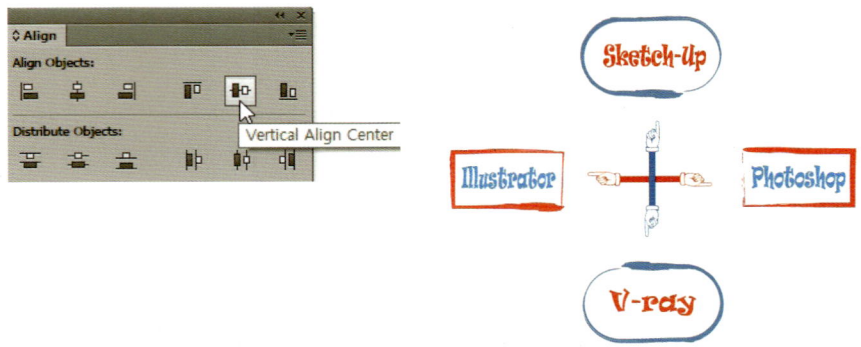

그룹과 잠금(Group & Lock)

여러 개의 개체를 편집할 경우 필요에 따라서는 개체가 선택되지 않거나 한꺼번에 묶음 개체로 구성되어 있을 경우, 매우 편리할 때가 있습니다. 이 경우에는 그룹으로 묶거나 개체의 속성을 잠금으로 설정해주는 명령이 사용됩니다. 개체를 선택한 후 메뉴의 [Object-Group] 명령을 클릭하면 선택한 여러 개의 개체를 하나의 개체와 같이 그룹으로 묶어줍니다. 물론 그룹으로 묶여 있는 개체를 선택한 상태에서 메뉴의 [Object-Ungroup] 명령을 수행하면 그룹 개체를 분리할 수 있습니다.

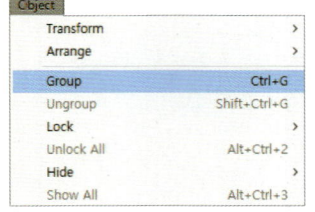 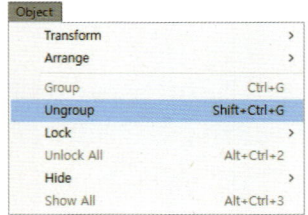

개체를 선택한 후 메뉴의 [Object-Lock] 명령을 클릭하면 선택한 개체를 잠금으로 설정할 수 있으며, [Unlock All] 명령을 이용하여 잠금 설정을 해제할 수도 있습니다.

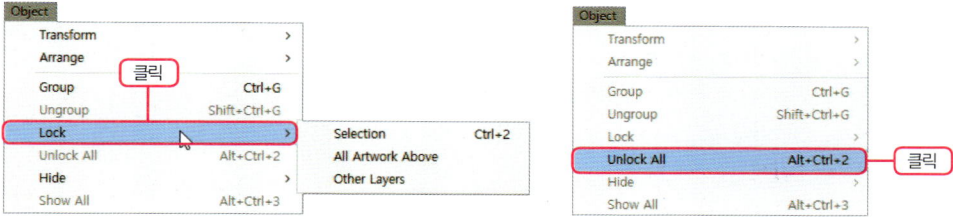

이와 더불어 메뉴의 [Object-Hide] 명령을 이용하여 선택한 개체를 보이지 않도록 설정할 수 있으며, 메뉴의 [Object-Show All] 명령을 이용하여 보이지 않도록 설정한 개체를 보이도록 설정할 수도 있습니다.

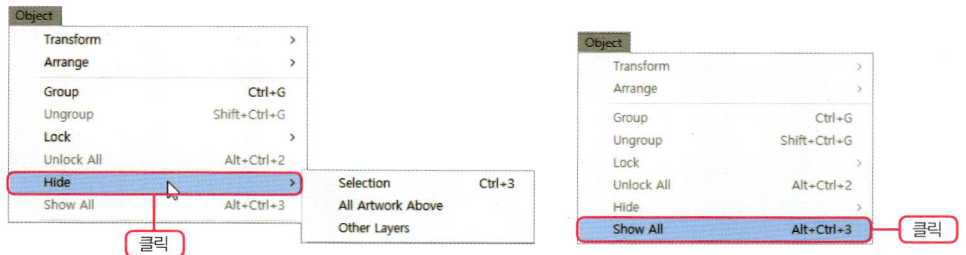

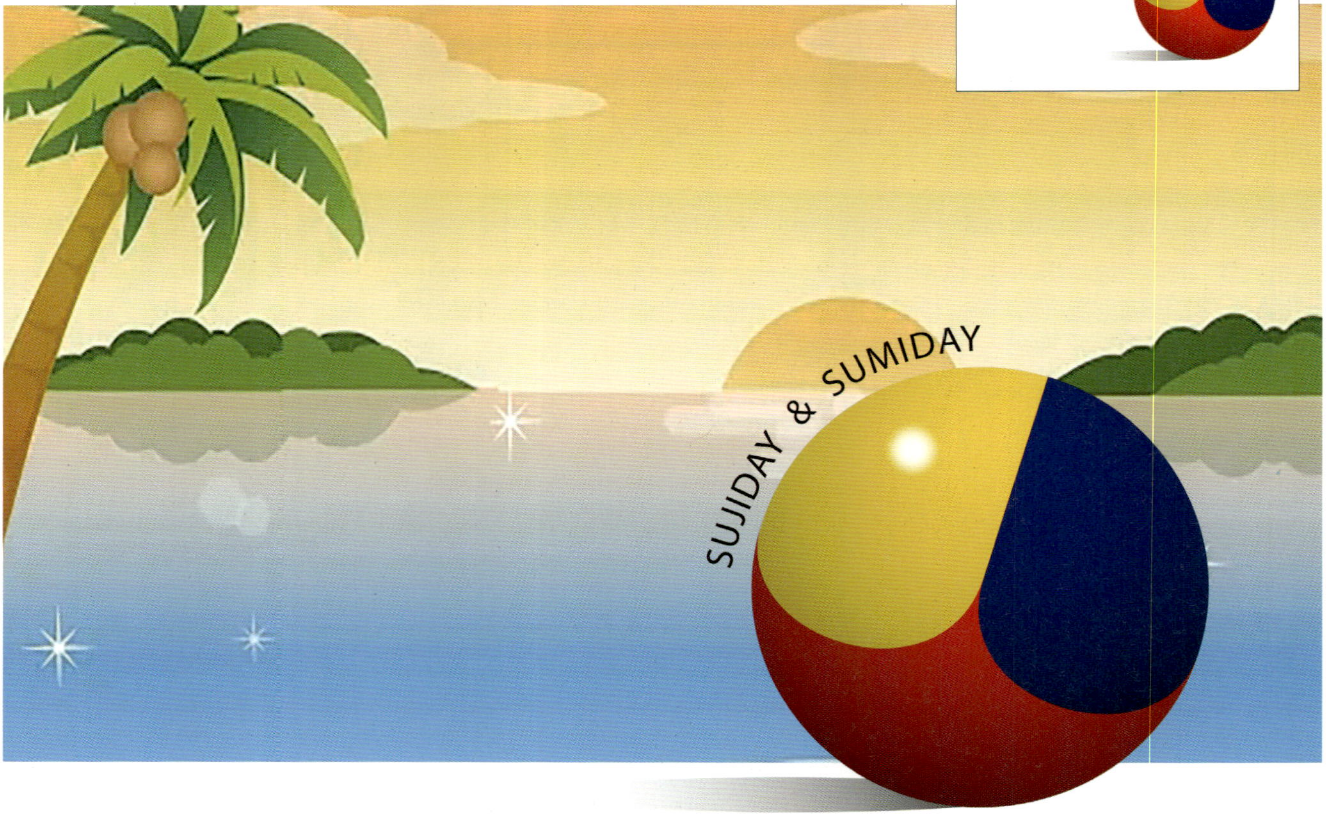

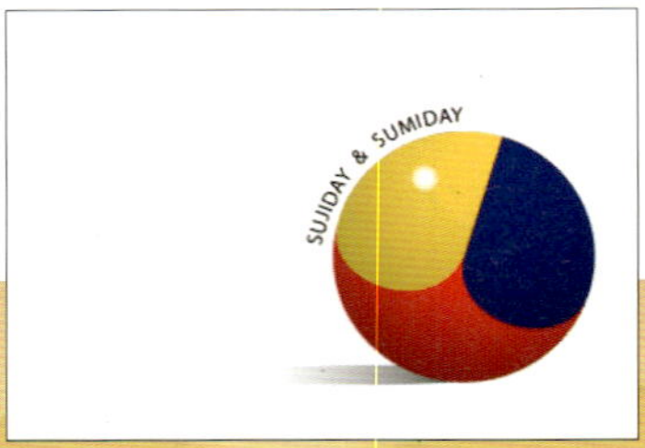

비치볼 만들기

01

예제 파일 Sample\Theme01\Lesson04\비치볼.ai
완성 파일 Sample\Theme01\Lesson04\비치볼-완성.ai

키 워 드 [Transparency] 팔레트 기능, [Align] 팔레트, 문자툴, Join 기능 활용법
길라잡이 [Arrange] 명령을 이용하여 개체의 배열 순서를 지정할 수 있습니다. 그러나 레이어의 순서가 가장 우선되며, 같은 레이어에 위치하고 있을 경우 배열의 순서를 지정할 수 있습니다.

STEP 01 도형 만들기 및 편집하기

01 새로운 화면을 엽니다. 도구 상자에서 원형 툴( )을 선택한 후 작업 화면에서 클릭합니다. 그러면 원의 크기를 조절할 수 있는 대화상자가 나타납니다. 이 대화상자의 원의 가로 크기와 세로 크기에 '100mm'를 적용시켜 정원을 만듭니다.

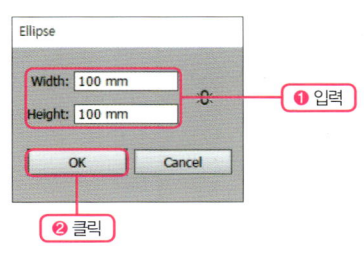

02 정원이 만들어졌다면 이 도형의 선 색상을 'None', 면 색상을 '빨간색'으로 적용하여 원의 색상을 바꿉니다. 그런 다음 직접 선택 툴( )을 선택합니다. 후반 작업에서 원본을 사용할 수 있으므로 앞으로의 작업은 원을 복사하여 사용하는 것이 좋습니다.

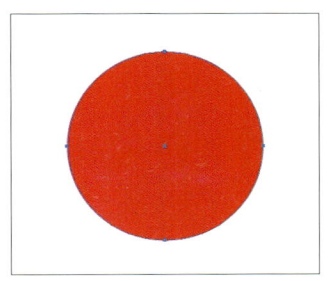

03 **01** 반원을 만들기 위해 직접 선택 툴( )로 원의 오른쪽 기준점 부분을 드래그하여 선택한 후 키보드의 Delete 를 눌러 삭제합니다. **02** 기준점과 기준점 사이의 패스가 열린 반원이 만들어집니다.

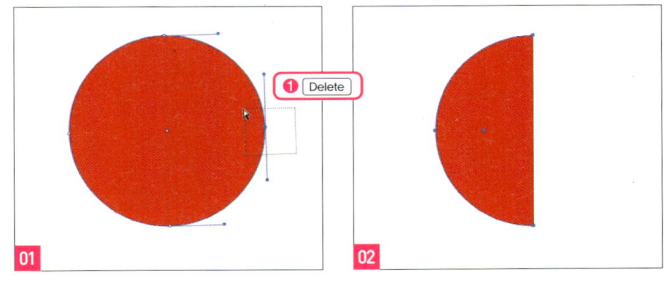

● **닫힌 패스와 열린 패스**
기준점들이 모두 연결된 패스를 '닫힌 패스'라 하고, 기준점과 기준점 사이가 끊어져 있는 패스를 '열린 패스'라 합니다.

04 **03** 떨어져 있는 두 기준점을 연결하여 하나의 닫힌 패스로 만듭니다. 직접 선택 툴( )로 두 개의 기준점을 드래그하여 선택합니다. **04** 마우스 오른쪽 버튼을 클릭하여 [Join] 명령을 실행합니다. 열려 있던 두 기준점 사이에 세그먼트가 생기면서 하나의 완전한 도형을 이룹니다.

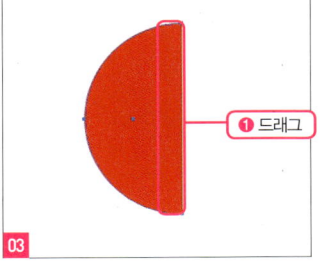 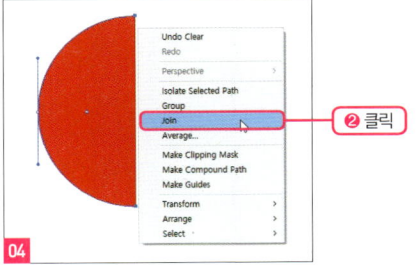

[Join] 기능 이해
- 메뉴의 [Object-Path-Join]을 실행해도 됩니다.
- 도형이나 기준점 등을 선택한 후 마우스 오른쪽 버튼을 클릭하면 선택된 도형에 적용될 수 있는 기능들이 단축 메뉴로 나타납니다. 여기서 원하는 메뉴를 선택하면 작업을 효율적으로 할 수 있습니다.

05 지금까지 작업한 반원 도형을 선택한 후 메뉴의 [Edit-Copy] 명령을 실행합니다. 도형이 클립보드에 저장됩니다.

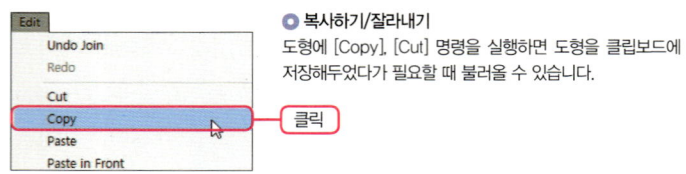

● 복사하기/잘라내기
도형에 [Copy], [Cut] 명령을 실행하면 도형을 클립보드에 저장해두었다가 필요할 때 불러올 수 있습니다.

06 저장된 도형을 제자리에 붙여 넣는 명령을 실행해봅니다. 메뉴의 [Edit-Paste in Front] 명령을 실행합니다. 동일한 도형이 복사한 도형 위에 동일하게 붙여 넣어집니다.

STEP 02 도형 색상 적용 및 편집하기

01 복사된 도형의 면 색상으로 'C: 6', 'M: 14', 'Y: 87'을 적용합니다. 색상이 바뀐 도형의 형태를 변경해봅니다. 도형을 직접 선택 툴( )로 선택한 후 그림처럼 아래 조절점을 클릭, 드래그하여 반원의 형태를 중간쪽으로 이동합니다.

02 도형을 직접 선택 툴( )로 선택하고 그림처럼 방향 조절점을 클릭, 드래그하여 반원의 형태를 아래쪽으로 이동합니다.

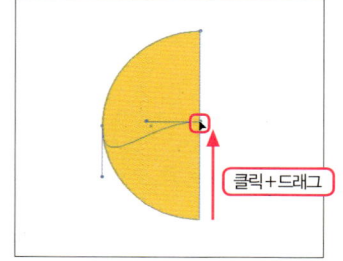

크기 조절
바운딩 박스로 도형의 크기를 조절할 때 원본과 동일한 비례로 조절하기 위해서는 [Shift]를 누르면서 조절하고, 중심점을 기준으로 한쪽 방향을 동일한 비례로 조절하려면 [Alt]를 누르고 조절합니다.

03 스마트 가이드를 활용하여 도형을 정확히 회전 복사하는 방법을 알아보겠습니다. 화면의 도형을 모두 선택하고 도구 상자에서 반사 툴( )을 선택합니다.

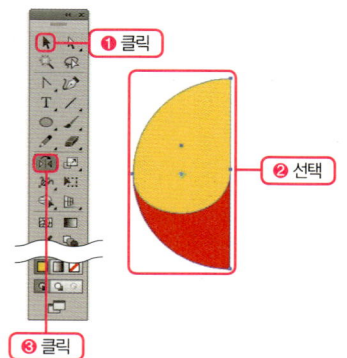

스마트 가이드란?
스마트 가이드는 도형을 만들 때나 이동할 때 패스, 기준점, 각도 등을 알려주는 안내선을 말합니다. 정밀한 작업을 요할 때 자주 사용하는 기능입니다.

04 마우스 커서를 선택된 도형의 가장 밑의 기준점 근처로 가져가 도형의 정확한 기준점에서 Alt를 누르고 클릭하면 [Reflect] 대화상자가 나타납니다. [Reflect] 대화상자의 [Vertical] 옵션에 체크하고, [Copy] 버튼을 클릭합니다. 도형이 정확한 위치에 수직 방향으로 복사됩니다.

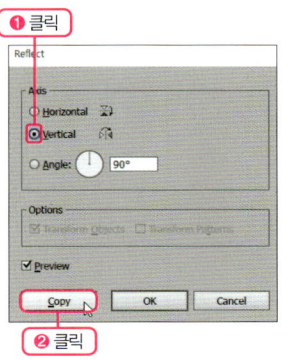 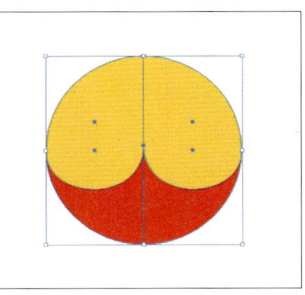

◉ [Reflect] 명령
[Reflect] 대화상자의 [Horizontal]에 체크를 하면 도형이 수평 방향으로 반사되고, [Vertical]에 체크하면 수직 방향으로 반사가 이루어집니다.

05 복사된 도형을 직접 선택 툴( )로 선택하여 면의 색상을 변경하기 위해 그림처럼 면을 선택한 후 'C: 100', 'M: 98', 'Y: 24' 색상으로 변경합니다.

06 도형을 모두 선택한 후 마우스 오른쪽 버튼을 클릭하여 [Group] 명령을 적용합니다.

◉ [Group] 명령
많은 도형을 관리할 때는 각각의 연관된 도형을 [Group] 명령으로 묶어서 관리하는 것이 편리합니다.

STEP 03 도형에 입체감 있게 표현하기

01 만들어진 도형에 그레이디언트 모드를 이용하여 입체감을 나타내봅니다. 처음 만든 원의 크기와 동일한 원을 원형 툴( )로 만들거나 만들었던 원본을 가져옵니다. 이 원에 그레이디언트를 적용해봅니다. 도구 상자에서 그레이디언트 툴( )을 더블클릭합니다. [Gradient] 팔레트에서 그레이디언트 타입으로 [Radial]을 선택하여 도형에 그레이디언트를 적용합니다.

 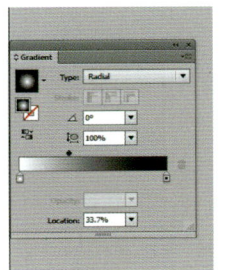

◉ [Gradient] 팔레트
[Gradient] 팔레트는 도구 상자에서 그레이디언트 툴( )을 더블클릭하여 열 수 있습니다.

02 적용된 그레이디언트를 편집해봅니다. [Gradient] 팔레트의 스펙트럼을 보면 그레이디언트의 중심점 슬라이더가 있습니다. 그림처럼 슬라이더의 위치를 이동시켜 그레이디언트의 흰색 영역이 더욱 확장될 것입니다.

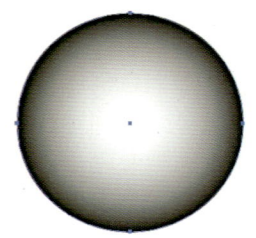 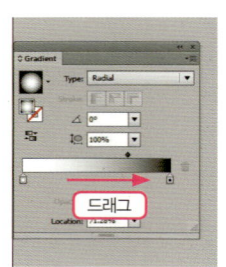

● 색상 추가
[Gradient] 팔레트에서 색상 슬라이더를 추가할 때는 팔레트 스펙트럼의 하단을 마우스 버튼으로 클릭합니다.

03 그레이디언트 툴(■)을 원의 중심에서 아래로 드래그하여 그레이디언트의 방향을 변경합니다. 입체 구가 만들어졌습니다.

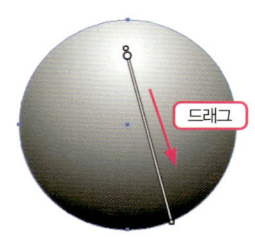 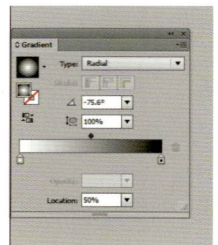

04 도형의 위치를 색상이 적용된 도형의 위치와 동일하게 맞춰봅니다. 화면의 도형을 모두 선택합니다.
01 [Align] 팔레트를 열고 [Horizontal Align Center] 버튼(■)과 Vertical Align Center 버튼(■)을 클릭하여 02 두 도형을 동일한 위치로 겹쳐지게 만듭니다.

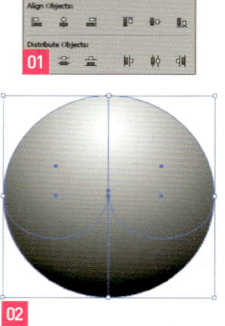

STEP 04 사실적인 느낌을 주는 도형 만들기

01 사실적인 느낌이 드는 입체를 만듭니다. 그레이디언트가 적용된 도형을 선택한 후 01 [Transparency] 팔레트의 블렌드 모드에서 [Multiple]를 선택하고 투명도를 '65%'로 적용합니다. 아래쪽의 티치볼과 자연스럽게 합성되면서 사실적인 느낌이 나타나게 됩니다. 02 선택 툴로 바운딩 박스의 조절점을 회전시켜 그레이디언트의 방향을 바꿔줍니다.

 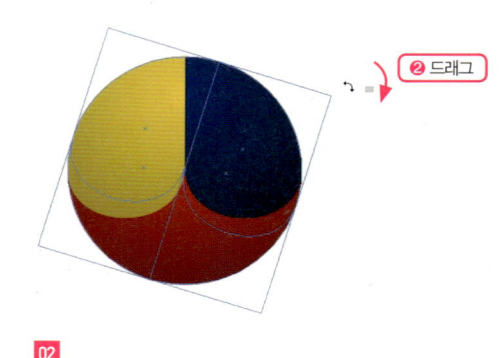

02 도형에 그림자를 넣어봅니다. ①원형 툴(◯)을 선택한 후 그림처럼 타원형의 도형을 만듭니다. ②그레이던트 툴을 선택한 후 [Type]을 [Linear]로 선택하여 그레이던트를 적용합니다. 그림자가 너무 진하지 않도록 그레이던트의 거리를 조절합니다. 즉, 빛이 우측 상단에 있다고 가정한 것입니다.

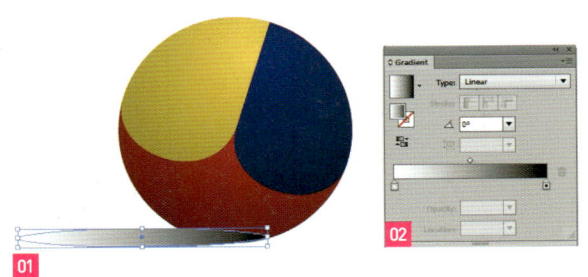

03 그림자 도형이 도큐먼트 도형들 중 가장 앞쪽에 위치하게 됩니다. 그러므로 도형을 선택한 후 마우스 오른쪽 버튼을 클릭하고 [Arrange-Send to Back]을 실행하여 선택된 도형을 맨 뒤로 이동합니다. 물론 [Object-Arrange-Send to Back]을 실행해도 됩니다.

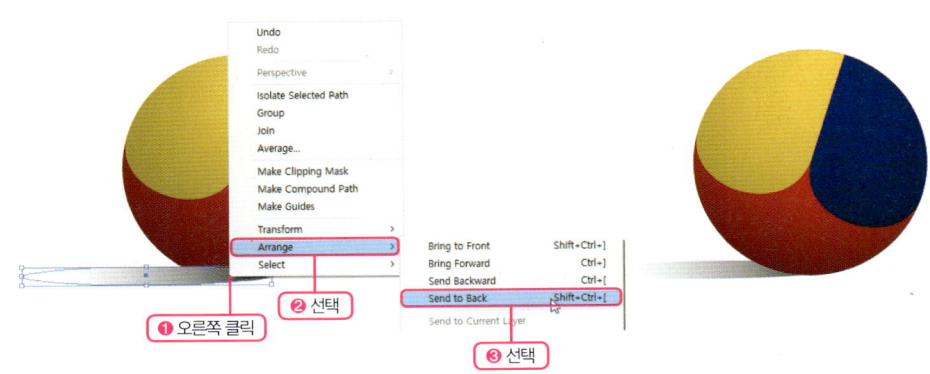

STEP 05 도형에 하이라이트 추가하기

01 도형에 하이라이트를 추가하여 입체감을 살려봅니다. ①원형 툴(◯)로 입체 구의 상단에 ②흰색의 도형을 그립니다.

02 원에 Effect 효과를 적용하여 자연스러운 하이라이트 효과가 생기도록 만듭니다. ①원을 선택한 후 메뉴의 [Effect-Stylize-Feather]를 실행합니다. ②대화상자의 옵션에서는 Feather 수치에 '3'을 적용하여 자연스럽게 번지는 효과를 만들어 냅니다.

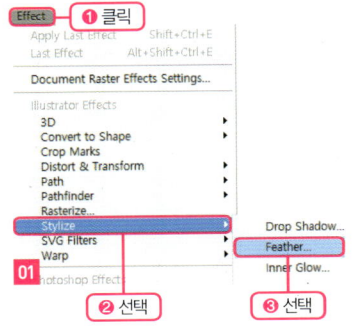
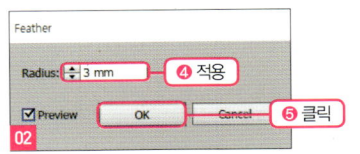

● [Feather] 효과 적용
Feather 효과는 깃털이라는 뜻으로, 도형의 외곽에 투명도를 적용하여 경계선을 부드럽게 하는 명령입니다.

03 곡선 펜 툴( )을 이용해 그림처럼 도형의 라인을 따라 패스를 만듭니다. 면 색상을 None( )으로 적용하고, 선 색상을 검은색으로 적용합니다.

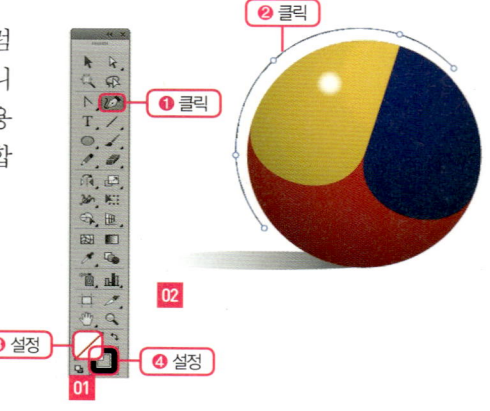

04 문자 요소를 삽입해봅니다. 문자가 따라 갈 패스를 그린 후 패스 문자 툴( )을 선택하고 가장 앞에 있는 정점을 클릭합니다. 커서가 나타나면 문자를 입력합니다.

◎ [Preview] 버튼
작업 중 [Preview]를 체크하면 여러분이 적용한 작업을 미리 보기할 수 있습니다.

05 [Layer] 팔레트에서 [Create New Layer] 아이콘( )을 클릭하여 새로운 레이어를 추가합니다.

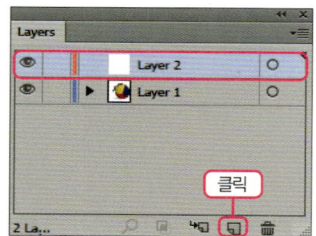

06 배경 이미지를 불러오기 전에 [Layer] 팔레트에서 [Create New Layer] 아이콘( )을 클릭하여 새로운 레이어를 추가합니다. 이미지를 불러오기 위해 메뉴의 [File-Place] 명령을 선택합니다. [Place] 대화상자에서 준비된 일러스트 파일을 선택하여 불러옵니다.

◎ 예제 파일
Sample\Theme01\Lesson04\.배경.jpg

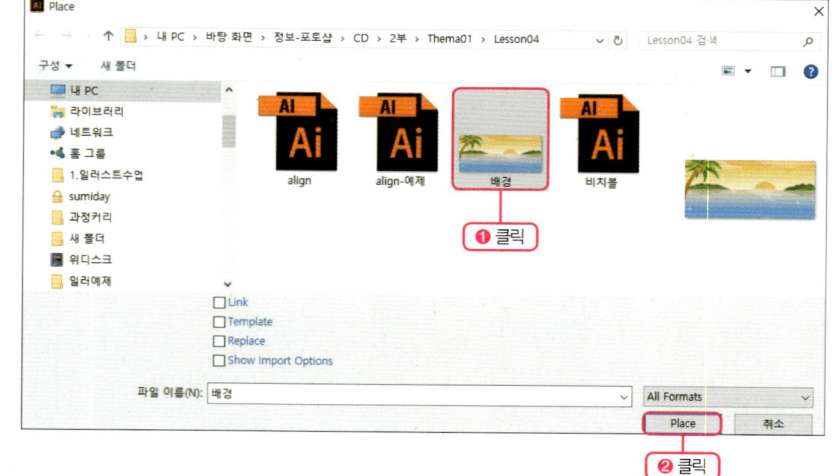

07 앞에서 불러온 일러스트 파일로 지금까지 작업한 도형들이 가려져 보이지 않습니다. **01** [Layer] 팔레트에서 'Layer 2' 레이어를 드래그하여 'Layer 1' 레이어의 아래로 이동합니다.

드로잉 작업에 필요한 간단한 작업 기능

정렬의 또 다른 도구에 대한 한줄 설명과 배열을 사용하는 데 간단한 단축키를 이용한 사용법을 알아봅니다. 여기서는 드로잉 작업을 하는 데 도움을 주는 두 개의 [팔레트] 대화상자를 간단히 설명합니다.

1 [Align] 팔레트의 [Distribute]로 도형 분배하기

세 개 이상의 도형에서 실행됩니다.

- (Vertical Distribute Top)
  선택된 도형들을 위쪽을 기준으로 세로 간격을 일정하게 분배합니다.
- (Vertical Distribute Center)
  선택된 도형들을 중심을 기준으로 세로 간격을 일정하게 분배합니다.
- (Vertical Distribute Bottom)
  선택된 도형들을 아래쪽을 기준으로 세로 간격을 일정하게 분배합니다.
- (Horizontal Distribute Left)
  선택된 도형들을 왼쪽을 기준으로 가로 간격을 일정하게 분배합니다.
- (Horizontal Distribute Center)
  선택된 도형들을 중심을 기준으로 가로 간격을 일정하게 분배합니다.
- (Horizontal Distribute Right)
  선택된 도형들을 아래쪽을 기준으로 가로 간격을 일정하게 분배합니다.

2 도형의 계층 구조를 바꾸는 [Arrange] 명령은 일러스트레이터 작업을 하면서 자주 사용하는 기능입니다. 이렇게 자주 사용하는 기능들은 단축키를 사용해 쉽게 적용할 수 있습니다.

- Ctrl+[: 도형이 한 단계씩 밑으로 이동
- Ctrl+] : 도형이 한 단계씩 위로 이동
- Ctrl+Shift+[: 선택된 도형을 화면의 도형들 중 가장 아래로 이동
- Ctrl+Shift+] : 선택된 도형을 도큐먼트 도형들 중 가장 위로 위치 이동

3 모든 도형은 중심점을 가지고 있습니다. 도형의 크기나 회전, 반사는 이 중심점을 기준으로 이루어집니다. 도형을 회전할 때 중심점이 아닌 다른 위치를 기준으로 회전하려면 중심점의 위치를 변경시켜야 합니다.

- 도형을 선택한 후 회전 툴이나 반사 툴을 클릭하면 도형의 중심점이 생깁니다.
- 이 중심점을 마우스로 이동하고자 하는 위치를 클릭하여 변경한 후 도형에 회전 반사를 적용하면 이동된 중심점을 기준으로 회전 반사가 적용됩니다.

4 [Transparency] 팔레트

도형의 투명도와 도형 간의 합성 모드를 설정하는 기능을 합니다.

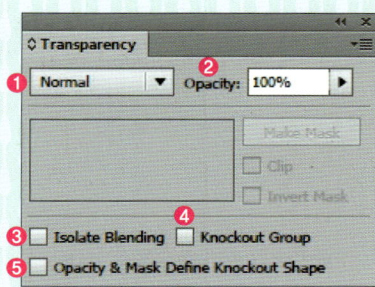

❶ Normal ▼ 도형들 간에 색상 합성 블렌드 모드를 설정합니다.
❷ Opacity 도형의 불투명도를 조절합니다.
❸ Isolate Blending 도형에 적용되는 혼합 모드의 지정 범위를 제한합니다.
❹ Knockout Group 선택한 도형에 그룹으로 속해 있는 작업만 보이지 않게 가려줍니다.
❺ Opacity & Mask Define Knockout Shape 도형에 투명도 값을 지정한 상태일 때만 효과를 볼 수 있습니다.

5 [Gradient] 팔레트

그레이던트가 적용된 도형의 그레이던트를 모양, 색상 등의 수정 및 편집 작업하는 기능을 합니다.

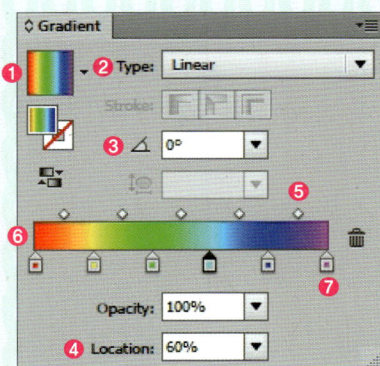

❶ 작업한 Gradient를 미리 볼 수 있습니다.
❷ Type Gradient의 진행되는 형태를 설정할 수 있습니다.
  • Linear: 직선의 형태로 진행되는 Gradient
  • Radial: 원형의 형태로 진행되는 Gradient
❸ Angle Gradient가 진행되는 각도를 설정합니다.
❹ Location Gradient를 구성하는 색상을 설정하는 색상 핀과 색상 조절 핀의 위치를 설정합니다.
❺ 색상 조절 핀 색상 핀과 색상 핀 사이의 중간 값의 위치를 표시합니다. 중간 값의 위치를 조절함으로써 색상이 균등하게 할 수도 있고, 치우치게 할 수도 있습니다.
❻ 슬라이더 색상 핀과 색상 조절 핀의 설정을 조절하는 곳으로, 색상의 배열 상태를 보여줍니다.
❼ 색상 핀 Gradient를 구성하는 색상을 설정합니다.

LESSON 05 그래픽 이미지 만들기

이번에는 일러스트레이터에서 정밀한 작업을 손쉽게 도와주는 스마트 가이드를 활용해 도형을 변형해보고, 실무에 적용할 수 있는 다양한 응용 방법들에 대해서도 다룹니다. 그러므로 각 제작 과정을 정확히 숙지해두어야 합니다.

핵심기능 › 기본 변형 도구 알아보기

도형을 변형하는 기본 변형 도구에 대해 살펴보고, 각 도구의 사용 방법과 대화상자를 이용해 변형하는 방법을 알아봅니다.

:: 반사 도구(Reflect Tool,)

- 반사시킬 도형을 선택한 후 반사 툴을 선택하면 도형 중앙에 중심점이 나타납니다.
- 도형을 제외한 화면의 아무 곳이나 누르고 마우스로 드래그하면 중심점을 기준으로 도형이 반사됩니다.

선택

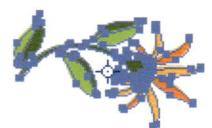

드래그

회전에 필요한 단축키
- 중심축을 이동하려면 기준이 될 위치를 클릭하거나 중심점을 선택하고 드래그합니다.
- Shift +드래그: 수평·수직으로 도형이 반전됩니다.
- Alt +드래그: 반사되면서 도형이 복사됩니다.

:: [Reflect] 대화상자를 이용한 도형 회전하기

- 도형을 선택한 후 반사 툴()을 더블클릭하면 [Reflect] 대화상자가 나타납니다.
- 대화상자에 원하는 옵션을 선택한 후 [OK] 버튼을 클릭합니다.

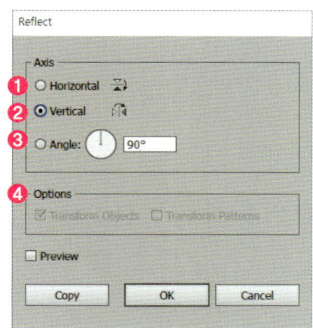

❶ **Horizontal** 수평축을 기준으로 반사 혹은 복사할 수 있습니다.
❷ **Vertical** 수직축을 기준으로 반사 혹은 복사할 수 있습니다.
❸ **Angle** 입력된 각도만큼 반사 혹은 복사할 수 있습니다.
❹ **Options** 도형 내부 색상이 패턴일 경우 활성화됩니다.
　• Transform Objects: 도형의 반사 여부를 지정합니다.
　• Transform Patterns: 패턴의 반사 여부를 지정합니다.

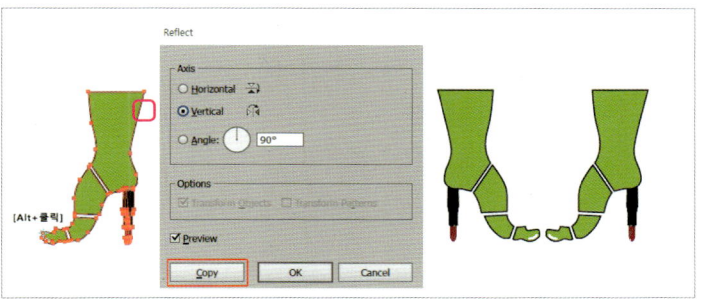

▲ 도형의 수평 반전

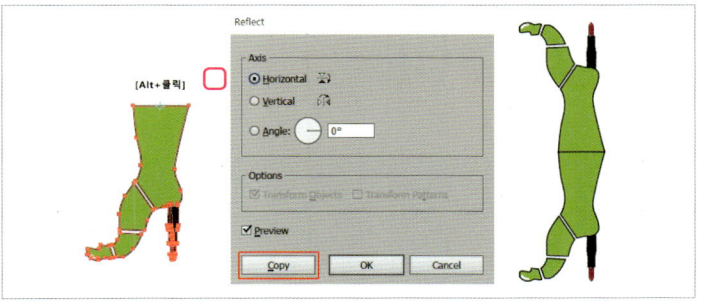

▲ 도형의 수직 반전

각 도구들의 대화상자 불러오기
중심을 도형의 중앙이 아닌 다른 곳으로 이동한 상태에서 대화상자를 나타내고자 할 경우, Alt 를 누른 채 중심으로 만들고 싶은 곳을 클릭하면 클릭한 지점을 중심으로 대화상자를 이용할 수 있습니다.

∷ 기울기 도구(Shear Tool,)

- 도형을 선택한 후 기울기 툴을 누르면 도형 중앙에 중심점이 나타납니다.
- 도형을 제외한 화면의 아무 곳이나 누르고 마우스로 드래그하면 중심점을 기준으로 기울어집니다.

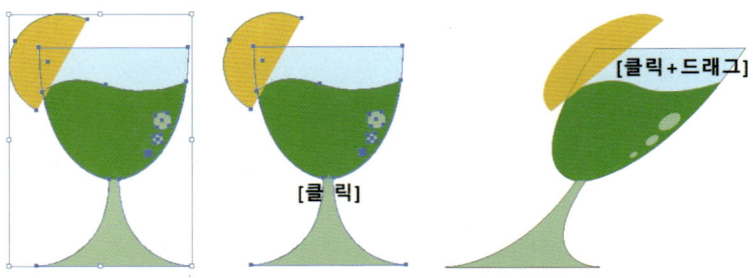

> **기울기 도구에 관련된 단축키**
> - 그림자 표현이나 거리감을 나타내는 데 많이 사용합니다.
> - 중심축을 이동하려면 기준이 될 위치를 클릭하거나 중심점을 선택하고 드래그합니다.
> - Shift +드래그: 수직·수평으로 기울일 수 있습니다.
> - Alt +드래그: 기울어지면서 도형이 복사됩니다.

∷ [Shear] 대화상자 이용해 도형 기울이기

- 도형을 선택한 후 기울기 툴( )을 더블클릭하면 [Shear] 대화상자가 나타납니다.
- 대화상자에 수치를 입력한 후 [OK] 버튼을 클릭합니다.

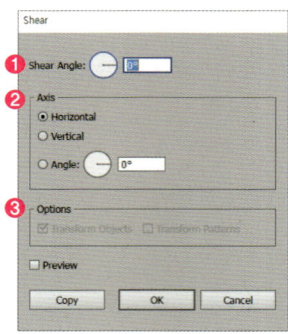

❶ **Shear Angle** 기울일 각도를 입력합니다.

❷ **Axis**
- Horizontal: 수평 방향으로 기울입니다.
- Vertical: 수직 방향으로 기울입니다.
- Angle: 기울일 방향을 각도로 지정합니다.

❸ **Options** 도형 내부 색상이 패턴일 경우 활성화됩니다.
- Transform Objects: 도형의 기울임 여부를 지정합니다.
- Transform Patterns: 패턴의 기울임 여부를 지정합니다.

> **도구툴 대화상자 나타내기**
> Alt 를 누른 채 다른 지점을 클릭하면 클릭한 지점을 중심으로 대화상자를 이용할 수 있습니다.

[Stroke] 팔레트를 이용해 테두리 다양하게 지정하기

- 도형 또는 선의 외곽선 굵기, 선 형태, 끝부분의 형태, 모서리 부분의 형태 등을 설정할 수 있는 팔레트입니다.
- 테두리를 바꾸고 싶은 도형을 선택 도구로 선택한 후 [Stroke] 팔레트에서 원하는 옵션을 설정하면 됩니다.

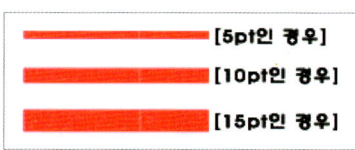
▲ Weight(두께)의 변화

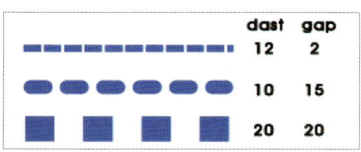
▲ Dashed L의 따른 변화

▲ Miter의 값에 따른 변화

▲ Join에 따른 변화

▲ Cap에 따른 변화

Stroke만을 이용한 동선 제작

도트(dot) 모양의 점선을 단순히 [Stroke] 옵션 설정만으로 제작해보겠습니다.

01 메뉴의 [File-Open]을 클릭하여 예제 파일을 불러오면 두 개의 직선이 나타납니다. 먼저 좌측에 놓인 패스 선을 선택합니다. 메뉴의 [Window-Stroke] 명령을 수행한 후 나타나는 [Stroke] 팔레트에서 Weight 값을 '5pt'로 설정하고, [Round Cap] 옵션을 클릭하여 설정합니다.

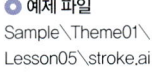
◉ 예제 파일
Sample\Theme01\
Lesson05\stroke.ai

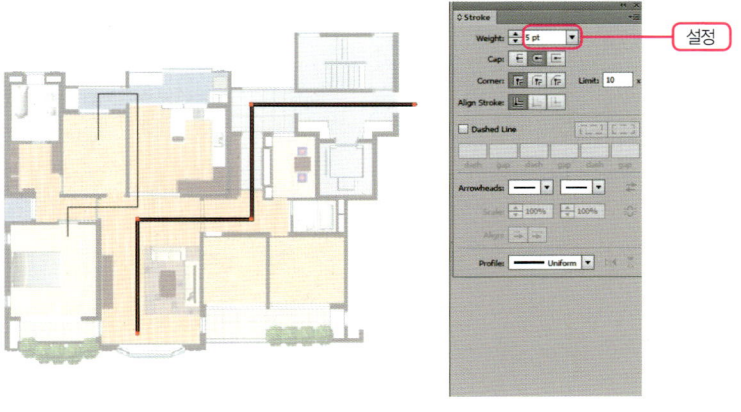

02 점선으로 표현하기 위해 [Dashed Line] 옵션을 설정한 후 다음 그림과 같이 'dash: 0pt', 'gap: 10pt'으로 설정합니다. 동선의 색상을 빨간색으로 설정하기 위해 [Color] 팔레트에서 'C: 0', 'M: 100', 'Y: 100', 'K: 0'으로 설정합니다.

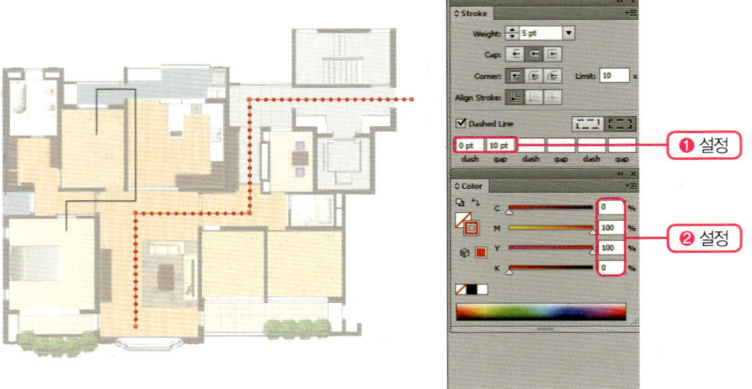

03 다음 그림과 같은 결과가 만들어졌습니다. 다음 그림처럼 패스 선을 선택한 후 [Stroke] 팔레트에서 Weight 값을 '5pt'로 설정하고, [Round Cap] 옵션을 클릭하여 설정합니다.

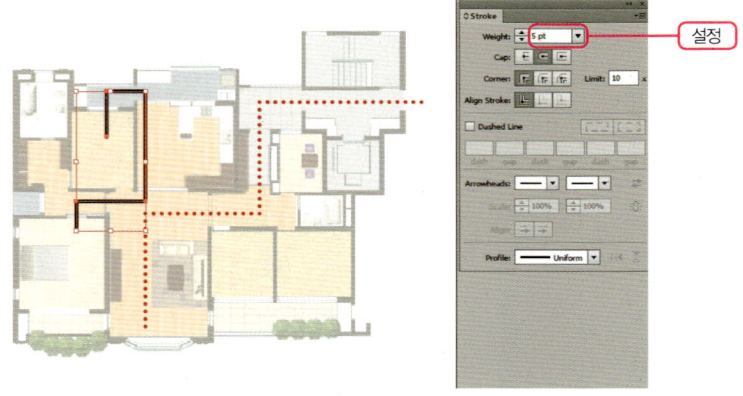

04 점선으로 표현하기 위해 [Dashed Line] 옵션을 설정한 후 그림과 같이 'dash: 10pt', 'gap: 10pt'으로 설정합니다. 동선의 색상을 빨간색으로 설정하기 위해 [Color] 팔레트에서 'C: 100', 'M: 100', 'Y: 0', 'K: 0'으로 설정합니다.

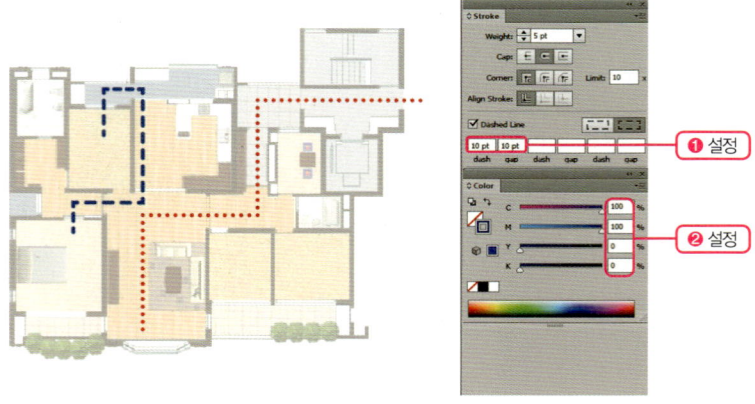

01 문자 배경 디자인하기

완성 파일 Sample\Theme01\Lesson05\그래픽-완성.ai

키 워 드 회전 툴, 반사 툴, 기울기 툴, 문자 툴, Arrange의 기능, [Align] 팔레트의 활용법
길라잡이 결과물의 완성도를 높이기 위해 보다 세밀하고 정확한 작업이 요구되는 부분을 스스로 해결해 나갑니다.

STEP 01 도형 만들기

01 새로운 화면을 메뉴의 [File-New]를 실행하여 엽니다. 도구 상자에서 사각형 툴로 화면을 드래그하여 직사각형을 그립니다. 01 이 직사각형에 면 색상으로 'Y: 50'을 적용하고, 선 색상으로 'None'을 적용합니다. 이 직사각형을 02 메뉴의 [Edit-Copy] 명령으로 복사한 후 03 메뉴의 [Edit-Paste in Front]를 실행하여 복사본을 제자리에 붙여 넣습니다.

02 복사된 도형의 면 색상을 'C: 50'으로 적용합니다.

03 01 도형을 직접 선택 툴(▶)로 선택하고 바운딩 박스의 조절점을 02 위에서 아래로 드래그합니다. 그림처럼 축소된 도형이 밑 도형에 정확히 맞았다는 표시가 나타납니다. 이때 마우스에서 손을 떼면 됩니다.

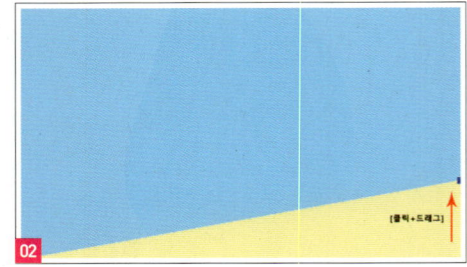

04 다시 파란색 면을 선택한 후 메뉴의 [Edit-Copy] 명령으로 복사하고, 메뉴의 [Edit-Paste in Front]를 실행하여 복사본을 제자리에 붙여 넣습니다. 그런 다음 03 도형을 직접 선택 툴(▶)로 선택하고 바운딩 박스의 조절점을 위에서 아래로 드래그해봅니다. 04 그림처럼 축소된 도형이 밑 도형의 정확히 맞았다는 표시가 나타납니다. 이때 마우스에서 손을 떼면 됩니다.

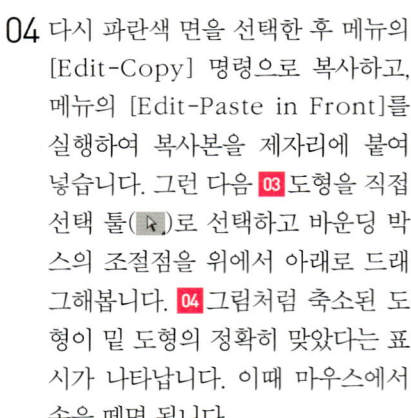

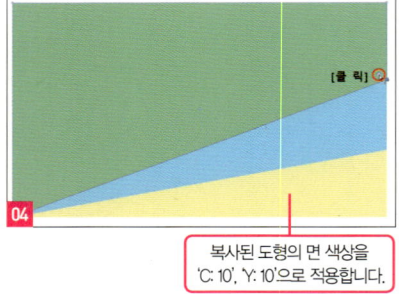

복사된 도형의 면 색상을 'C: 10', 'Y: 10'으로 적용합니다.

05 앞에서 작업한 복사한 도형의 라운드 버튼을 클릭, 드래그한 후 그림처럼 작업하여 바탕 도형을 완성합니다.

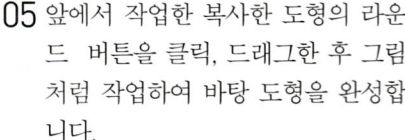
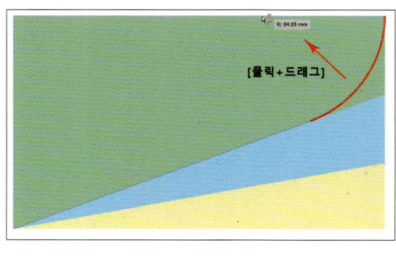
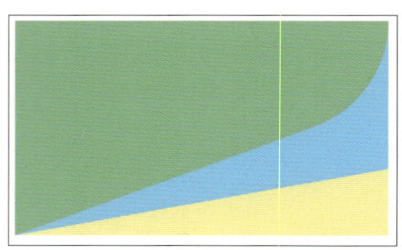

STEP 02 문자 삽입 및 편집하기

01 [Layer] 팔레트에서 01 [Create New Layer] 아이콘( )을 클릭하여 새로운 레이어를 추가하고, 밑의 레이어는 선택되지 않도록 02 레이어의 빈 곳( )을 클릭하면 잠금 버튼( )이 나타나면서 레이어를 잠궈 놓습니다. 새로운 레이어에서 작업을 진행해봅니다. 03 문자 툴(T)을 클릭한 후 'sujiday & sumiday'이라는 문구를 입력하고, 그림과 같은 위치에 배치합니다.

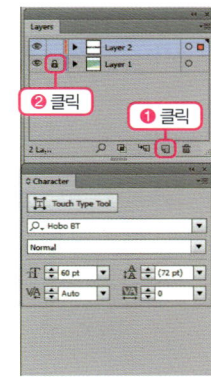

레이어(Layer)란?
레이어는 투명한 필름을 여러 장으로 분리하여 작업할 수 있는 기능으로, 포토샵의 레이어 기능과 동일합니다. 즉, 각각의 도형을 분리된 층으로 구분하여 작업할 수 있으며, 하나의 레이어로 병합하거나 조절할 수도 있습니다. 복잡한 도형 작업 시에는 레이어를 사용하는 것이 효율적입니다.

02 입력된 문자를 변형하기 위해 도형으로 변경해봅니다. 메뉴의 [Type-Create Outlines]를 실행합니다. 문자가 도형으로 변경됩니다.

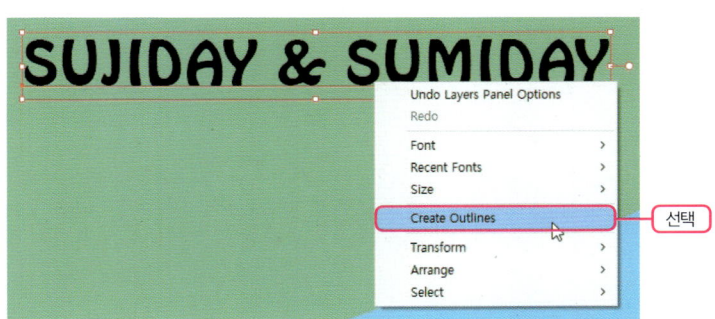

[Create Outlines] 명령
문자 툴(T)로 입력된 문자들은 기울기, 변형 등을 할 때 변형되지 않습니다. 그러므로 문자 변형 작업을 하기 위해서는 반드시 [Create Outlines]를 실행하여 도형으로 변경해주어야 합니다.

STEP 03 문자 도형 분할하기

01 문자 도형의 윗부분과 아랫부분을 나누어 별도의 색상을 지정해주고, 위치를 이동시키는 작업을 진행해 봅니다. 도형으로 변환 문자를 반으로 나누어 봅니다. 01 도구 상자에서 나이프 툴(✂)을 선택하고 02 문자 도형의 가운데를 Alt + Shift 를 눌러 직선으로 드래그합니다. 그 결과 도형이 분할됩니다. 그러나 아래쪽 레이어는 잠겨 있으므로 작업에 영향을 받지 않습니다.

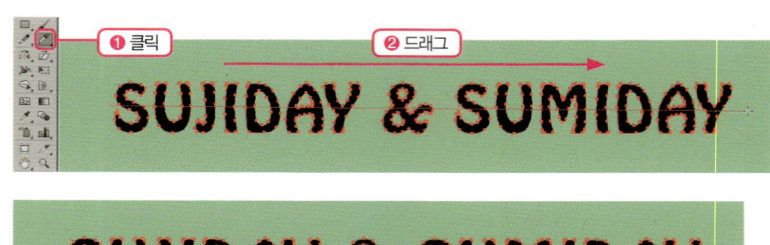

02 분할된 면을 01 선택 툴(▶)로 선택해봅니다. 도형들이 한꺼번에 선택되는 것을 알 수 있습니다. Group이 적용되어 있는 도형을 02 각각의 도형으로 분리하기 위해 마우스 오른쪽 버튼을 클릭하면 나타나는 단축 메뉴의 [Ungroup] 명령을 도형에 적용합니다. 선택 툴(▶)로 선택해보면 각각의 도형들이 따로 선택되는 것을 알 수 있습니다. 03 분리된 각각의 도형들 중 윗부분의 도형들만 선택 툴(▶)로 모두 선택하고 위치를 왼쪽으로 조금 이동합니다.

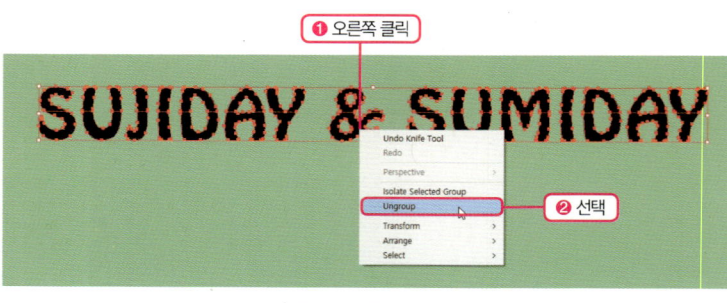

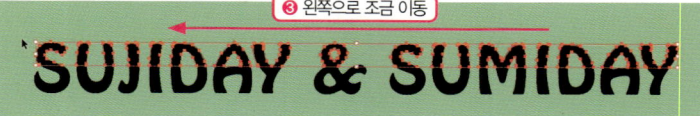

TIP
Ctrl 사용법
다른 도구를 사용하던 도중에 Ctrl 을 누르면 선택 도구(▶)를 바로 사용할 수 있습니다.

03 위쪽의 문자 도형이 선택된 상태에서 면 색상을 그림처럼 적용합니다.

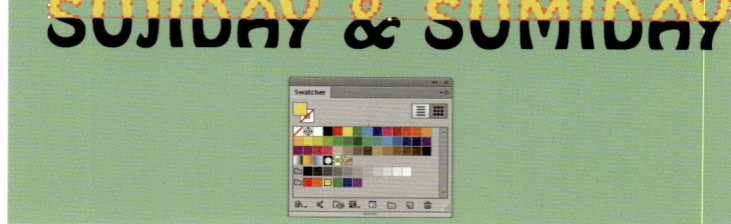

04 배경색으로 그레이던트를 적용해봅니다. 01 선택 툴(▶)로 아래쪽의 문자 도형이 선택된 상태에서 그레이던트 툴(■)을 선택하고 [Gradient] 팔레트에 Linear 02 그레이던트를 선택합니다. 스펙트럼의 오른쪽 슬라이더를 클릭하여 색상을 그림처럼 변경합니다.

TIP

그레이던트 색상 추가
[Gradient] 팔레트에서 색상 슬라이더를 추가할 때는 스펙트럼의 하단을 마우스로 클릭하면 됩니다.

STEP 04 입체적인 도형 생성 및 편집하기

01 [Layer] 팔레트에서 01 [Create New Layer] 아이콘(▭)을 클릭하여 새로운 레이어를 추가하고 밑의 레이어는 선택되지 않도록 02 레이어의 빈 곳(👁)을 클릭하면 잠금 버튼(🔒)이 나타나면서 레이어를 잠궈 놓습니다. 새로운 레이어에서 작업을 진행해봅니다.

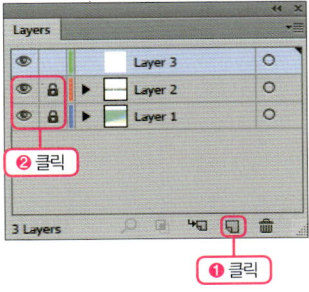

02 그레이던트가 적용된 입체 도형을 만듭니다. 사각형 툴(▭)을 선택한 후 01 Shift를 누르고 드래그하여 정사각형을 만듭니다. 그러면 동일한 02 그레이던트가 적용될 것입니다. 이 그레이던트의 방향을 그레이던트 툴로 드래그하여 세로 방향으로 만듭니다.

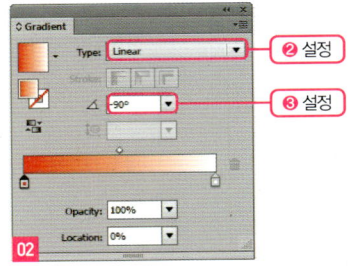

03 선택 툴(▶)을 사각형 도형의 윗면에 위치시켜봅니다. 그러면 위쪽에 패스가 표시될 것입니다. 이 패스를 사각형 아랫면의 패스에 정확히 맞추어 복사, 이동해봅니다. 위쪽에 안내선 표시가 나타나면 Alt 를 누르고 아래로 드래그하여 복사합니다. 이때 마우스에서 손을 떼면 복사본이 원본의 아랫면에 정확히 맞춰집니다.

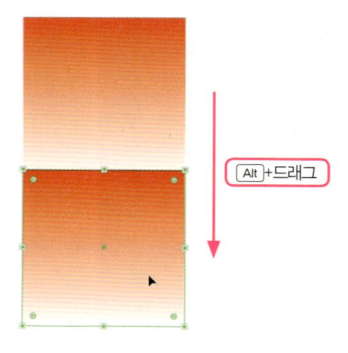

04 복사된 도형의 오른쪽 면에 마우스 포인터를 올려 놓습니다. 그러면 오른쪽 패스의 안내 표시가 나타납니다. 이 상태에서 Alt 를 누르고 오른쪽으로 이동합니다.

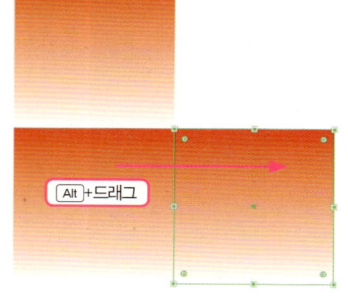

● 직접 선택 툴 사용법
직접 선택 툴(▶)은 도형의 정점과 방향점, 방향선, 세그먼트를 부분적으로 선택하여 도형을 수정하는 기능입니다.

05 도형을 회전 이동시켜 직육면체의 형태로 만듭니다. 01 도구 상자에서 회전 툴(↻)을 선택하고 02 윗면 도형의 오른쪽 아래 기준점에 마우스를 올려 놓습니다. 기준점에 정확히 마우스를 클릭하면 회전될 중심점이 설정됩니다. 03 Shift 를 누르고 드래그하여 도형을 -45도 방향으로 정확히 회전합니다.

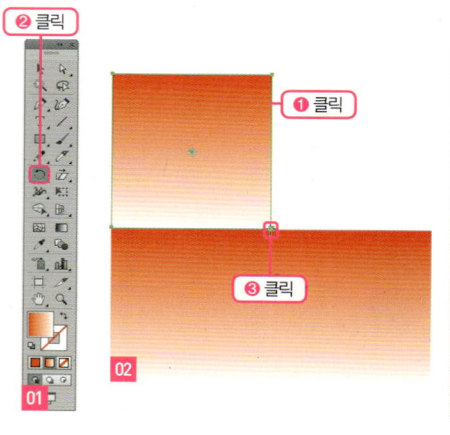
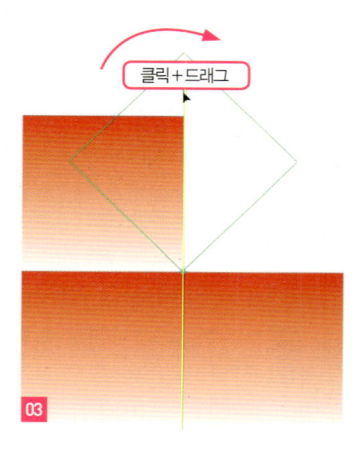

06 도형을 윗변에 맞추어 정확히 기울여 봅니다. 직접 선택 툴(▶)로 오른쪽 도형의 오른쪽 기준점들을 드래그하여 모두 선택합니다. 위쪽 기준점을 잡고 윗면의 오른쪽 기준점까지 드래그합니다. 오른쪽 기준점에 정확히 맞게 마우스 포인터를 올려 놓으면 윗면에 맞춰 도형이 정확히 기울어지게 됩니다.

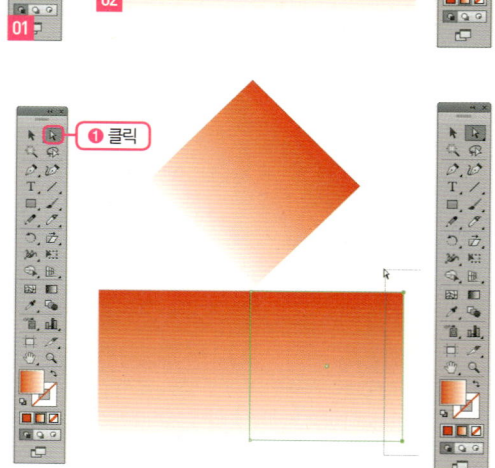
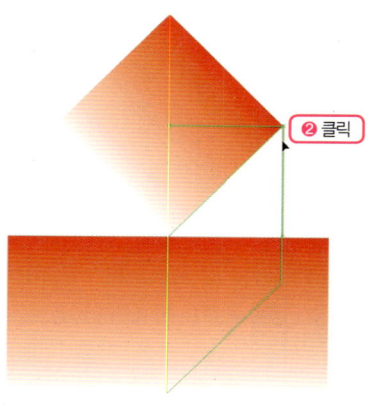

07 왼쪽 도형도 같은 방법으로 정육면체의 형태를 만들어 봅니다.

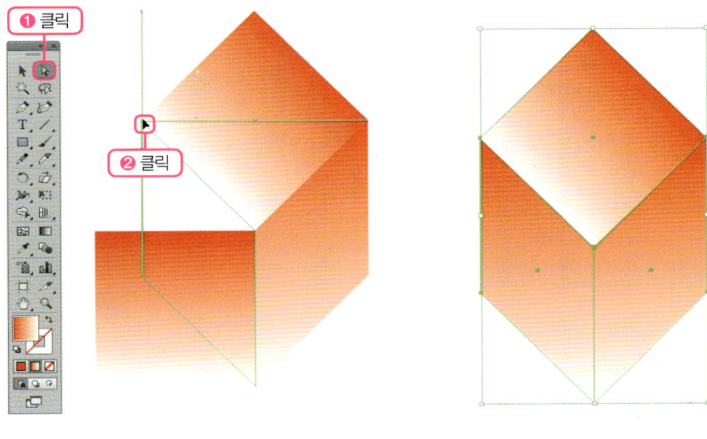

08 선택 툴(▶)로 정육면체를 선택한 후 바운딩 박스의 위 조절점을 아래로 드래그하여 정육면체의 투시각도를 변화합니다.

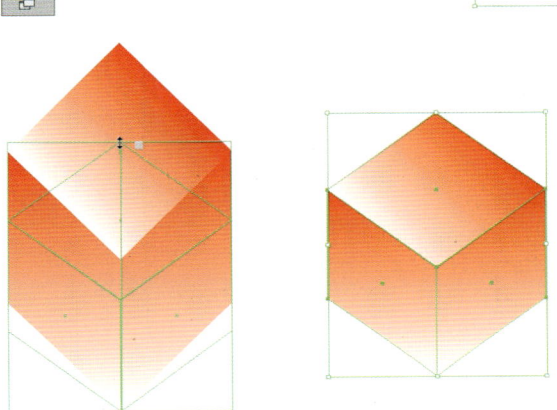

STEP 05 도형에 그레이던트 방향 수정하기

01 정육면체의 형태가 완성되었다면 그레이던트의 방향을 재적용하여 입체감을 살려봅니다. 그레이던트 툴(■)을 선택한 후 각각의 도형의 그레이던트 방향을 그림처럼 바꿔봅니다. 그런 다음 완성된 입체 도형을 모두 선택하고 마우스 오른쪽 버튼을 클릭하면 나타나는 단축 메뉴에서 [Group]을 선택합니다.

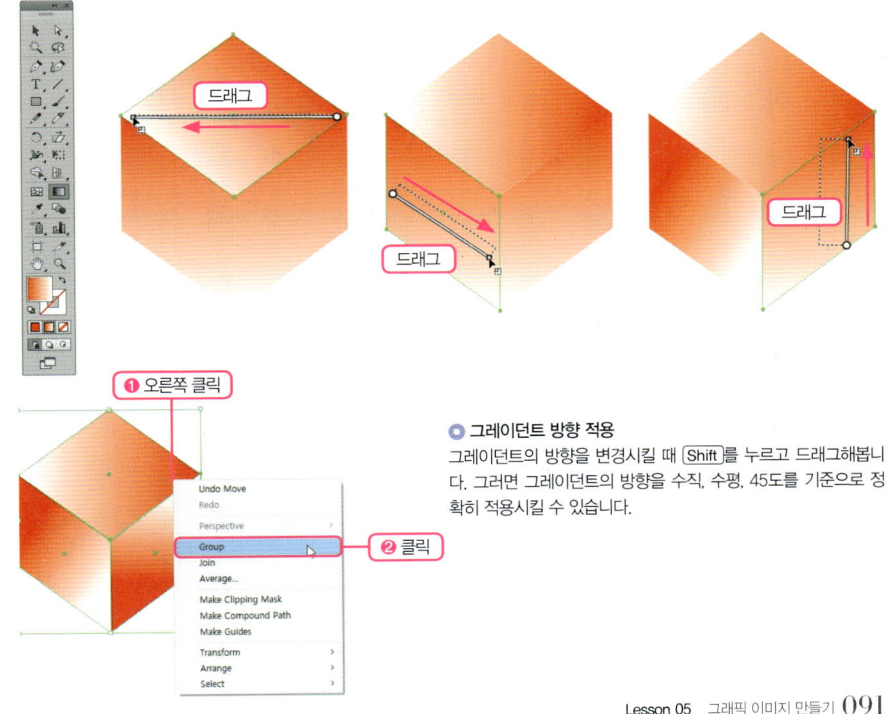

● 그레이던트 방향 적용
그레이던트의 방향을 변경시킬 때 Shift 를 누르고 드래그해봅니다. 그러면 그레이던트의 방향을 수직, 수평, 45도를 기준으로 정확히 적용시킬 수 있습니다.

Lesson 05 _ 그래픽 이미지 만들기 091

02 정육면체의 모든 작업이 마무리되었습니다. 도형을 선택 툴(▶)로 선택하고 미리 만들었던 배경 위에 그림처럼 위치시켜 놓습니다.

STEP 06 패스 문자 삽입하기

01 **01** 곡선 펜 툴(✒)을 이용해 그림처럼 도형의 라인을 따라 패스를 만들어 갑니다. 면 색상을 None(▨)으로 적용하고, 선 색상을 검은색으로 적용합니다.

02 문자 요소를 삽입해봅니다. **02** 문자가 따라 갈 패스를 그린 후 패스 문자 툴(✓)을 선택하고 가장 앞에 있는 정점을 클릭합니다. 커서가 나타나면 문자를 입력합니다.

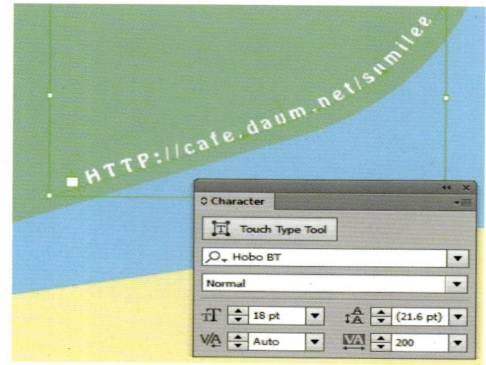

03 문자 툴(T)을 이용하여 오션그래픽 사의 웹 사이트 주소를 입력합니다. 그러면 모든 작업이 완성됩니다.

04 작업이 완성되면 그레이던트와 문자 도형의 색상을 변경해봅니다. 그러면 새로운 느낌의 결과물을 만들 수 있습니다.

일러스트레이터의 기본적인 사용 방법 익히기

일반적으로 디자인 작업을 진행할 경우 수많은 응용 프로그램을 사용하고 있습니다. 일반적으로 산업, 응용 디자인 분야에서는 드로잉의 기초로 일러스트레이터를 사용합니다. 일러스트레이터를 이용해 디자인 작업을 할 때 유용한 방법을 소개합니다.

1 기본 변형 도구들의 대화상자에 [Preview]라는 미리 보기 기능을 체크하여 작업 화면에서의 도형 변화를 살펴보면 작업 중의 실수를 예방할 수 있습니다.

2 [Smart Guide]에는 많은 환경 설정이 있습니다. 마우스 포인터를 도형 위에 올려 놓으면 특정 개체를 식별하는 텍스트가 나타나며, 일시적인 안내선이 도형과 기준점을 정렬할 수 있도록 도와줍니다. 그리고 기준점 및 중앙점, 패스 등의 표시는 도형들의 변형에 매우 유용합니다. 그러나 큰 용량의 작업에서 스마트 가이드를 사용하면 작업 속도가 저하되고 [Snap To Grid]를 켠 경우에는 [Smart Guide]를 사용할 수 없다는 것에 유의해야 합니다.

3 일러스트레이터에서 서체 작업을 효과적으로 하려면 모든 서체들이 트루 타입이어야 합니다. PC는 대부분 트루 타입을 지원하고 있으며, 매킨토시는 트루 타입, 비트맵, 화면용 서체 등이 있습니다. 비트맵과 화면용 서체는 화면상에서만 보이는 서체로, 도형으로 변경할 수 없는 단점이 있습니다.

4 도형을 이동시킬 때 세밀한 이동이 필요하다면 키보드의 방향 키를 사용해봅니다. 도형을 선택하고 키보드의 방향 키를 누르면 한 단위로 이동하게 되고 Shift를 누르고 방향 키를 누르면 10단위로 이동합니다.

5 테두리(Stroke)의 두께 설정
펜 툴(Pen Tool)로 작업할 이미지의 두께 설정은 메뉴의 [Window-Stroke]를 선택해 Weight 값을 설정합니다. 너무 두꺼운 경우는 라인이 겹칠 수 있으며, 크기에 따라 전체적으로 보여주는 이미지 변화가 상당히 크게 좌우할 수 있습니다. 테두리가 두꺼운 경우에는 너무 둔탁하고 무겁게 보일 수 있고, 너무 얇은 경우에는 불안정하고 가벼워 보일 수 있기 때문입니다.

▲ Weight: 1인 경우 불안정하고 가벼워 보입니다.

▲ Weight: 5인 경우 둔탁하고 무거워 보입니다.

실무 테크닉 01 과자 패키지 만들기

이번 예제에는 과자 패키지를 사실적으로 표현해보겠습니다. 일러스트레이터는 주로 마크와 문양 등을 제작하는 데 주로 사용하지만, 경우에 따라서는 실제와 같은 사실감을 표현할 때도 자주 사용합니다. 수많은 노력과 연습을 통해 이러한 결과물을 표현해낼 수 있는 능력을 기르는 것이 중요합니다.

예제 파일 Sample\Theme01\실무테크닉\과일.ai
완성 파일 Sample\Theme01\실무테크닉\과자.ai, 과자-완성.ai, 과자-완성[1].jpg

- 그리드, 가이드라인을 이용해 드로잉을 준비합니다.
- 패턴 등록을 한 후 객체에 적용합니다.
- 사실적인 표현을 위해 반사 효과를 적용합니다.

실무테크닉 02 핸드폰 액정 화면 만들기

일러스트레이터에서의 드로잉 실력을 쌓는 방법은 스스로 많은 도형들을 표현해보고, 연습하는 길뿐이라고 생각합니다. 이번 작업을 통해 사실적인 입체 효과를 표현해내는 방법을 습득하고, 자신만의 노하우를 길러보세요.

예제 파일 Sample\Theme01\실무테크닉\동전.ai, 말-리본.ai, 핸드폰.psd
완성 파일 Sample\Theme01\실무테크닉\마일리지.ai, 마일리지-포토.psd

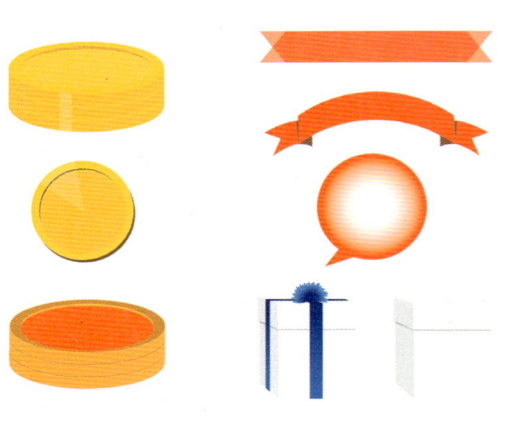

- 3D 효과 명령을 이용해 입체적인 도형을 드로잉합니다.
- [Gaussian Blur] 효과를 적용합니다.
- 패스를 이용해 곡선을 따라 문자를 입력합니다.

실무 테크닉 03 _ 명찰 디자인하기

이번에는 일러스트레이터에 패스파인더 팔레트를 활용하여 명찰을 만들어 본작업을 진행해보겠습니다. 어떤 단순한 기능이라도 새로운 곳에 효과적으로 응용하면 좋은 결과물을 만들어 낼 수 있습니다. 여러분이 디자인 실무를 할 때에도 충분히 응용할 수 있는 방법이므로 잘 따라하기 바랍니다.

예제 파일 Sample\Theme01\실무테크닉\리본.ai, 말-리본.ai, 요리사 캐릭터.ai, 명찰-셋팅.psd, 식기.ai
완성 파일 Sample\Theme01\실무테크닉\명찰.ai, 명찰-포토.psd

- 문자 패턴 등록 후 적용합니다.
- 패스 툴을 그린 후 문자 툴을 이용해 곡선 문자를 입력합니다.
- 패스파인더 팔레트를 이용해 요리사 모자를 드로잉합니다.

100 그레이던트(Gradient) 도구를 이용하여 입체적으로 표현하기

120 자유로운 도형을 변형하기

135 심벌(Symbol)을 이용하여 디자인하기

156 커피 광고 간판 소개하기

THEME 02

그래픽 디자인 따라하기

일러스트레이터는 다른 도구들과 마찬가지로 어떻게 사용하느냐에 따라 그 결과물에 많은 차이가 생깁니다. 따라서 기능을 잘 알고 있더라도 아이디어와 감각을 살려 디자인하지 않으면 실무에서는 좋은 결과물을 얻을 수 없습니다. 이번 과정에서는 실무에서 사용되는 여러 기법을 익혀보고 앞에서 배운 기본 기능을 바탕으로 한 단계 업그레이드된 작업을 진행하겠습니다. CI 및 BI 디자인, 캐릭터 디자인, 패키지 디자인을 따라하면서 실무 디자인의 노하우를 익히기 바랍니다.

LESSON 01 그레이던트(Gradient) 도구를 이용하여 입체적으로 표현하기

풍부한 느낌의 입체를 표현하기 위해서는 빛의 강약을 자연스럽게 표현하는 것이 중요합니다. 인위적이지 않도록 일러스트레이터의 느낌을 충분히 살려 부드러우면서 투명한 고무 재질의 풍선을 표현해보기 바랍니다.

핵심 기능 그레이던트(Gradient) 도구( )

그레이던트(Gradient)란?

도형의 내부 색상에 두 가지 이상의 색상을 점진적으로 변화되도록 하는 기능입니다. 도형에 그레이던트를 적용하는 도구가 아니라 [Gradient] 팔레트에서 적용하며 그레이던트의 방향을 드래그하여 조절하는 도구입니다.

[Gradient] 팔레트 알아보기

- 세부적인 내용은 [Gradient] 팔레트에서 대부분 설정합니다.
- 메뉴의 [Windows-Show Gradient]를 선택하면 [Gradient] 팔레트가 화면에 나타납니다.

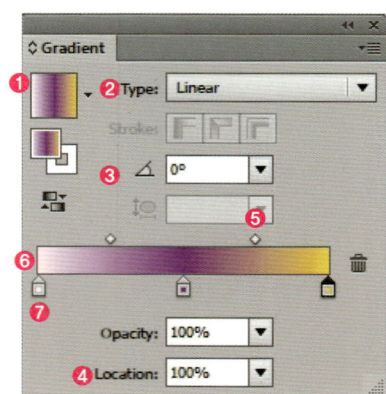

❶ 그레이던트를 미리 간단히 보여줍니다.

❷ **Type** 그레이던트의 진행되는 형태를 설정합니다.
 • Linear: 직선의 형태로 진행되는 그레이던트입니다.
 • Radial: 원형의 형태로 진행되는 그레이던트입니다.

❸ **Angle** 그레이던트가 진행되는 각도를 설정합니다.

❹ **Location** 그레이던트를 구성하는 색상을 설정하는 색상 핀과 색상 조절 핀의 위치를 설정합니다.

❺ **색상 조절 핀** 색상 핀과 색상 핀 사이의 중간 값 위치를 표시합니다. 중간 값 위치를 조절함으로써 색상이 균등하게 할 수도 있고, 치우치게 할 수도 있습니다.

❻ **슬라이더** 색상 핀과 색상 조절 핀의 설정을 조절하는 곳으로 색상의 배열 상태를 보여줍니다.

❼ **색상 핀** 그레이던트를 구성하는 색상을 설정합니다.

그레이던트 효과 도형에 적용하기

🔵 예제 파일
Sample\Theme02\Lesson01
\꽃게.ai

- 드로잉 도구를 이용해 적당한 도형을 드로잉한 후 도형을 선택합니다.
- [Gradient] 팔레트의 그레이던트 슬라이더 하단 부분을 클릭합니다.
- 도형 내부에 그레이던트를 적용합니다.

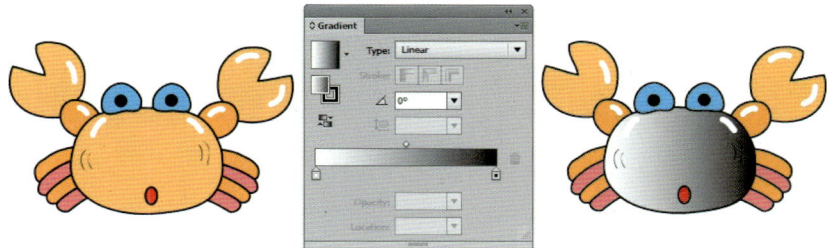

그레이던트 색상 바꾸고 방향 설정하기

- 그레이던트가 적용된 색상을 바꾸기 위해 [Gradient] 팔레트에 있는 오른쪽 색상 핀을 클릭해 선택합니다.

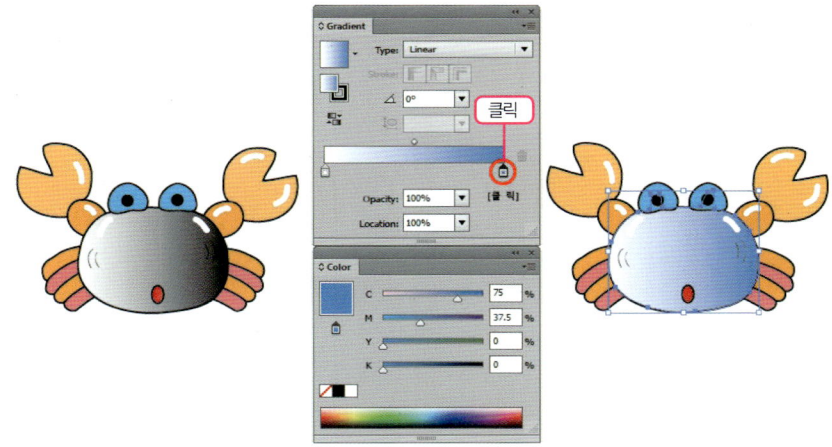

- [Color] 팔레트에서 팝업 버튼(▼≡)을 클릭해 색상 모드를 변경한 후 원하는 색상을 선택합니다.

- 도형에 변경된 색상의 그레이던트가 적용됩니다.
- [Gradient] 툴을 사용하여 그레이던트의 길이, 각도, 방향 등을 조정할 수 있습니다.

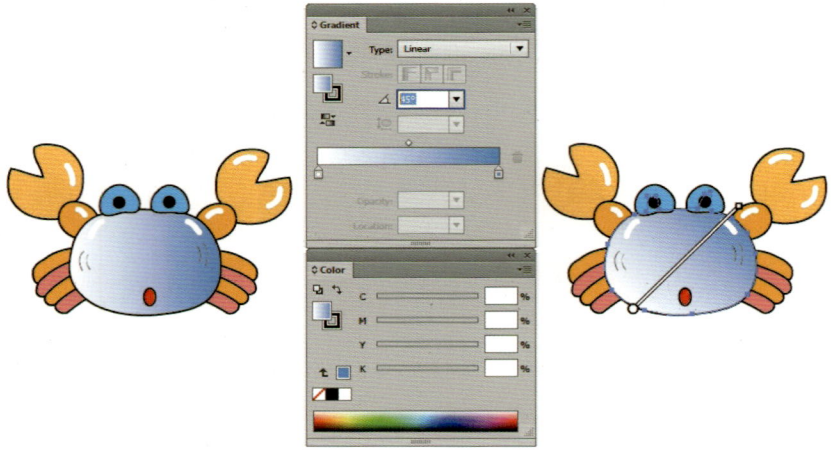

TIP

[Swatches] 팔레트
- 그레이던트의 색상을 바꾸기 위해서는 먼저 하나의 색상 핀을 반드시 선택해야만 합니다.
- [Swatches] 팔레트에 있는 색상을 그레이던트 색상으로 사용하려면, 그레이던트 색상 핀을 선택하고 [Alt]를 누른 채 [Swatches] 팔레트에 있는 색상을 클릭하면 됩니다.

:: 그레이던트 적용 및 수정하기

◯ 예제 파일
Sample\Theme02\Lesson01
\그레이던트.ai

01 예제 파일을 불러온 후 선택 툴(▶)을 이용해 도형을 클릭합니다. 그런 다음 도구 상자의 그레이던트 툴(■)을 더블클릭하면 화면에 [Gradient] 팔레트가 나타납니다. 그리고 그레이던트 슬라이더의 하단 부분을 클릭하면 도형에 그레이던트가 적용됩니다.

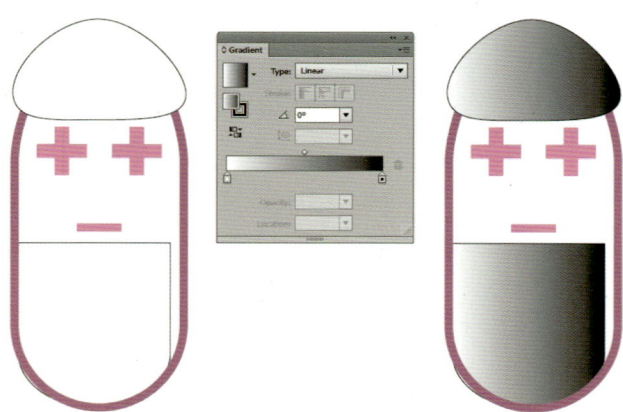

02 [Gradient] 팔레트에서 [Linear Gradient]를 클릭하여 면에 흑백의 직선 그레이던트 효과를 적용시킵니다. 그런 다음 왼쪽 색상 핀을 선택하고 [Color] 팔레트에서 원하는 색상을 선택합니다. 색상 핀을 클릭하여 드래그하면 움직이면서 색상이 밀려가는 것을 볼 수 있습니다. 이에 따라 도형에 적용된 색상도 밀려가는 것을 볼 수 있습니다.

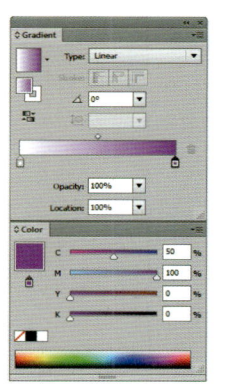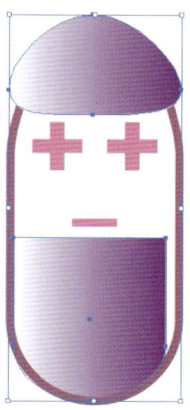

03 이번에는 왼쪽 색상 핀을 선택한 후 [Color] 팔레트에서 그림처럼 색상을 선택합니다. 그런 다음 왼쪽 색상 핀을 클릭하여 그림처럼 드래그하면 색상 핀의 위치가 조절되면서 색상이 밀려가는 것을 볼 수 있습니다. 그에 따라 도형에 적용된 색상과 범위도 조절됩니다.

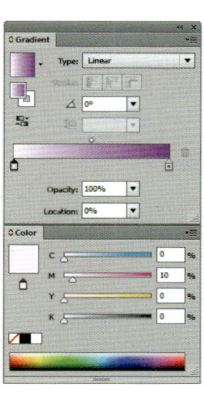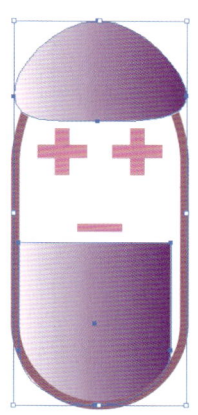

04 색상을 추가하기 위해 그레이던트 슬라이더 아래 부분을 클릭하면 새로운 색상 핀이 추가됩니다. 추가된 색상 핀에 원하는 색상을 컬러 팔레트에서 선택하여 적용합니다. 만일 색상을 삭제하려면 원하는 색상을 담고 있는 색상 핀을 클릭한 후 [Gradient] 팔레트의 바깥 부분으로 드래그하면 됩니다.

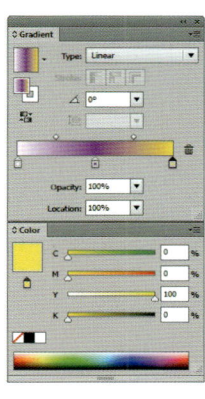

05 중간 색상 핀을 Location 25% 지점으로 드래그하여 위치를 변경하고 Location 50% 지점에 색상 핀을 추가하여 색상을 변경합니다.

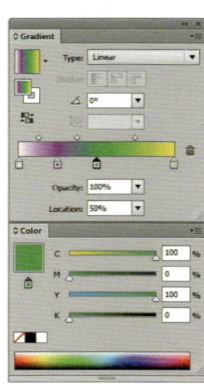

06 중간 색상 핀과 오른쪽 색상 핀 사이 Location 75% 지점에 색상 핀을 추가한 후 색상을 지정합니다. Angle에 '25도'를 입력하여 완성한 후 선택을 해제하여 그레이던트가 적용된 도형을 확인합니다.

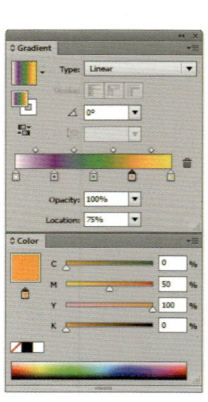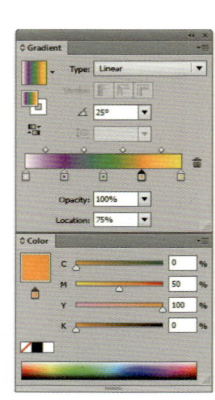

핵심 기능 그레이던트 메시(Gradient Mesh) 도구

- 하나의 도형에 좀 더 다양한 그레이던트 효과를 만들어주는 도구입니다.
- 그레이던트 메시(Gradient Mesh)를 적용하면 도형의 테두리 색상이 사라집니다.

그레이던트 메시(Gradient Mesh) 이해하기

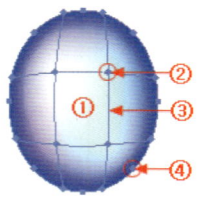

❶ **Mesh Patch** 그레이던트 메시 툴을 이용하여 생성된 도형의 면을 뜻합니다.
❷ **Mesh Point** 그레이던트 메시 툴을 이용하여 생성된 점을 말합니다.
❸ **Mesh Line** 그레이던트 메시 툴을 이용하여 생성된 선을 말합니다.
❹ **Anchor Point** 도형을 가지고 있는 고유의 점을 뜻합니다.

:: 도형에 그레이디언트 메시 적용하기

- 도형을 선택한 후 컬러 팔레트에서 도형에 전체에 해당하는 면 색상을 먼저 적용합니다.
- 그레이디언트 메시 툴을 선택한 후 도형 안에 클릭하여 정점을 추가한 후 색상을 적용합니다.
- 같은 방법으로 원하는 곳에 정점을 계속 추가해 나가면서 색상을 적용하면 됩니다.
- 추가할 도형을 그려 완성합니다.

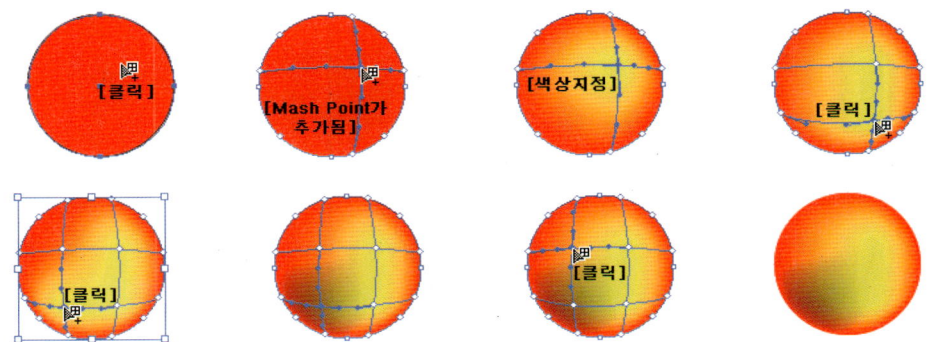

:: [Create Gradient Mesh] 대화상자 알아보기

그레이디언트 메시 툴(🔳)을 사용하는 것이 일반적이지만, 메뉴의 [Object-Create Gradient Mesh] 명령을 선택하면 나타나는 대화상자를 통해 작업할 수도 있습니다.

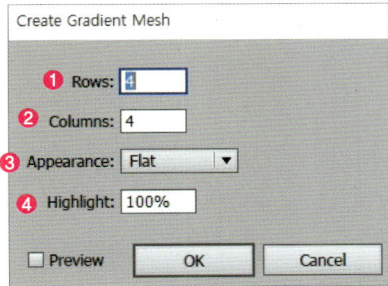

❶ **Rows** 가로 방향의 라인으로 표현되는 열의 수를 지정합니다.
❷ **Columns** 세로 방향의 라인으로 표현되는 행의 수를 지정합니다.
❸ **Appearance** 그레이디언트가 적용되는 지점을 지정합니다.
- Flat: 그레이디언트 색상은 적용되지 않고 Mesh Point와 Mesh Line만 생성시킵니다.
- To Center: 도형의 중심을 밝게 만듭니다.
- To Edge: 도형의 주변 외곽을 밝게 만듭니다.

❹ **Highlight** 밝은 정도를 사용자가 입력하여 결정하며, 기본은 '100%'이고 가장 밝은 상태를 의미합니다.

▪▪ [Create Gradient Mesh] 명령 이용하여 만들고 수정하기

01 도구 상자의 사각형 툴(▫)을 선택한 후 사각형의 도형을 만듭니다. 그런 다음 메뉴의 [Object-Create Gradient Mesh]를 선택하고 대화상자에서 Row는 '4', Columns는 '4', Appearance는 'Flat', Highlight는 '100%'로 설정하고 [OK] 버튼을 클릭하면 도형의 안쪽으로 4행 4열의 Mesh Line이 만들어집니다.

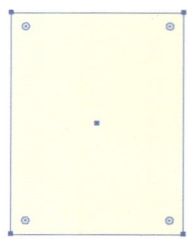 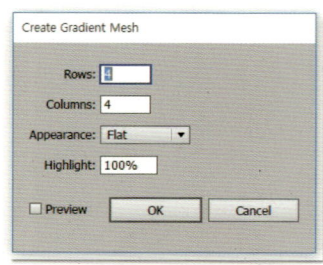 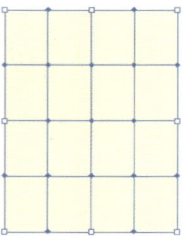

02 도구 상자의 그레이던트 메시 툴(▫)을 선택한 후 하나의 Mesh Point를 선택하고 컬러를 지정합니다. 다시 한 번 같은 방법으로 Mesh Point를 선택하여 여러 컬러를 지정합니다.

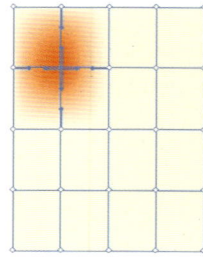 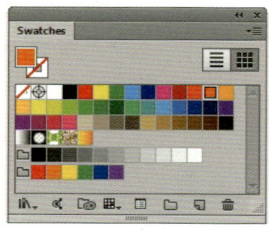 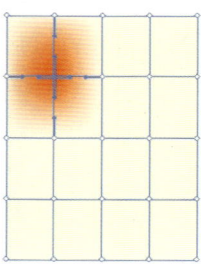 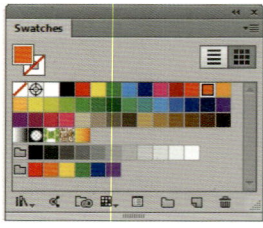

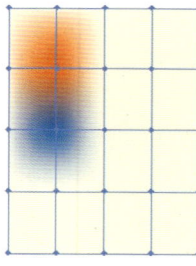 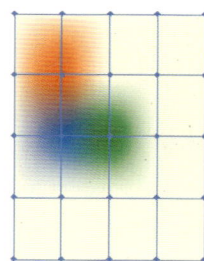 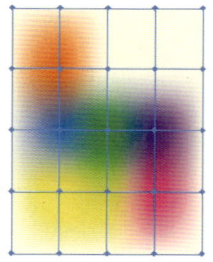

03 [직접 선택] 툴(▫)을 이용하여 Mash Point와 Mesh Line의 형태를 그림처럼 만들어주면 꽃잎의 형태가 만들어집니다.

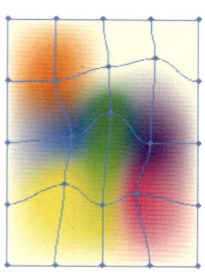 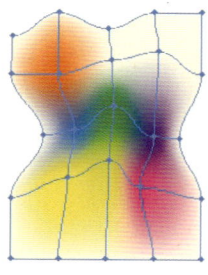 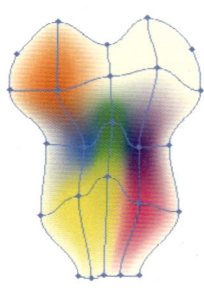

04 회전 툴( )을 선택하여 꽃잎 아래쪽 정점에서 Alt를 누른채 클릭한 후 60도 각도를 입력하고 [Copy] 버튼을 누르면 꽃잎이 회전하면서 복사된다. 그런 다음 Ctrl+O로 명령을 반복하여 꽃 모양을 완성합니다.

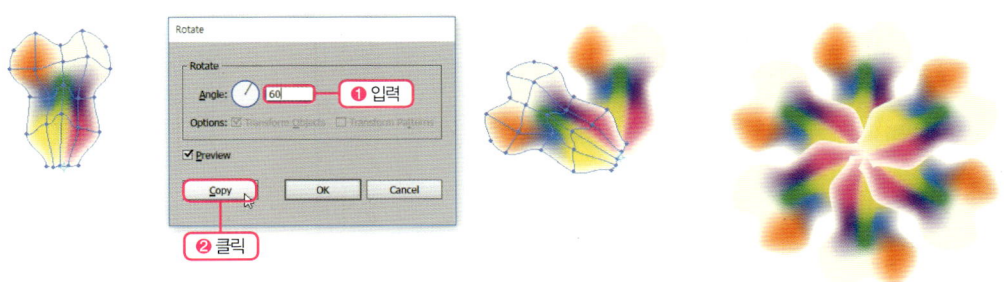

05 도구 상자의 원형 툴( )을 이용해 원을 그린 후 그레이디언트 툴( )에서 더블클릭하면 화면에 [Gradient] 팔레트가 나타납니다. 그레이디언트가 적용된 색상을 바꾸기 위해 [Gradient] 팔레트에 있는 색상 핀을 클릭해 색상을 적용합니다.

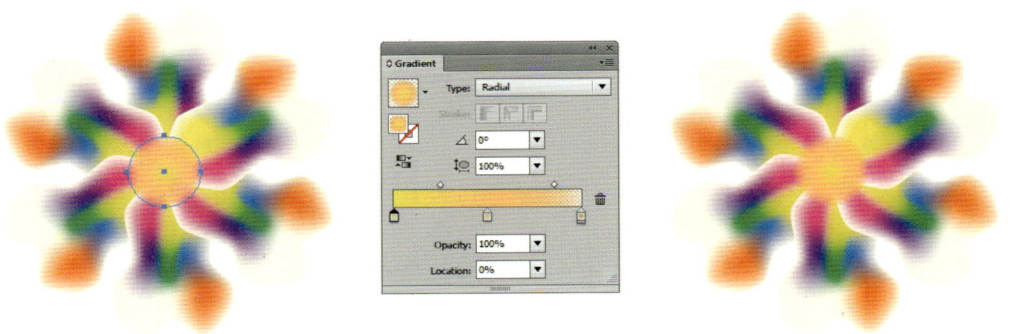

01 하늘 높이 풍선 만들기

예제 파일 Sample\Theme02\Lesson01\흰색티.jpg, 재즈사람.psd
완성 파일 Sample\Theme02\Lesson01\풍선.ai, 풍선-포샵.psd

키 워 드 도형 툴, 펜 툴, Transparency 기능, Envelope Distort 기능, 그레이던트의 활용법
길라잡이 좀 더 완성도 높은 결과물을 얻어 내기 위해서는 여러 기능들이 복합적으로 잘 어우러져야 합니다. 지금 학습한 내용은 도형이나 문자, 이미지에 왜곡과 같은 다양한 변형 효과를 쉽게 줄 수 있는 편리한 기능입니다.

STEP 01 정원을 만든 후 그레이디언트 적용하기

01 입체적인 풍선 도형을 만들기 위한 기본 형태를 만들어 봅시다. 01 원형 툴(◯)로 02 Shift + Alt 를 누른 후 드래그하여 정원을 만듭니다. 그런 다음 03 [직접 선택] 툴(▶)을 이용해 04 그림처럼 도형의 모양을 변경합니다.

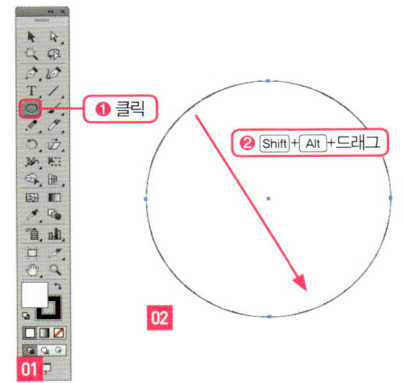 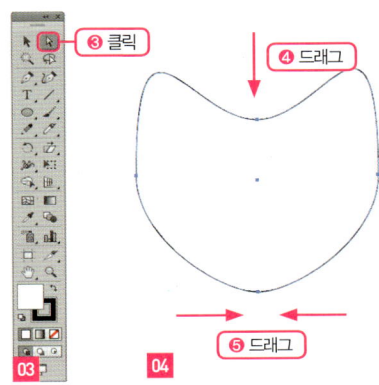

02 드로잉된 원에 입체감을 주기 위해 그레이디언트 효과를 적용시켜봅시다. 먼저 원위 선을 없애고, 메뉴의 [Window-Gradient 팔레트를 엽니다. 01 [Gradient] 팔레트에서 [Radial Gradient]를 클릭하여 면에 흑백의 원형 그레이디언트 효과를 적용시킵니다.

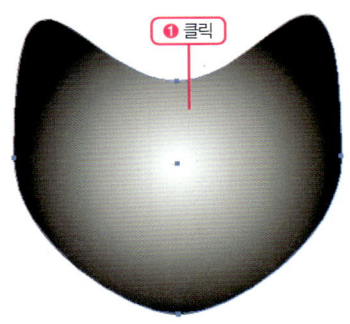 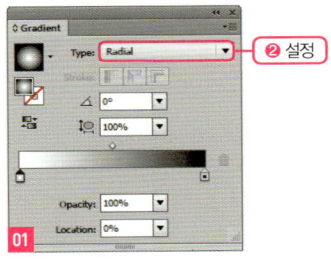

● [Outline] 활용
그레이던트는 도형의 면 부분에만 적용되며, Stroke 부분에는 적용되지 않습니다. Stroke 부분에 그레이던트를 적용하기 위해서는 Stroke 부분을 Outline으로 변경하여 면을 가진 도형으로 만들어야 합니다.

03 기본 그레이디언트 색상이 적용된 도형을 편집해봅시다. 먼저 [Gradient] 팔레트에서 스펙트럼 막대 오른쪽 아랫부분을 클릭하여 슬라이더를 추가하고 [Color] 팔레트에서 색상을 옅은 노란색 계열로 적용시킵니다.

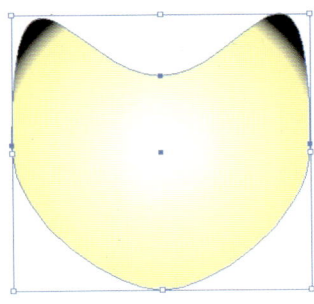 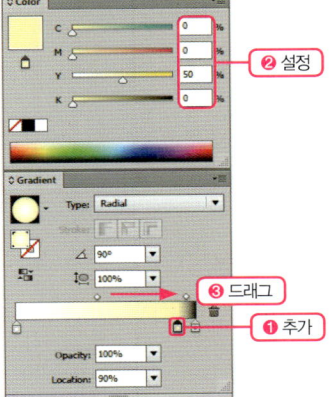

[Gradient]란?
그레이던트는 단색이 아닌 두 가지 이상의 색상이 혼합되어 자연스럽게 변화되어 가는 효과를 말합니다. [Gradient] 팔레트는 그레이던트 색상을 편집, 수정할 수 있는 팔레트입니다.

04 검은색이 적용된 슬라이드를 선택하고 [Color] 팔레트에서 짙은 노란색 계열로 색상을 적용합니다. 색상이 적용되었다면 그레이디언트의 방향을 조정하여 입체감을 살려봅시다. 선택된 도형에 그레이디언트 툴(■)을 원의 오른쪽 상단에서부터 대각선으로 드래그하여 그레이디언트의 방향을 조정합니다.

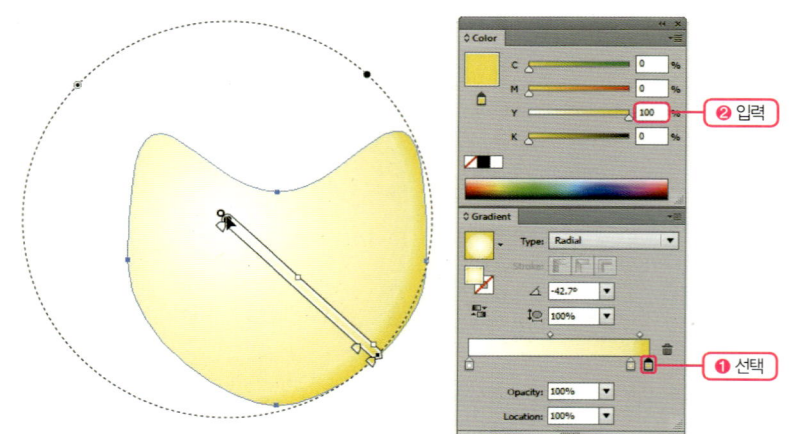

STEP 02 풍선 꼭지 부분 만들기

01 풍선의 공기를 집어넣는 부분을 펜 툴(✎)을 이용해 드로잉해봅시다. 풍선의 밑 부분을 돋보기 툴로 확대하고 펜 툴을 선택하여 자연스러운 형태가 되도록 드로잉합니다. 현재는 면의 색상에 앞의 과정에서 적용된 원형 그레이디언트가 적용되어 있습니다.

TIP

돋보기로 전환
화면의 확대 축소를 하는 작업은 일러스트레이터에서 많이 사용됩니다.
- Ctrl + Space Bar : 작업 도중 포인터가 '+' 돋보기로 전환
- Ctrl + Alt + Space Bar : 작업 도중 포인터가 '-' 돋보기로 전환

02 원형 그레이던트가 적용된 면의 그
레이던트를 변경시켜봅시다.
면을 선택한 후 [Gradient] 팔레
트의 그레이던트 타입 메뉴에서
Linear를 적용시킵니다. 기본적인
풍선의 형태가 완성되었습니다. 화
면의 실제 사이즈로 돌아와 작업을
마무리합니다.

실제 사이즈 설정
화면을 실제 사이즈(100%)로 만들기 위해서는 돋보기 툴
(🔍)을 더블클릭하거나 메뉴의 [View-Actual Size]를
실행하면 됩니다(단축키: Ctrl + 1).

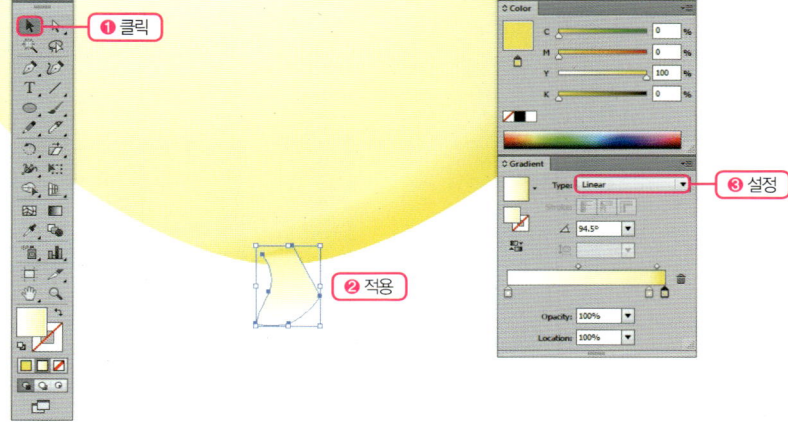

STEP 03 풍선 복사와 색상 적용하기

01 풍선 도형을 복사하고 색상을 변경
시켜봅시다. 01 먼저 선택 툴(▶)로
풍선 도형을 선택한 후 02 Alt 를 누
르면서 드래그하여 도형을 복사합
니다.

02 복사된 도형에 [Gradient] 팔레트
색상 슬라이더를 하나씩 선택하여
각각 색상을 진노랑색 계열로 변경
시킵니다.

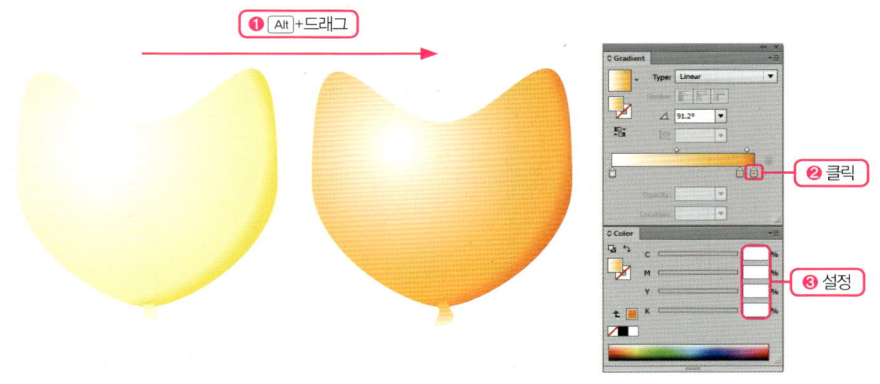

STEP 04 문자 삽입하기

01 색상이 다른 두 개의 풍선 도형이 완
성되었습니다. 이 도형에 문자를 삽
입하기 위한 작업을 진행해봅시다.
문자 툴(Type Tool, T)을 선택한
후 풍선 도형보다 큰 크기로 'Good
Sujiday'이라는 문구를 입력합니
다. 그런 다음 입력된 문구에 노란색
을 적용합니다.

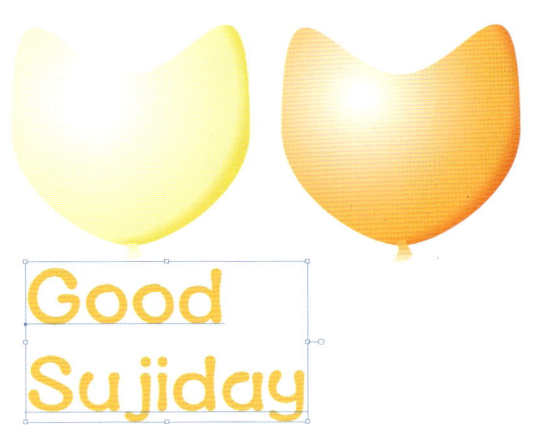

02 입력된 문자를 선택 툴( )로 드래그 복사하여 입력된 문자를 Good Sujiday로 바꿉니다. 01 문자의 색상을 주황색 계열로 변경합니다.

STEP 05 문자 왜곡시키기

01 입력된 문구를 풍선 도형의 형태에 맞게 변형시켜봅시다. 입력된 문구를 풍선 도형의 중앙에 위치시킵니다. 풍선 도형을 메뉴의 [Edit-Copy] 명령을 실행하여 복사합니다.

02 복사된 도형을 01 메뉴의 [Edit-Paste in Front]를 실행하여 제자리 붙여 넣기를 실행합니다. 복사된 풍선 도형을 같은 위치에 붙여 넣기 됩니다. 그런 다음 방금 붙여 넣기를 한 02 도형을 클릭한 후 마우스 오른쪽 버튼을 누르면 나타나는 단축 메뉴에서 [Arrange-Bring to Front]를 선택합니다.

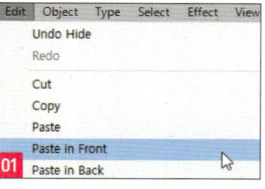

03 문자를 풍선 도형에 둘러싸인 형태로 변형해봅시다. 문자 도형과 복사된 풍선 도형을 모두 선택한 후 01 메뉴의 [Object-Envelope-Distort-Make With Top Object] 명령을 적용시킵니다. 그러면 02 문자가 풍선 도형의 형태에 따라 변형됩니다. 자연스럽게 문자와 풍선이 하나의 도형을 되었습니다.

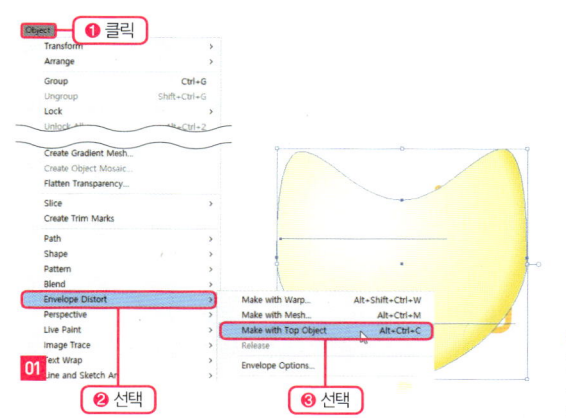

○ [Make With Top Object] 명령
Make With Top Object 명령을 실행하기 위해서는 원하는 형태의 도형을 반드시 문자 위쪽에 위치하고 있어야 합니다.

04 주황색 풍선에도 같은 기능을 적용시켜 두 개의 풍선을 완성합니다.

STEP 06 풍선에 하이라이트 표현하기

01 풍선 도형에 하이라이트 효과를 넣어 좀 더 입체감을 나타내봅시다. 01 펜 툴(✐)로 풍선 도형의 상단에 부채꼴 모양의 하이라이트 부분을 드로잉하고 면의 색상에 흰색을 적용합니다. 하이라이트 부분은 부드럽게 보이기 위해 02 [Transparency] 팔레트를 열고 Opacity를 낮추어 도형에 투명도를 적용합니다.

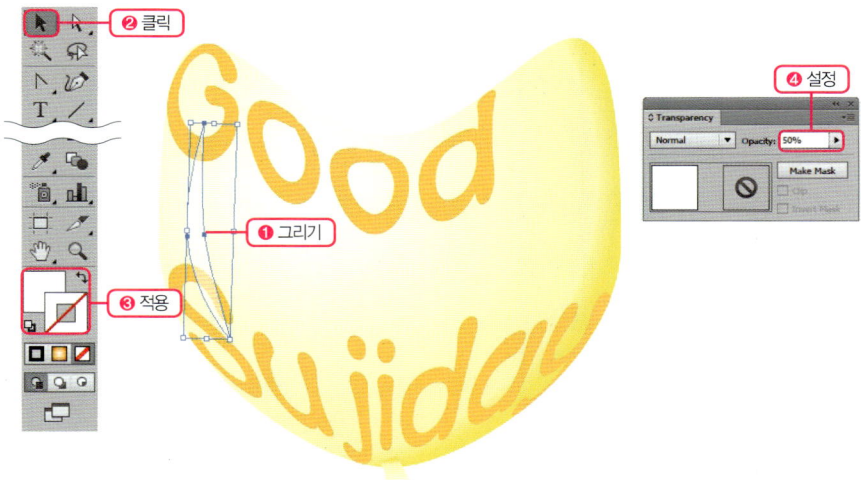

02 좀 더 자연스러운 풍선의 형태가 완성되었습니다. 펜 툴(✒)을 이용하여 풍선 끈을 드로잉합니다.

03 두 개의 풍선에 끈까지 드로잉이 되었다면 각각의 풍선에 메뉴의 [Object-Group] 명령을 적용시킵니다. 두 개의 풍선 도형이 모두 완성되었습니다.

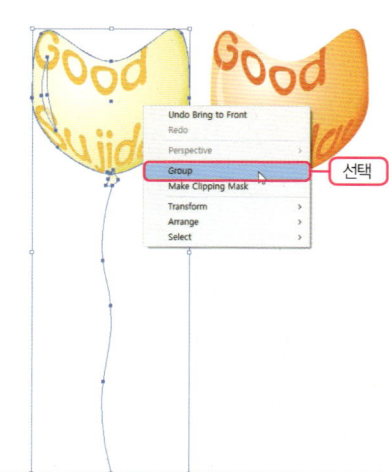

STEP 07 포토샵에서 마무리 작업하기

01 새로운 이미지를 불러오기 위해 Ctrl+O를 누르거나 메뉴의 [File-Open]을 선택합니다.

● 예제 파일
Sample\Theme02\Lesson01\흰색티.jpg

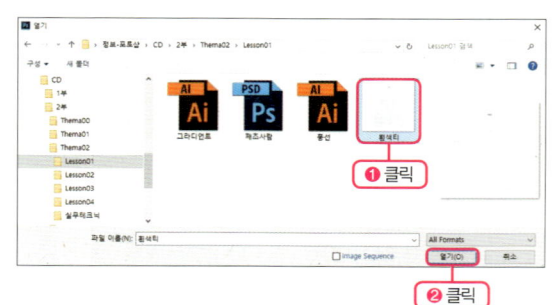

02 새로운 이미지를 불러오기 위해 Ctrl+O를 누르거나 메뉴의 [File-Open]을 선택합니다. 도구 상자의 이동 툴(▶⊕)을 선택한 후 이미지를 클릭, 드래그하여 이동 복사합니다.

◉ 예제 파일
Sample\Theme02\Lesson01\재즈사람.psd

03 일러스트레이터 파일을 불러오기 위해 메뉴의 [File-Place Linked]를 선택합니다. [Open as Smart Object] 대화상자의 [Crop To] 옵션에서 [Bounding Box]로 설정하여 불러옵니다.

◉ 예제 파일
Sample\Theme02\Lesson01\풍선.ai

Lesson 01 _ 그레이디언트(Gradient) 도구를 이용하여 입체적으로 표현하기

04 앞번에서 불러온 일러스트 파일의 링크 묶음을 해제하기 위해 01 [Layers] 패널에서 '풍선' 레이어를 선택한 후 02 마우스 오른쪽 버튼을 눌러 [Resterize Layer]를 선택합니다.

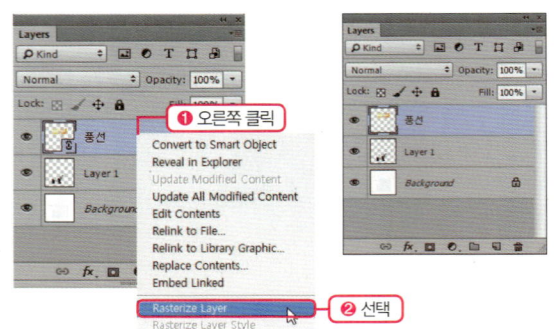

05 왼쪽 풍선을 선택하여 레이어를 새롭게 생성한 후 이미지를 분리하기 위해 01 사각형 선택 툴(▭)로 그림처럼 왼쪽 풍선을 선택합니다.
02 그런 다음 메뉴의 [Layer-New-Layer Via Cut]을 선택합니다.
03 새 레이어가 생성된 후 선택한 이미지가 분리된 것을 확인할 수 있습니다.

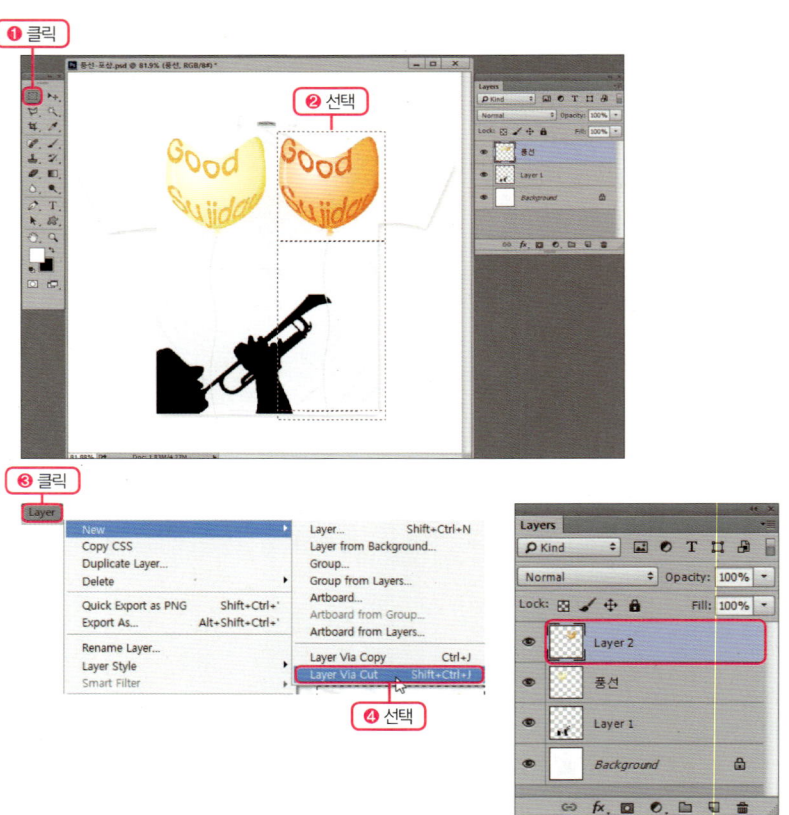

06 일러스트 이미지를 옷에 자연스럽게 표현하기 위해 01 [Layers] 패널에서 'Layer 2' 레이어를 선택한 후 02 블렌딩 모드에서 'Multiply'를 선택합니다.

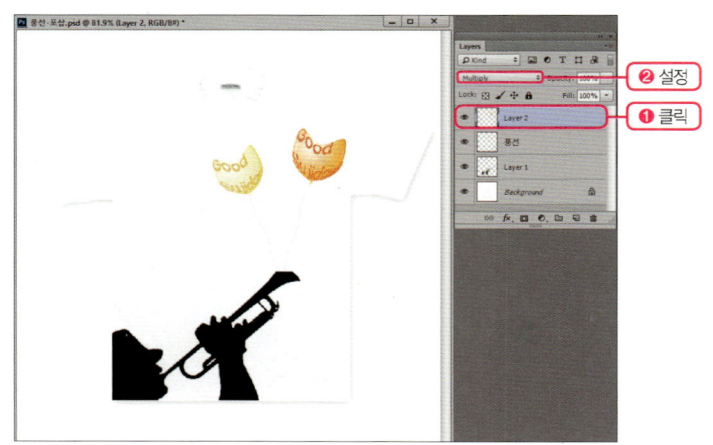

07 [Layers] 패널에서 01 'Layer 2' 레이어를 선택한 후 Ctrl+J를 눌러 레이어를 복사합니다. 02 'Layer 2 copy' 레이어를 선택한 후 03 블렌딩 모드를 'Multiply'와 04 opacity 값을 '50%'로 조절합니다.

08 [Layers] 패널에서 01 '풍선' 레이어를 선택한 후 Ctrl+J를 눌러 레이어를 복사합니다. 02 '풍선 copy' 레이어를 선택한 후 03 블렌딩 모드를 'Multiply'로 설정하고, 04 opacity 값을 '50%'로 조절합니다.

09 모든 작업이 마무리되었습니다. 좀 더 완성도 높은 결과물을 얻어 내기 위해서는 여러 기능들이 복합적으로 잘 어우러져야 합니다.

그레이던트의 기본적인 기능들 알아보기

여러 도형에 하나의 그레이던트를 적용하려면 도형을 모두 선택하고 [Gradient] 툴을 선택한 후 도형의 처음부터 끝까지 드래그하면 여러 도형 하나의 그레이던트를 한 번에 적용할 수 있습니다.

① 문자에 그레이던트를 적용하려면 반드시 메뉴의 [Type-Outline]을 실행한 후에 적용해야 합니다.

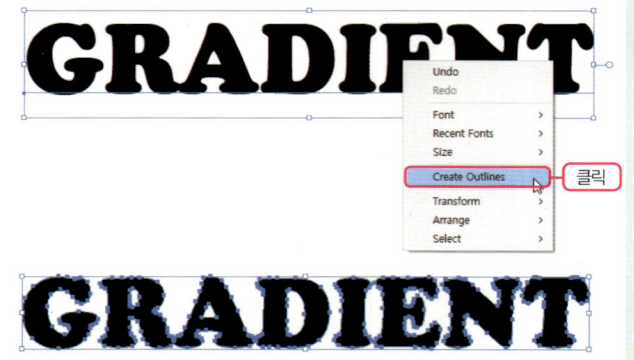

② 그레이던트를 적용하여 입체감을 살리기 위해서는 빛의 방향을 잘 고려하여 작업을 진행해야 합니다. 즉, 빛의 방향을 설정하고 빛이 도형에 비쳐 생기는 하이라이트 부분과 중간 톤 그리고 가장 어두운 톤과 빛이 다른 물체에 반사되어 비치는 반사광 부분까지 적절히 표현해야 입체적인 효과를 나타낼 수 있습니다.

③ 그레이던트 추가 및 삭제

- 그레이던트 슬라이더 추가: [Gradient] 팔레트의 스펙트럼 막대의 아랫부분 중에서 추가할 곳을 마우스로 클릭합니다.

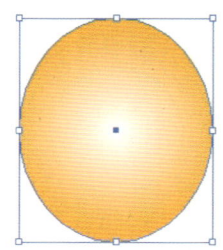
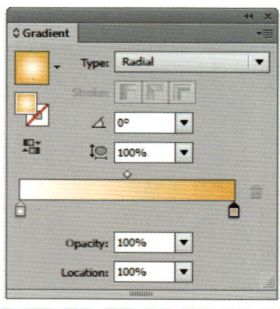
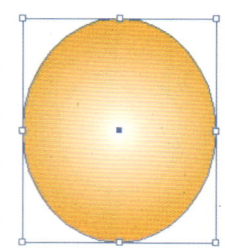
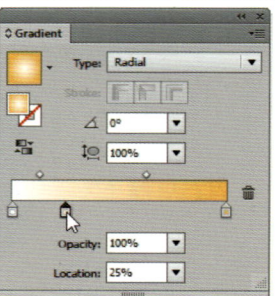

• 그레이던트 슬라이더 삭제: 슬라이드를 선택한 후 팔레트 아래로 드래그하여 삭제하면 됩니다.

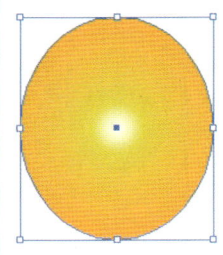 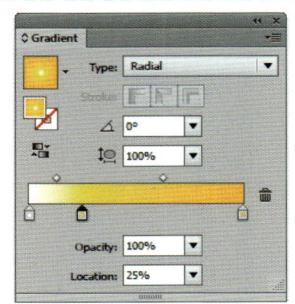 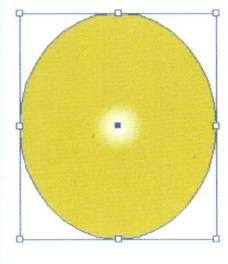 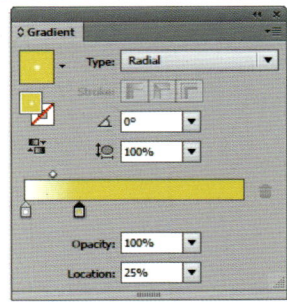

• 작업된 그레이던트는 [Swatches] 팔레트로 드래그하여 등록할 수 있습니다.

4 그레이던트 메시를 수정하려면 [직접 선택] 툴로 Mesh Point와 Mesh Line 등을 선택하면 됩니다.

• Mesh Point를 삭제하려면 Mesh Point를 [직접 선택] 툴로 선택하고 Delete를 누르면 됩니다.
• 그레이던트 메시를 적용할수록 용량이 커집니다.
• 그레이던트 메시를 적용한 도형에 외곽선이 적용되지 않습니다.

02 자유로운 도형을 변형하기

전하고자 하는 의미를 충분히 살린 디자인을 하기 위해서는 많은 스케치와 드로잉 작업에 앞서 이루어져야 하며, 이러한 아이디어를 추출하여 완벽한 완성물을 표현하는 도구 역할을 하는 것이 일러스트레이터입니다.

핵심 기능 | 도형의 변형과 이동을 위한 편집 툴

✂ 가위 도구(Scissors Tool,)

- 도형의 외곽선을 분리한 후 두 개의 도형으로 분리해주어야 열린 패스가 됩니다.
- 선택 툴로 도형을 선택한 후 가위 툴로 도형의 외곽선이나 정점을 클릭합니다.
- 다른 한 곳의 외곽선이나 정점을 클릭합니다.
- 도형의 선택을 해제한 후 선택 툴로 분리시키면 열린 패스 상태로 분리됩니다.

 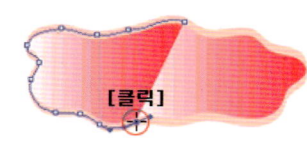 

🔪 나이프 도구(Knife Tool, ✎)

- 마우스로 자유롭게 드래그하여 도형을 잘라주며, 잘라진 도형은 닫힌 패스가 됩니다.
- 선택 툴(▶)로 도형을 선택하고 나이프 툴(✎)로 도형 위를 드래그합니다.
- 선택 툴(▶)로 분리시키면 닫힌 패스 상태로 분리됩니다.

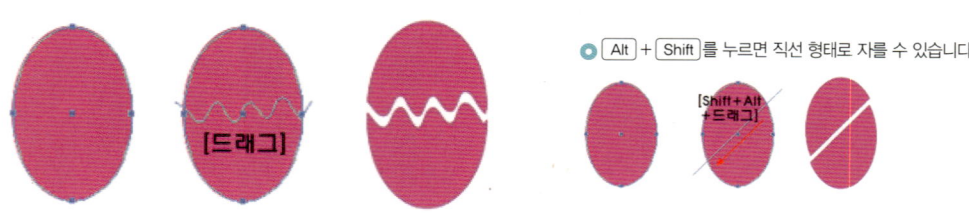

- 라인과 같은 열린 패스에서는 나이프 도구를 사용할 수 없습니다.

⋮⋮ 자유 변형 도구(Free Transform Tool, ▦)

- 도형을 선택하면 나타나는 바운딩 박스를 조절해 변형하는 도구입니다.
- 도형의 크기를 조절하는 방법과 단축키 사용법은 선택 도구와 모두 동일합니다.
- 바운딩 박스 모서리 클릭+Ctrl+드래그: 선택된 모서리 부분만 변형할 수 있습니다.
- 바운딩 박스 모서리 클릭+Alt, Shift, Ctrl+드래그: 선택된 모서리와 반대쪽 모서리가 벌어지고 원근감을 나타내면서 조절할 수 있습니다.
- Free Transform(▦): 도형의 모양을 자유롭게 변형 및 회전할 수 있습니다.

○ 예제 파일
Sample\Theme02\Lesson02
\꽃게3.ai

- Perspective Distort(▱): 원근감 있게 도형의 모양을 변형할 수 있습니다.

- Free Distort(▱): 자유롭게 도형의 모양을 변형할 수 있습니다.

01
핸드폰 라벨 디자인하기

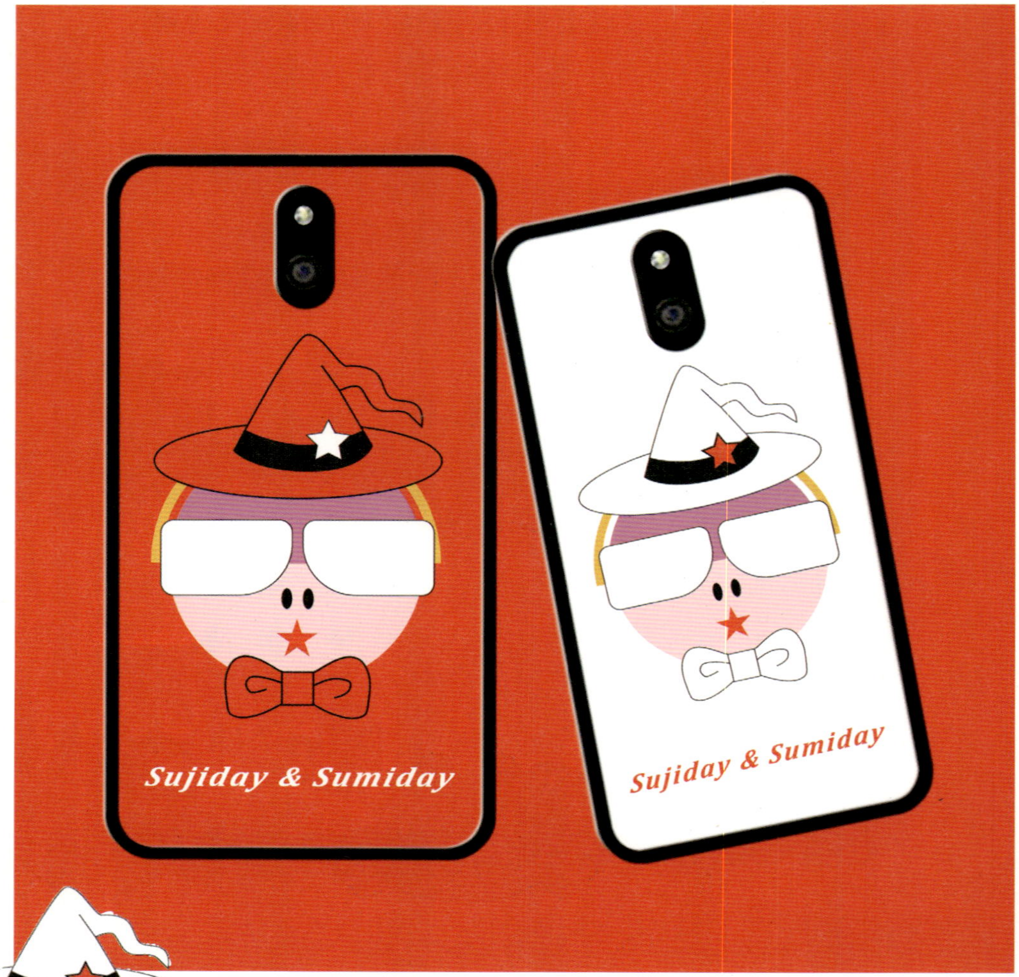

예제 파일 Sample\Theme02\Lesson02\핸폰-로고.psd
완성 파일 Sample\Theme02\Lesson02\핸폰-로고[완성].psd, 캐릭터.ai

키 워 드 선택 툴, 회전 툴, 둥근 사각형 툴, 나이프툴, 문자 툴, 도형 툴 활용법
길라잡이 앞서 배운 기능을 이해하였다면 이번에는 좀 더 쉽게 마칠 수 있을 것입니다. 형태를 단순화시킨 디자인의 각 개체들을 어떻게 조화롭게 배치하고 색상을 적용해 결과물을 만들어 내는지 재미있게 따라하시기 바랍니다.

STEP 01 가이드라인 설정 및 도형 만들기

01 메뉴의 [File-New]를 실행하여 새로운 화면을 만든 후 Ctrl+R을 눌러 눈금자가 보이도록 합니다. 눈금자가 보이면 클릭, 드래그하여 그림과 같이 가로와 세로가 교차되는 가이드라인을 생성합니다.

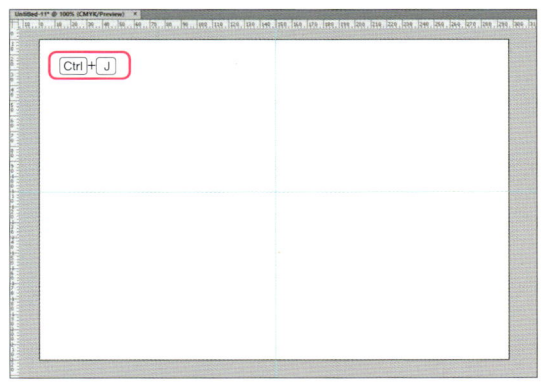

● 가이드라인
일러스트레이터를 실행하고 가이드라인을 만들면 가이드라인은 자동으로 잠금 상태가 됩니다. 이것은 일러스트레이터 기본 설정에 가이드라인이 잠겨왔기 때문입니다. 이 잠금을 해제하려면 마우스 가이드라인에 마우스 오른쪽 버튼을 클릭하면 나타나는 단축 메뉴 중에서 [Lock Guides]를 해제하면 됩니다.

02 기본 형태를 만들어야 합니다. 01 원형 툴(◯)을 선택한 후 화면을 클릭하여 가로에 '100mm', 세로에 '100mm'을 입력하고, [OK] 버튼을 클릭합니다. 이 원형의 중심점을 가이드라인의 교차점에 맞추어 이동시킵니다.

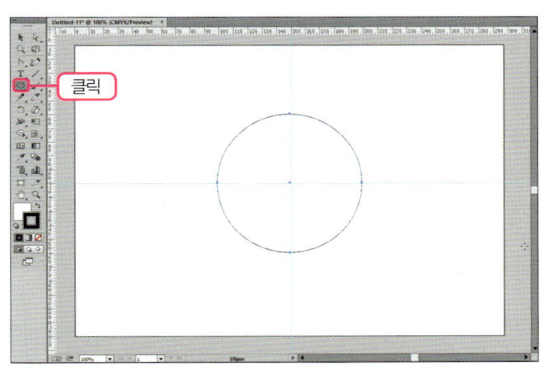

● Guides란?
Guides는 '안내선' 또는 '가이드라인'이라고 하며 작업을 도와줄 뿐 이미지를 출력할 때는 나타나지 않습니다. 심벌이나 로고 디자인 등 정확한 작업을 하는 경우에 많이 사용합니다.

03 이 원형에 색상과 두께를 적용시켜 봅시다. 면 색상을 'C: 13', 'M: 68'으로 적용하고, [Stroke] 팔레트에서 선 색상을 'C: 4', 'M: 25', 'Y: 89', 선의 두께를 '10pt'로 적용합니다.

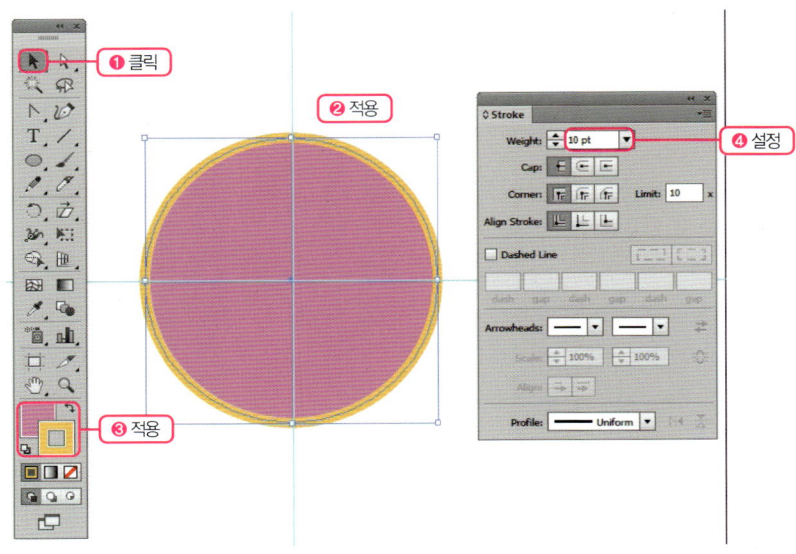

Lesson 02 _ 자유로운 도형을 변형하기 **123**

STEP 02 도형 편집하기

01 면과 선이 합쳐져서 하나의 도형으로 구성된 둥근 사각형을 면과 라인 도형으로 각각 분리시켜봅시다. 이 때는 둥근 사각형을 선택하고 메뉴의 [Object-Expand] 명령을 적용합니다.

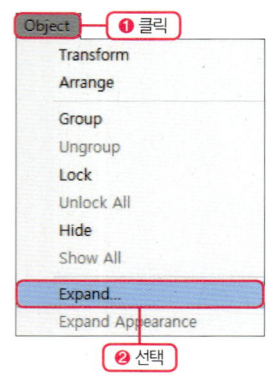

[Expand] 기능
Expand 기능은 그레이던트, 패턴, 브러시, 블렌드, 심벌 등과 같이 명령이 적용된 도형을 각각의 도형으로 분리시켜주는 명령입니다. 면과 선으로 이루어진 하나의 도형도 면과 선을 분리하여 면만을 가진 각각의 도형으로 분리시켜줍니다.

02 [Expand] 대화상자에서는 01 [Fill]과 [Stroke] 옵션에 체크를 하고 [OK] 버튼을 클릭합니다. [Expand] 기능으로 인해 그룹화되어 있는 도형을 02 마우스 오른쪽 버튼을 클릭하면 나타나는 단축 메뉴 중에서 [Ungroup] 명령을 실행합니다. 각각의 도형으로 분리됩니다.

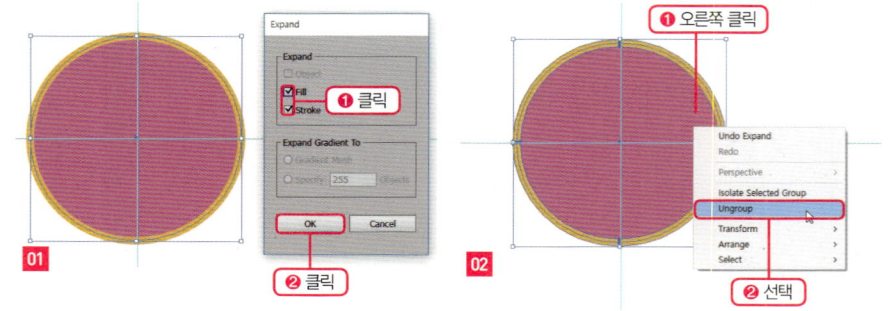

STEP 03 도형 자르기

01 도형을 잘라서 각각의 면에 다른 색상으로 적용시켜봅시다. 분홍색이 적용된 둥근 사각형 도형을 선택하고 도구 상자에서 나이프 툴( )을 선택합니다.

02 선택된 나이프 툴( )을 이용하여 세로 가이드라인을 기준으로 [Alt]+[Shift]를 누르고 직선으로 드래그하여 도형을 분리합니다. 잘라진 도형의 아랫부분을 선택한 후 색상을 'M: 25', 'Y: 5'로 적용합니다.

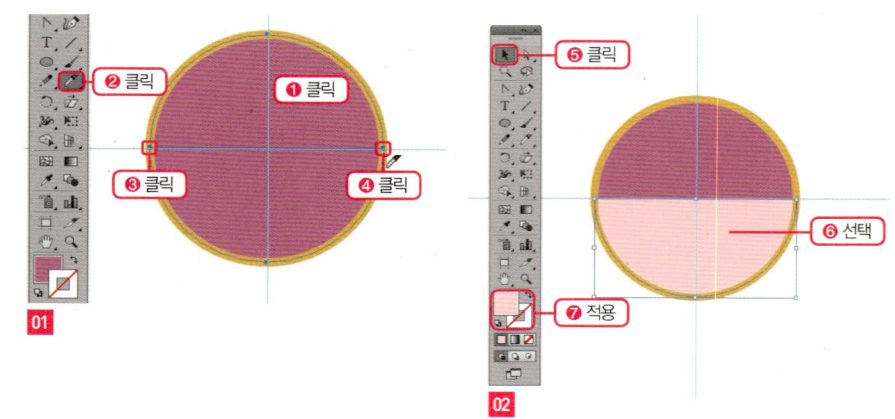

STEP 04 핸드폰 모양 만들기

01 **01** 분리된 외곽의 도형을 선택 툴로 선택합니다. 도구 상자에서 [Scale Tool]을 더블클릭하여 [Scale] 대화상자를 열고 **02** [Scale] 항목에 '110%'를 입력합니다. [Copy] 버튼을 클릭하여 도형을 확대 복사합니다.

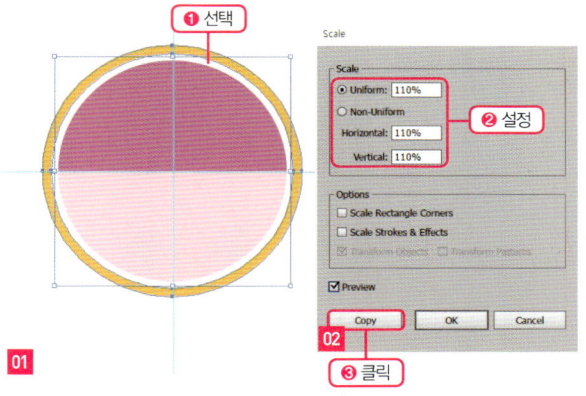

02 도형을 확대 복사되었습니다. 복사된 외곽의 도형을 부분 삭제하기 위해 안쪽 도형을 **01** 선택 툴로 모두 선택하고 **02** 메뉴의 [Object-Lock-Selection]을 적용하여 잠궈 놓습니다.

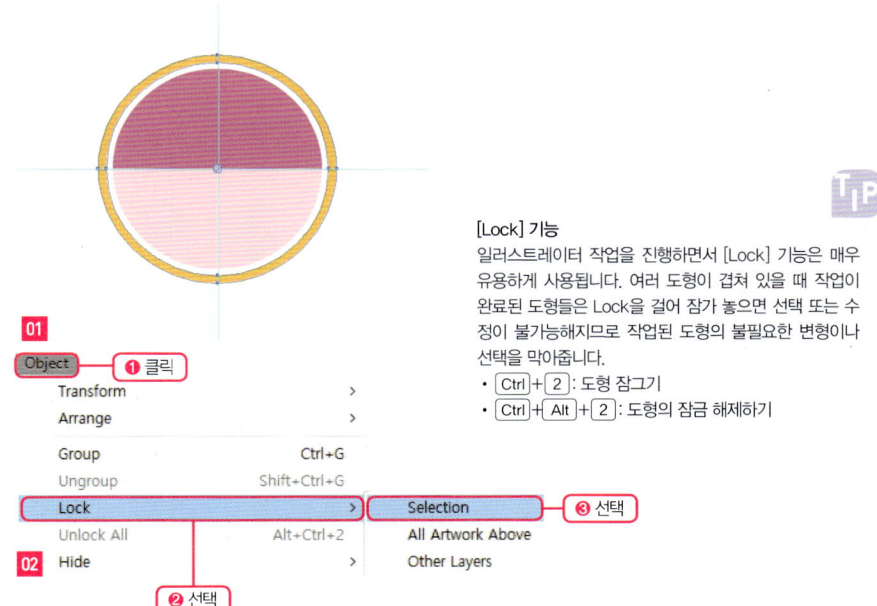

[Lock] 기능
일러스트레이터 작업을 진행하면서 [Lock] 기능은 매우 유용하게 사용됩니다. 여러 도형이 겹쳐 있을 때 작업이 완료된 도형들은 Lock을 걸어 잠가 놓으면 선택 또는 수정이 불가능해지므로 작업된 도형의 불필요한 변형이나 선택을 막아줍니다.
- Ctrl + 2 : 도형 잠그기
- Ctrl + Alt + 2 : 도형의 잠금 해제하기

03 [직접 선택] 툴로 외곽 도형의 중앙 부분에서 밑부분까지 드래그하여 선택한 후 삭제합니다. 도형의 아래쪽이 삭제되면서 반원 형태의 도형만 남게 됩니다. 열린 패스 부분을 닫힌 패스로 변경해보겠습니다.

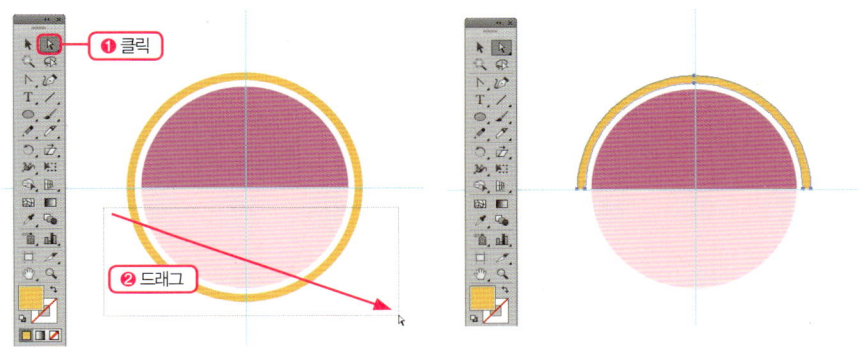

04 열린 패스의 양끝 아래쪽의 기준점들을 [직접 선택] 툴( )로 드래그하여 선택합니다. 메뉴의 [Object-Path-Join] 명령을 적용하여 떨어져 있는 기준점들을 연결시킵니다. 도형 하단의 양쪽에 모두 적용합니다. 닫혀진 하나의 도형으로 만들어집니다.

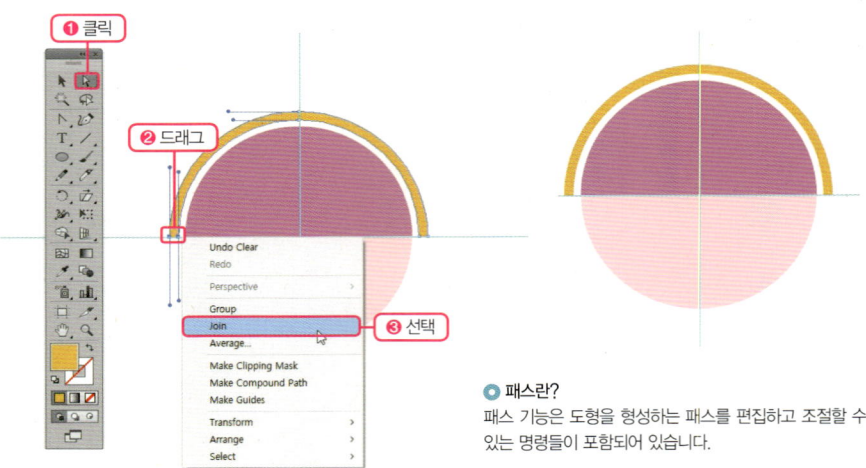

○ 패스란?
패스 기능은 도형을 형성하는 패스를 편집하고 조절할 수 있는 명령들이 포함되어 있습니다.

STEP 05 안경 모양 만들기

01 [Layer] 팔레트에서 01 [Create New Layer] 아이콘( )을 클릭하여 새로운 레이어를 추가합니다. 02 'Layer 1' 레이어의 빈 공간을 클릭하여 03 잠금 아이콘( )이 나오게 클릭하하여 레이어를 잠급니다. 04 안경을 만들기 위해 둥근 사각형 툴( )로 둥근 사각형을 그린 후 05 그림처럼 면, 선 색상을 적용하고, 06 안경 모양을 편집합니다.

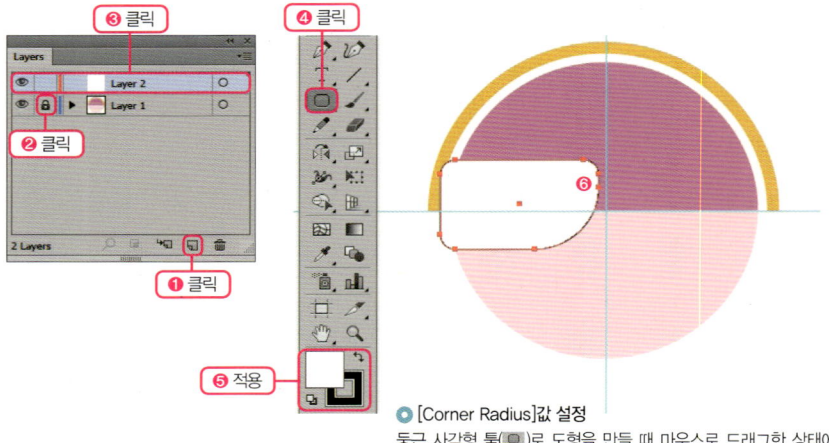

○ [Corner Radius]값 설정
둥근 사각형 툴( )로 도형을 만들 때 마우스로 드래그한 상태에서 키보드의 방향키 위쪽을 누르면 Corner Radius 값이 커지고, 아래쪽 방향키를 누르면 Corner Radius 값은 줄어듭니다.

02 01 선택 툴( )로 안경을 선택합니다. 도형을 선택하고 02 반사 툴( )을 선택한 후, 03 [Alt]를 누른 채 반사 기준축이 될 중심점을 클릭하면 [Relect] 대화상자가 나타납니다. 04 [Reflect] 대화상자에 'Vertical'를 체크하고, [Copy] 버튼을 클릭하여 반사 복사합니다.

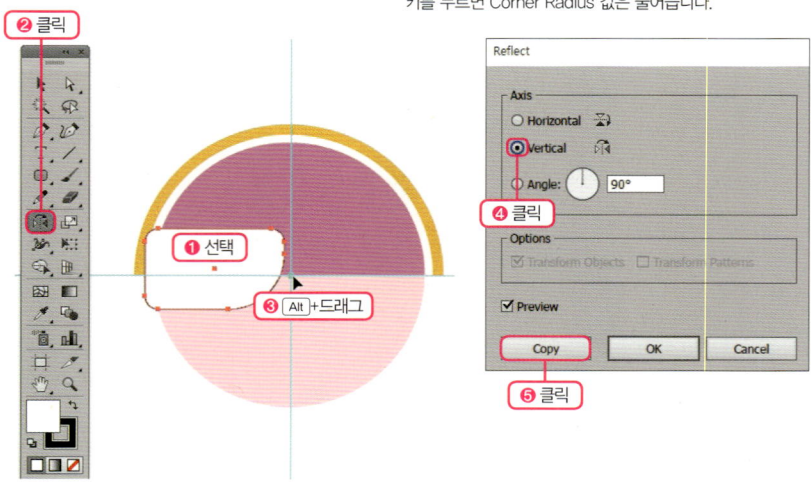

03 헤드폰 모양의 도형을 완성되었습니다.

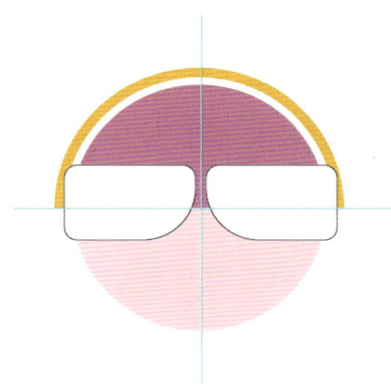

STEP 06 코, 입 만들기

01 코와 입을 만들어 봅시다. 별 툴(★)로 입을 그립니다. 이번에는 원형 툴(◉)로 코를 그립니다. 입과 코는 그림처럼 색상을 설정합니다.

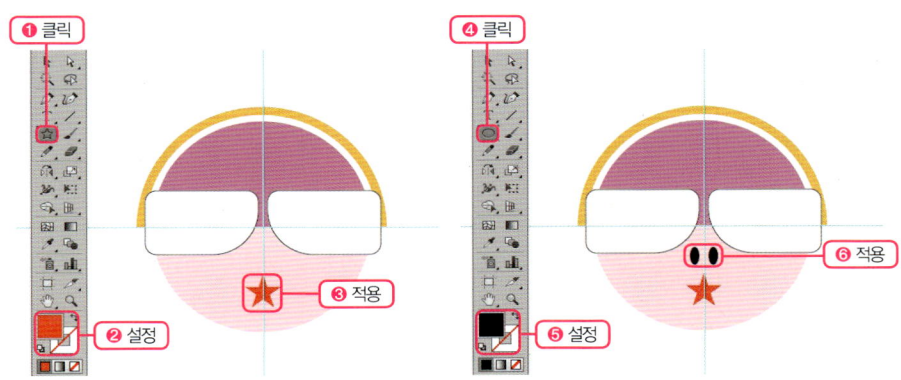

02 지금까지 작업을 도와주었던 가이드라인이 보이지 않도록 하기 위해 메뉴의 [View-Guides-Hide Guides]를 선택합니다.

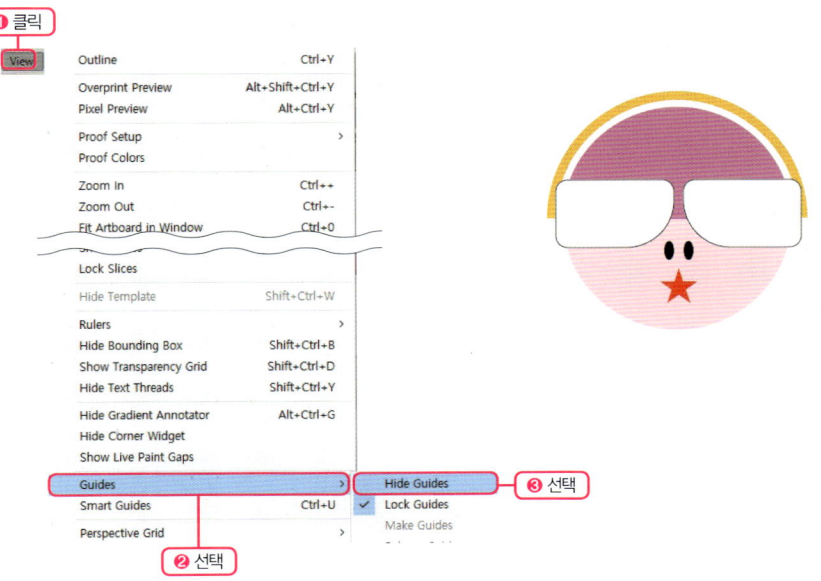

STEP 07 리본 만들기

01 [Layer] 팔레트에서 01 [Create New Layer] 아이콘(⬚)을 클릭하여 02 새로운 레이어를 추가합니다. 03 'Layer 1'와 Layer 2' 레이어의 빈 공간을 클릭하여 잠금 아이콘(🔒)이 나오게 클릭하여 레이어를 잠급니다. 그리고 04 돋보기 툴(🔍)을 이용해 그림처럼 05 캐릭터 아랫부분을 확대합니다.

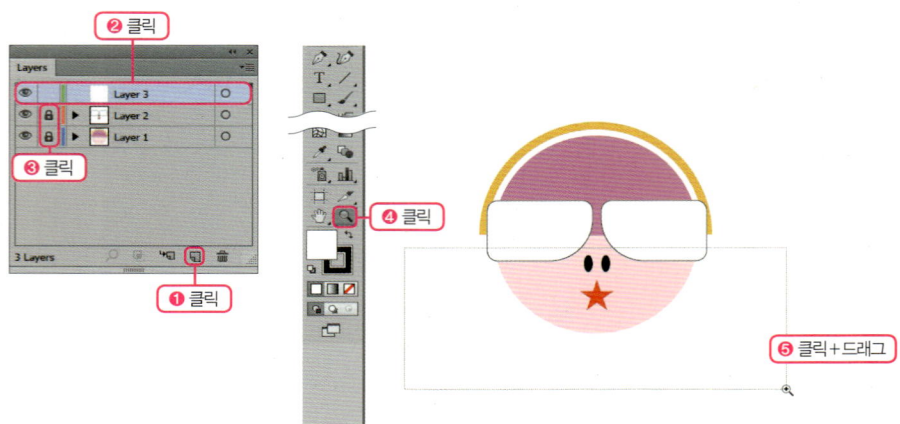

02 이 도형에 리본을 만들어 봅시다. 리본 중앙 부분에 01 사각형 툴(▢)로 사각형을 그립니다.
그런 다음 02 펜 툴(✏)로 그림처럼 리본의 오른쪽 부분에 드로잉하고, 흰색을 적용합니다.

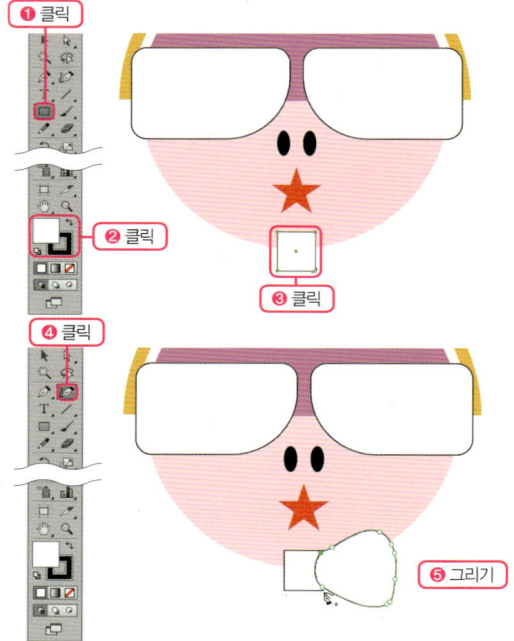

03 이 도형을 01 선택 툴(▶)로 앞에서 작업한 도형을 선택합니다. 도형을 선택하고 반사 툴(🔄)을 선택한 후, Alt 를 누른 채 반사 기준축이 될 중심점을 클릭하면 [Relect] 대화상자가 나타납니다. [Reflect] 대화상자에서 'Vertical'을 클릭하고, [Copy] 버튼을 클릭하여 반사 복사합니다.

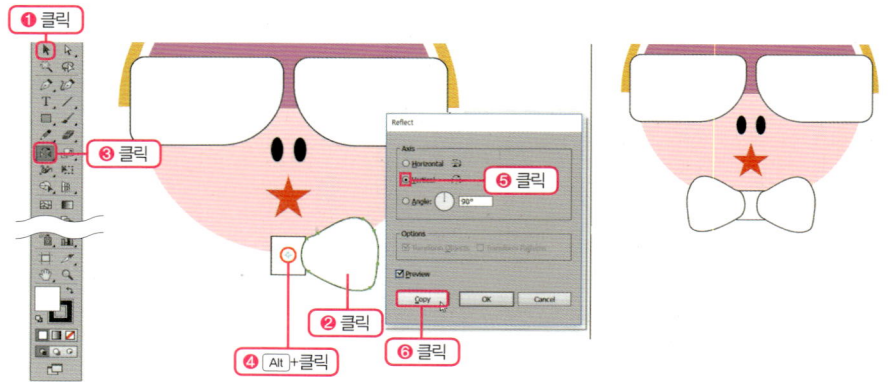

04 기본 도형 작업이 마무리되었습니다. 리본이 만들어졌으면 리본의 가운데 사각형을 맨 위로 이동시켜봅시다.
가운데 사각형을 클릭한 후 마우스 오른쪽 버튼을 눌러 [Arrange-Bring to Front]를 실행합니다.

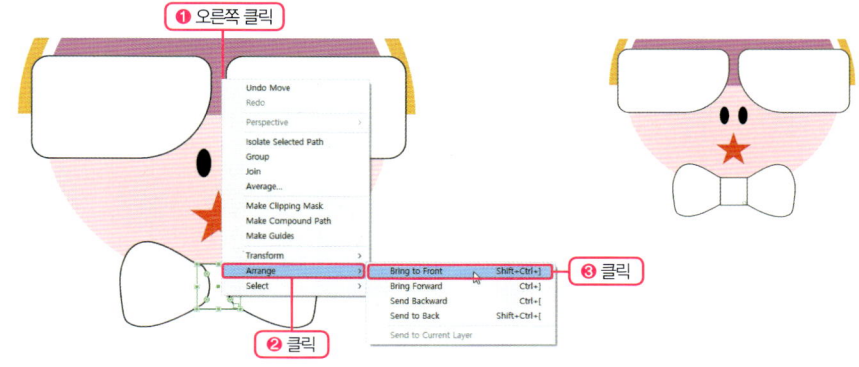

05 펜 툴( )로 그림처럼 리본의 주름을 살짝 표현하기 위해 패스를 만듭니다. 그리고 리본이 완성되었다면 리본 도형을 모두 선택한 후 마우스 오른쪽 버튼을 눌러 [Group]을 선택합니다.

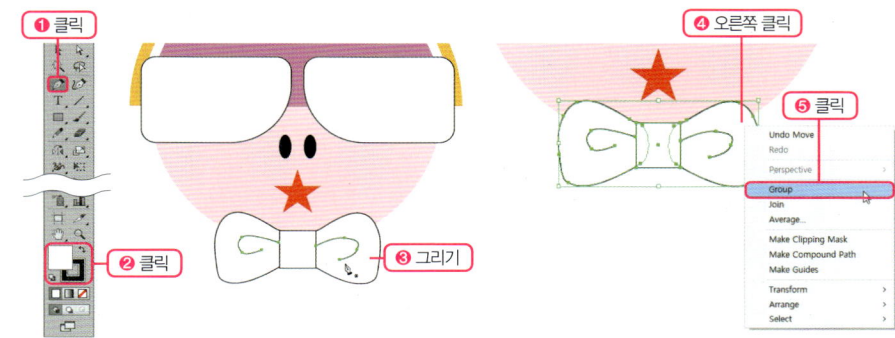

STEP 08 모자 만들기

01 [Layer] 팔레트에서 [Create New Layer] 아이콘( )을 클릭하여 새로운 레이어를 추가합니다. 'Layer 1', 'Layer 2', 'Layer 3' 레이어의 빈 공간을 클릭하여 잠금 아이콘( )이 나오도록 클릭하여 레이어를 잠급니다. 모자를 만들기 위해 원형 툴( )로 타원을 그린 후 그림처럼 면, 선 색상을 적용하고, 모자 모양을 편집합니다.

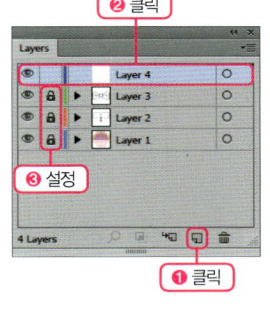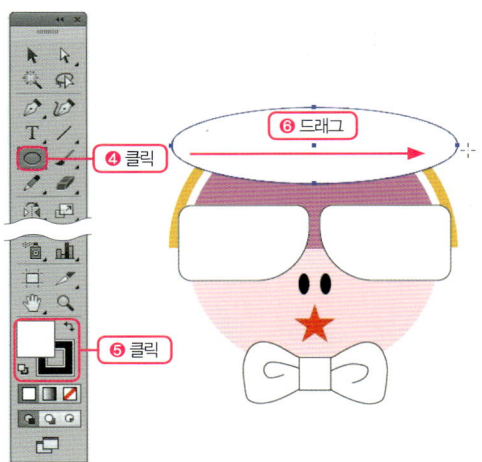

02 펜 툴을 가지고 세밀하게 드로잉하는 작업들이 많이 진행됩니다. 펜 툴(🖉)을 이용해 자유롭게 드로잉합니다. 다시 한 번 펜 툴(🖉)로 모자 가운데 띠를 만든 후 검은색을 적용합니다.

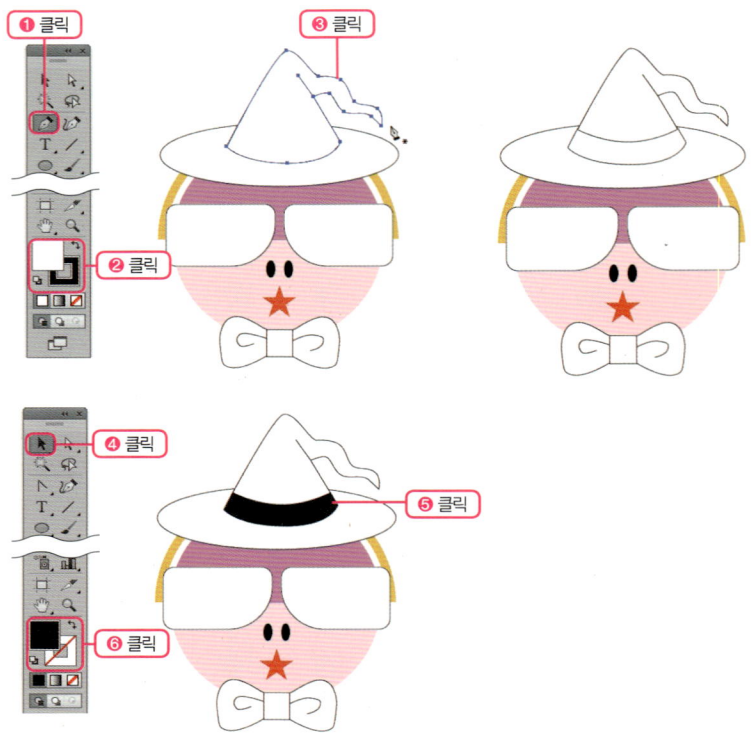

03 별 툴(☆)을 선택한 후 드래그하여 별 모양의 도형을 만들고, 색상은 그림처럼 기본색으로 적용합니다. 이때 크기와 각도는 자유스럽게 변형하여 배치시킵니다. 그리고 04 모자와 리본을 선택한 후 [Stroke] 팔레트에서 Weight 값에 '2pt'를 입력합니다.

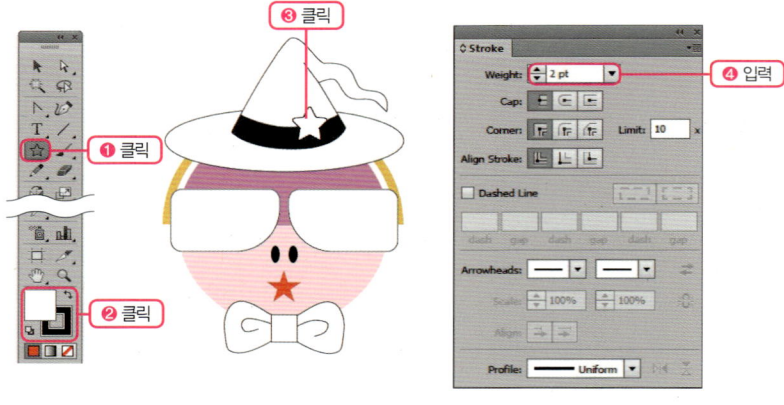

04 지금까지 작업한 캐릭터 도형을 복사하고 색상을 변경시켜봅시다. 01 먼저 선택 툴(▶)로 캐릭터 도형을 선택하고, 02 Alt 를 누르면서 드래그하여 도형을 복사합니다. 복사된 도형에서 모자, 별, 리본을 하나씩 선택하여 각각의 색상을 그림처럼 빨간색으로 변경시킵니다.

STEP 09 포토샵 작업하기

01 새로운 이미지를 불러오기 위해 Ctrl+O를 누르거나 메뉴의 [File-Open]을 선택합니다.
일러스트레이터 파일을 불러오기 위해 메뉴의 [File-Place Linked]를 선택합니다.

● 예제 파일
Sample\Theme02\Lesson02\핸폰-로고.psd

● 완성 파일
Sample\Theme02\Lesson02\캐릭터.ai

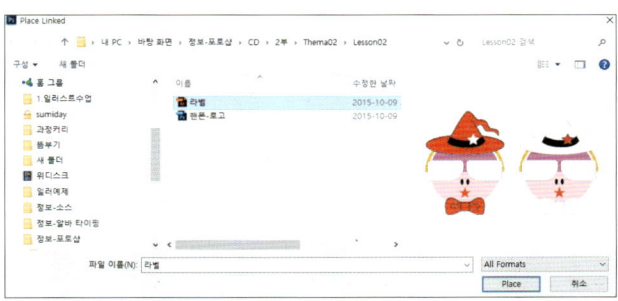

02 [Open As Smart object] 대화상자의 [Crop To] 옵션에서 [Bounding Box]로 설정하여 불러옵니다.

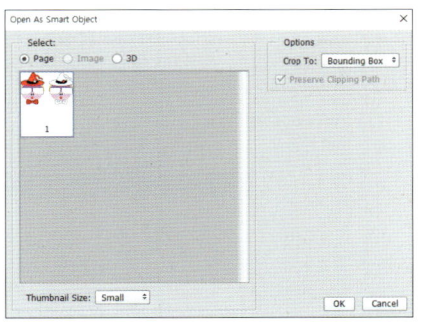

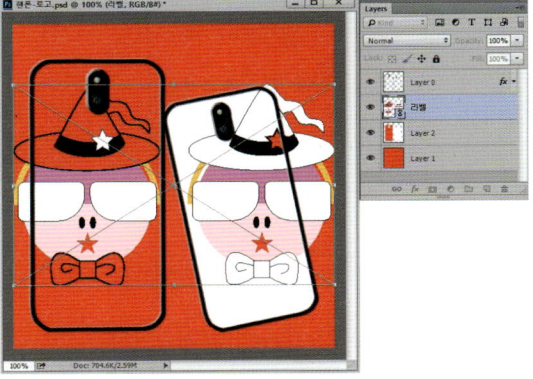

Lesson 02 _ 자유로운 도형을 변형하기 131

03 앞에서 불러온 일러스트 파일의 링크 묶음을 해제하기 위해 [Layers] 패널에서 '라벨' 레이어를 선택한 후 마우스 오른쪽 버튼을 누르면 나타나는 단축 메뉴 중에서 [Resterize Layer]를 선택합니다.

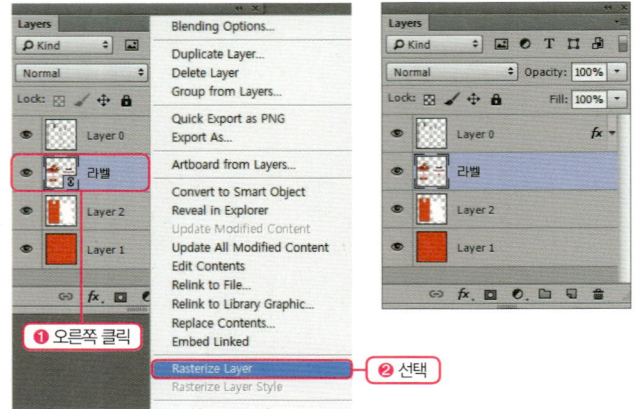

04 '라벨' 레이어를 클릭한 후 이미지를 분리하기 위해 사각형 선택 툴(▢)로 그림처럼 왼쪽 풍선을 선택합니다. 그런 다음 메뉴의 [Layer-New-Layer Via Cut]을 선택합니다. 새 레이어가 생성된 후 선택한 이미지가 분리된 것을 확인할 수 있습니다.

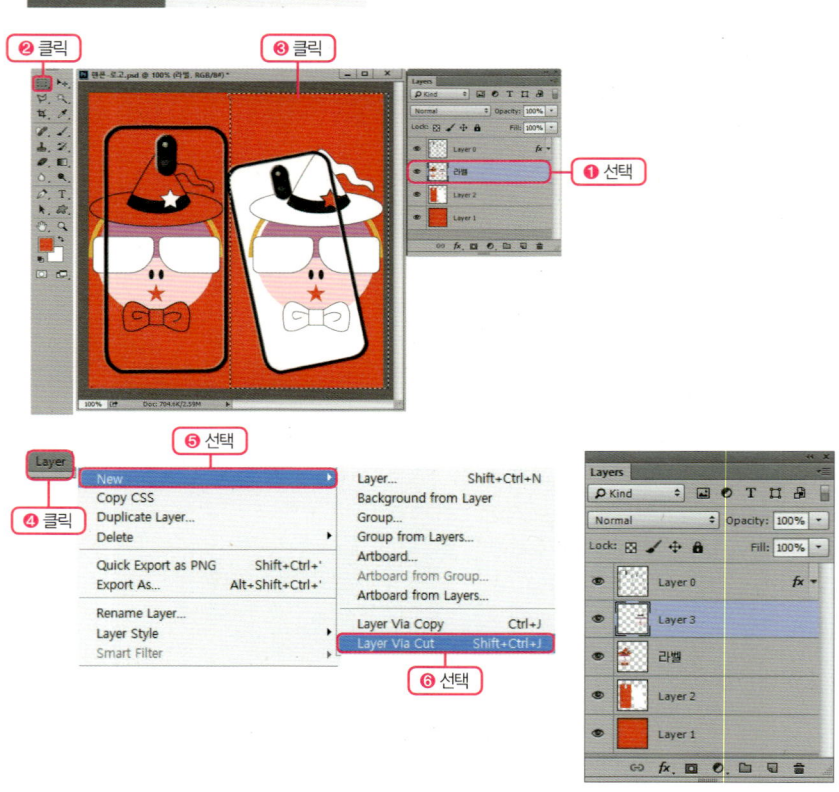

05 [Layers] 패널에서 '라벨' 레이어를 선택한 후 Ctrl+T를 눌러 [[Free Transform]]을 실행합니다. 그림처럼 조절점을 드래그하여 캐릭터 이미지를 축소한 후 그림처럼 이동한 후 Enter를 눌러 적용합니다. 다시 한 번 'Layer 3' 레이어를 선택한 후 Ctrl+T를 눌러 캐릭터 이미지를 축소, 회전한 후 그림처럼 이동하고 Enter를 눌러 적용합니다.

06 문자를 삽입하기 위해 문자 툴(T.)을 이용하여 원하는 글자를 입력합니다. 그리고 문자 색은 흰색 또는 빨간색으로 지정한 후 문자 툴의 옵션 바에서 글꼴과 문자 크기를 설정합니다.

07 완성된 핸드폰 로고를 확인할 수 있습니다.

가위 툴(Scissor Tool)과 나이프 툴(Knife Tool) 알아보기

가위 툴(✂)은 개체의 기준점을 선택하여 분리시키는 툴이며, 나이프 툴(🔪)은 패스 위를 드래그하여 개체를 자유롭게 분리시켜주는 툴입니다.

1 가위 툴(✂)은 개체의 기준점을 클릭하면 하나의 기준점이 분리되어 두 개의 끊어진 기준점으로 나뉘게 됩니다. 가위 툴(✂)로 기준점을 분리하면 두 개의 기준점은 연결되어 있지 않기 때문에 선이 열린(Open) 선으로 전환됩니다.

2 나이프 툴(🔪)은 가위 툴(✂)과 비슷한 기능을 하지만 마우스를 자유롭게 드래그하여 각각의 닫힌 패스의 도형으로 나눠줄 수 있는 도구입니다. 나이프 툴(🔪)로 나누어진 도형은 닫힌 도형을 됩니다. 하지만 라인과 같은 열린 패스는 나이프 툴(🔪)로 적용되지 않습니다.

3 셰이퍼 툴(Shaper Tool, ✓)

Shaper Tool(✓)은 다각형, 사각형 또는 원형 등 다양한 도형을 작업한 후 Shaper Tool(✓)을 클릭하고 지그재그로 그리면 각 도형들을 결합, 병합, 삭제하는 등 결과물을 빠르게 얻을 수 있습니다.

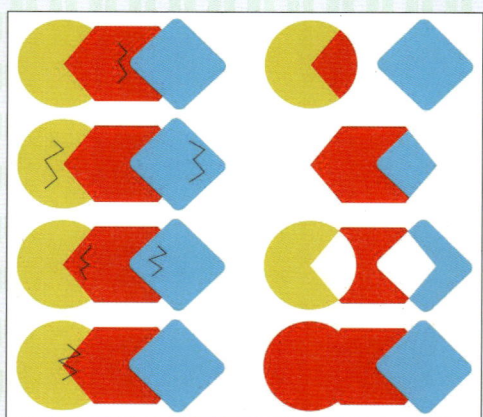

03 심벌(Symbol)을 이용하여 디자인하기

일러스트레이터의 심벌은 하나의 도형을 반복적으로 사용할 때 편리한 기능이며, 이 심벌을 사용하면 하나의 도형으로 인식합니다. 규칙적인 패턴이 아닌 자연스럽고 변화감 있는 패턴을 이용한 디자인을 할 경우에 쉽게 사용할 수 있는 도구입니다.

핵심기능 │ 심벌(Symbol) 도구() 이해하기

심벌(Symbol) 도구( )는 일러스트레이터에서 새롭게 추가된 도구로, 동일한 도형을 반복하여 사용할 때 효과적인 기능을 제공하며 많은 도형을 적은 용량으로 표현하고자 할 때 사용하면 편리합니다.

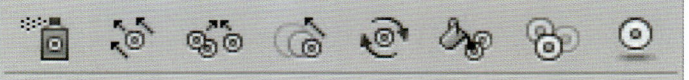

:: 심벌 분사 도구(Symbol Sprayer Tool,)

- [Symbol] 팔레트에서 선택된 심벌을 화면에 뿌려 심벌을 분사하는 도구입니다.
- [Symbol] 팔레트에서 심벌을 선택한 후 [Symbol 분사] 툴을 선택합니다.
- 작업 화면에 드래그하여 심벌을 분사합니다.

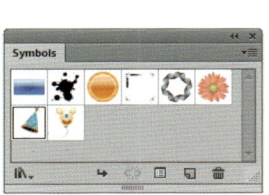  

:: 심벌 이동 도구(Symbol Shifter Tool,)

- 작업 화면에 분사된 심벌을 재배치하여 심벌을 이동시키는 도구입니다.
- 작업 화면에 분사된 심벌을 선택한 후 [심벌 이동] 툴을 선택합니다.

- 심벌의 위치를 이동하여 배치를 수정합니다.

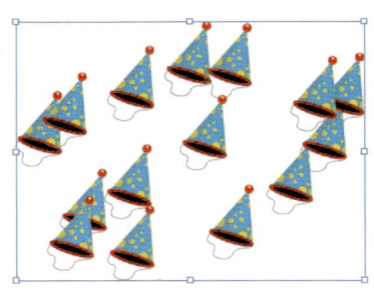 

∷ 심벌 집합 도구(Symbol Scruncher Tool,)

- 분사된 심벌을 집중 또는 모이게 하는 도구입니다.
- 작업 화면에 분사된 심벌을 선택한 후 심벌 집합 툴을 선택합니다.
- 심벌을 드래그하면 모든 심벌을 하나의 기준점으로 이동하여 모이게 하며, Alt 를 누른 상태로 드래그 하면 분산됩니다.

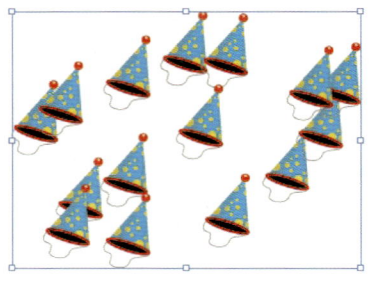 

∷ 심벌 크기 도구(Symbol Sizer Tool,)

- 분사된 일정한 크기의 심벌을 크기를 다르게 만드는 도구입니다.
- 작업 화면에 분사된 심벌을 선택한 후 심벌 크기 툴을 선택합니다.
- 심벌을 클릭하면 각 심벌의 크기가 확대되고, Alt 를 누른 상태로 클릭하면 크기가 축소됩니다.

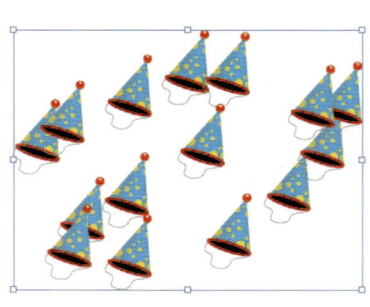 

◼◼ 심벌 회전 도구(Symbol Spinner Tool,)

- 분사된 심벌을 회전시키는 도구입니다.
- 작업 화면에 분사된 심벌을 선택한 후 [심벌 회전] 툴을 선택합니다.
- 심벌을 드래그하면 각 심벌들이 회전합니다.

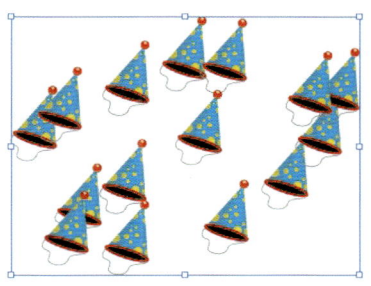 

◼◼ 심벌 채색 도구(Symbol Stainer Tool,)

- 분사된 심벌의 도구 상자에 있는 면 색상을 적용시키는 도구입니다.
- 작업 화면에 분사된 심벌을 선택한 후 심벌 채색 툴을 선택합니다.
- 심벌을 클릭하면 심벌에 면 색상이 적용됩니다. 계속 클릭을 반복하면 색상이 더욱 진해집니다.

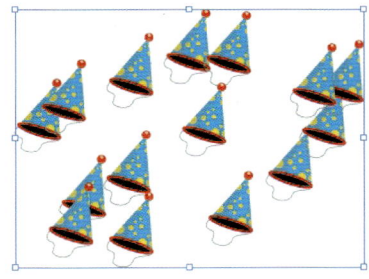 

◼◼ 심벌 투명 도구(Symbol Screener Tool,)

- 분사된 심벌을 투명하게 만드는 도구입니다.
- 작업 화면에 분사된 심벌을 선택한 후 심벌 투명 툴을 선택합니다.
- 심벌을 클릭할 때마다 각 심벌이 투명해지고, Alt를 누른 상태로 클릭하면 심벌이 선명해집니다.

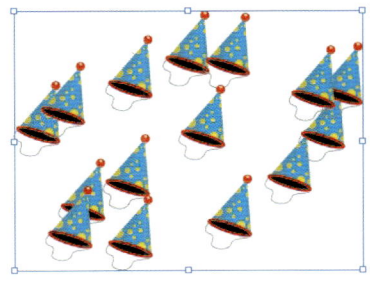 

심벌 스타일 도구(Symbol Styler Tool, ◎)

- 분사된 심벌에 Styles 팔레트에 있는 스타일을 적용하는 도구입니다.
- 작업 화면에 분사된 심벌을 선택한 후 Styles 팔레트에서 원하는 스타일 선택합니다.
- [심벌 스타일] 툴을 선택하고 심벌을 드래그하면 스타일이 심벌에 적용됩니다.

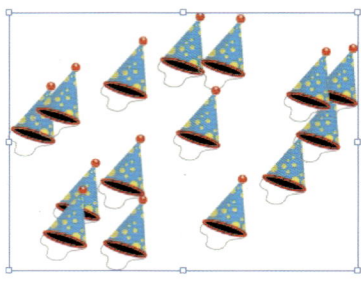

01 할로윈 카드 만들기

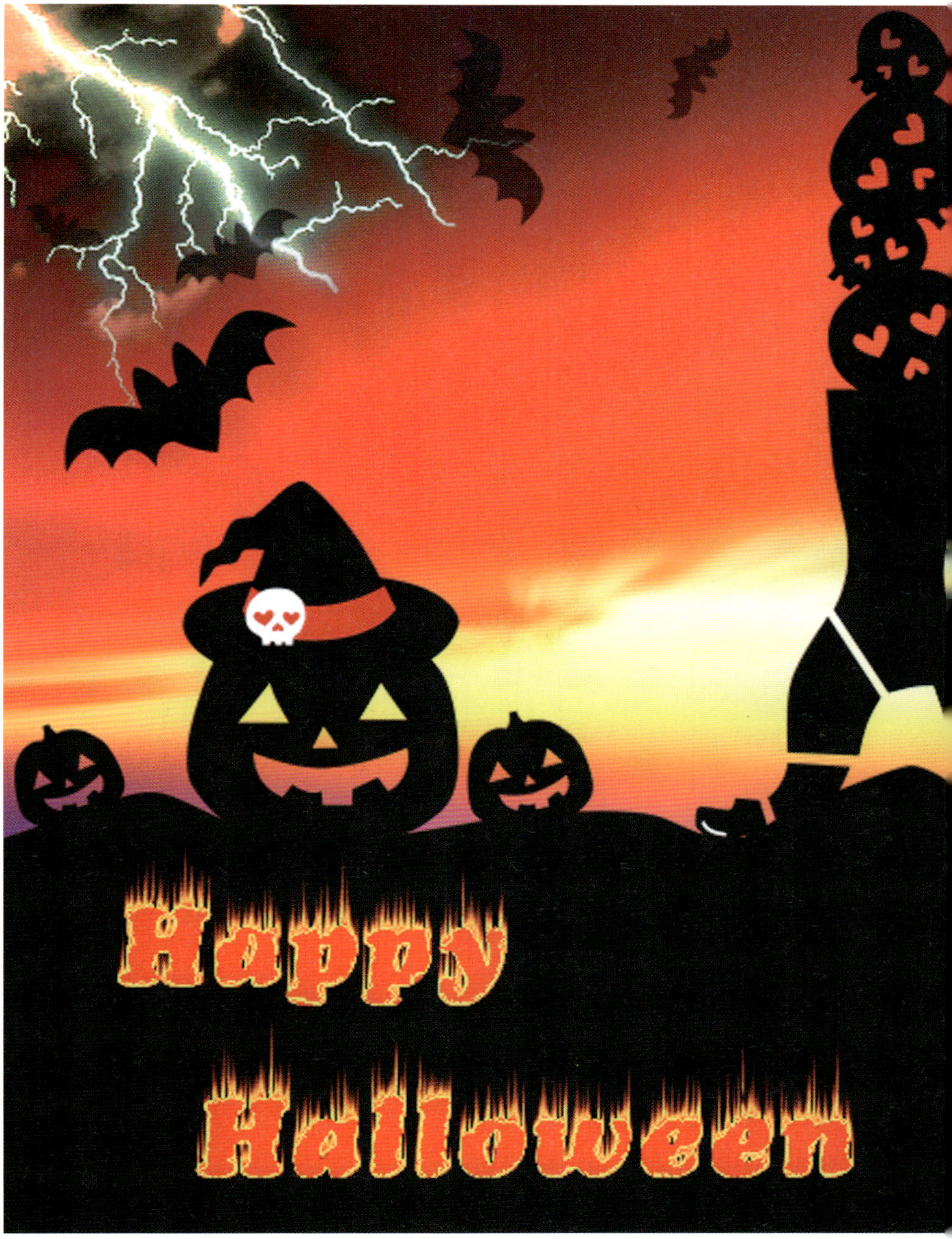

예제 파일 Sample\Theme02\Lesson03\모자.ai, 해골.ai, 호박.ai, 박쥐.ai, 번개.jpg, 다리.ai, 하늘.jpg
완성 파일 Sample\Theme02\Lesson03\카드.ai, 카드-완성.psd

키 워 드 심벌 툴, 다각형 툴, 문자 툴, 영역 문자 툴, 도형 툴, 마스크 활용법
길라잡이 등록된 심벌은 화면으로 추출하여 하나의 도형처럼 사용할 수도 있습니다.

STEP 01 심벌에 사용할 박쥐 만들기

01 펜 툴( )을 이용해 박쥐 얼굴을 자유롭게 드로잉합니다. 다시 한 번 펜 툴( )로 박쥐 날개를 드로잉한 후 그림처럼 기본 색상으로 적용합니다.

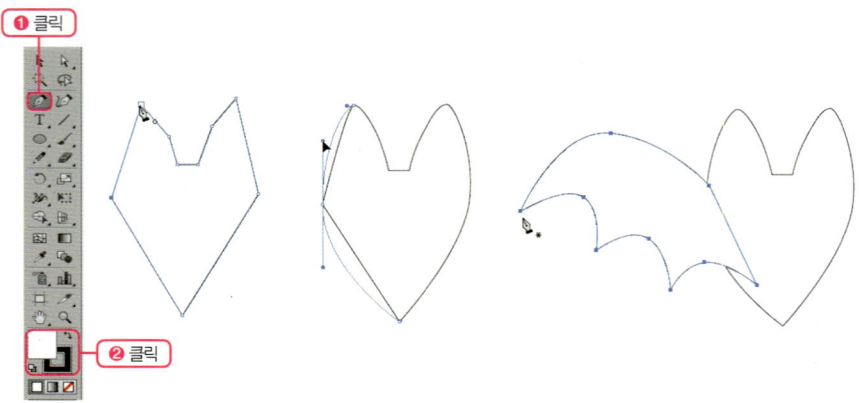

02 01 선택 툴( )로 앞에서 작업한 날개 도형을 선택합니다. 02 날개를 선택한 후 반사 툴( )을 더블클릭하면 [Relect] 대화상자가 나타납니다. 03 [Reflect] 대화상자에서 [Vertical]에 클릭하고, [Copy] 버튼을 클릭하여 반사 복사합니다.

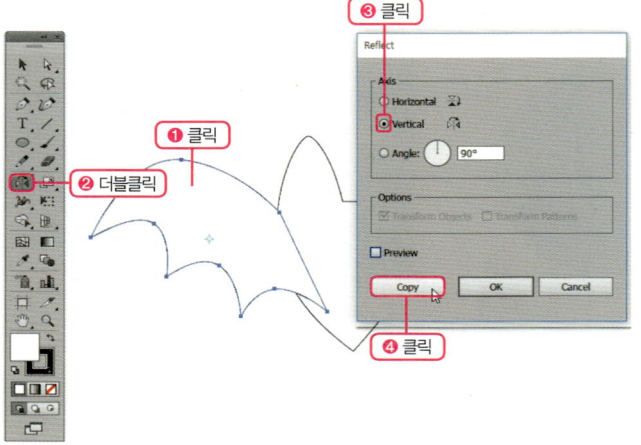

03 기본 도형 작업은 마무리되었습니다. 박쥐가 만들어졌으면 박쥐 얼굴을 맨 위로 이동시켜봅시다. 박쥐 얼굴을 클릭한 후 마우스 오른쪽 버튼을 누르면 나타나는 단축 메뉴에서 [Arrange-Bring to Front]을 실행한 후 색상을 검은색으로 적용합니다.

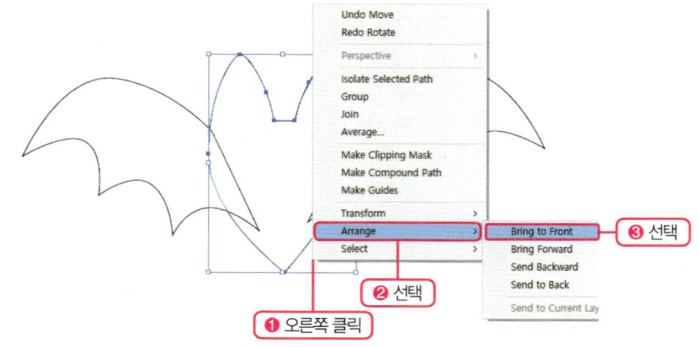

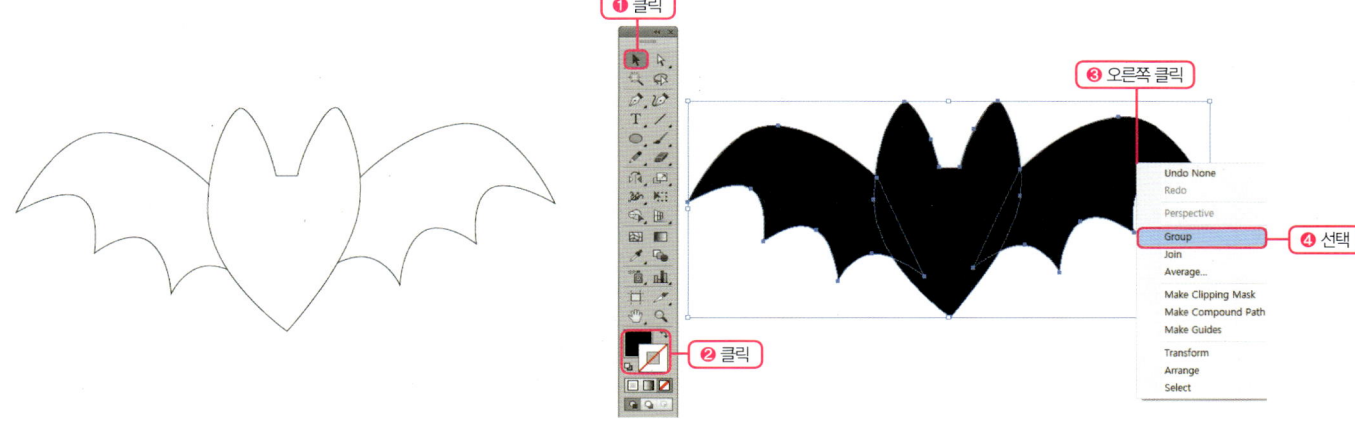

STEP 02 배경 만들기

01 새 문서를 생성하기 위해 Ctrl+N을 누르거나 메뉴의 [File-New]를 선택합니다. [New] 대화상자에서 다음 그림처럼 단위는 'mm'로 지정하고, 사이즈에는 '160 X 210'을 입력합니다.

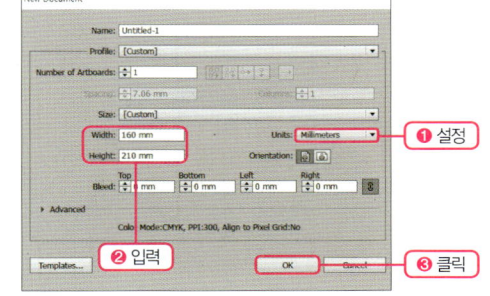

02 펜 툴( )로 배경 언덕을 드로잉한 후 그림처럼 검은색 색상으로 적용합니다.

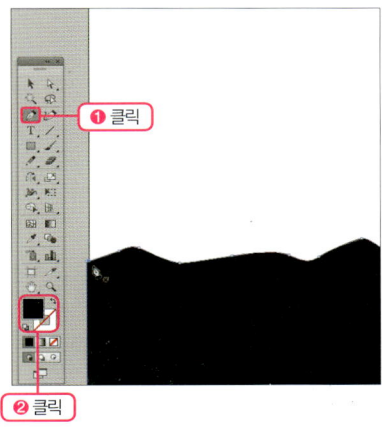

STEP 03 심벌 등록하기

01 심벌로 사용할 일러스트 파일을 삽입하기 위해 메뉴의 [File-Place]를 선택한 후 '박쥐.ai' 파일을 삽입합니다. [Place] 대화상자 하단에 [Link] 옵션은 체크를 해제하여 설정되지 않은 상태에서 파일을 불러옵니다.

◎ 예제 파일
Sample\Theme02\Lesson03\박쥐.ai

02 [Symbols] 팔레트가 열려 있지 않다면, 메뉴의 [Window-Symbols]를 실행하여 [Symbols] 팔레트를 엽니다. 이 팔레트에 심벌을 드래그하면 [Symbols] 팔레트에 작업된 박쥐 도형을 심벌로 등록됩니다.

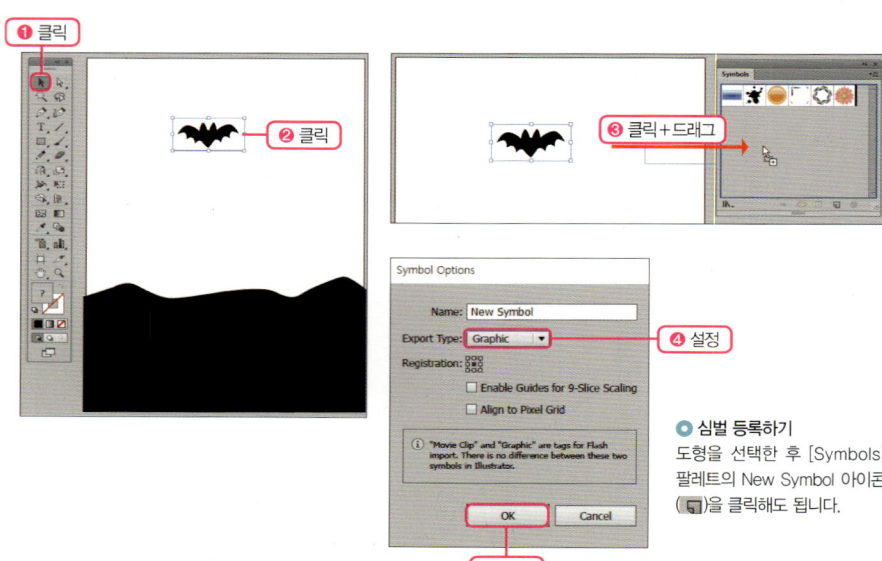

◎ 심벌 등록하기
도형을 선택한 후 [Symbols] 팔레트의 New Symbol 아이콘(🖻)을 클릭해도 됩니다.

STEP 04 심벌 효과 사용하기

01 도구 상자에서 심벌 툴(🖻)을 더블클릭하여 대화상자를 엽니다. 대화상자에서 브러시의 크기(Diameter)와 브러시를 드래그할 때 뿌려지는 심벌의 양(Intensity)을 조정한 후 [OK] 버튼을 클릭합니다. 심벌 툴(🖻)로 마우스를 드래그하여 자연스러운 패턴 형태를 만들어 냅니다.

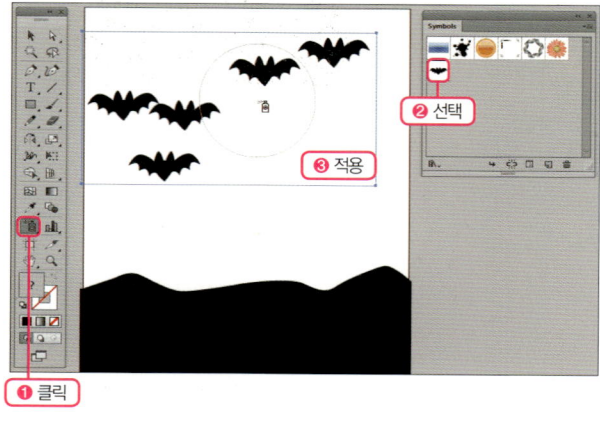

◎ 심벌 삽입하기
이 작업을 여러 번 실행 반복하여 가장 좋은 느낌의 결과물을 만들어 냅니다. 작업이 마음에 들지 않으면 Ctrl+Z를 실행하여 전단계로 되돌아가 다시 작업을 하면서 여러 가지 형태를 만들어 봅시다.

02 뿌려진 심벌들의 크기를 조정해봅시다. 심벌 크기 툴(Symbol Sizer Tool)을 선택합니다.
심벌 크기 툴(, Symbol Sizer Tool)을 활용해 심벌의 크기에 변화를 줍니다.

03 심벌을 회전시켜 좀 더 자연스러운 형태로 만들어 보겠습니다. 도구 상자에서 [심벌 회전] 툴(Symbol Spinner Tool)을 선택합니다. [심벌 회전] 툴(, Symbol Spinner Tool)을 드래그하여 화면에 그려진 심벌들을 회전시킵니다.

○ 심벌 편집하기
[Symbols] 팔레트에서는 심벌을 재정의, 등록, 삭제, 수정 등을 할 수 있습니다. 또한 심벌 툴과 함께 사용하면 크기와 색상, 투명도 등을 변화시켜 새로운 느낌의 우연적 패턴을 만들 수 있습니다.

04 심벌에 투명도를 적용시켜 보겠습니다. 심벌 투명 툴(, Symbol Scree-ner Tool)을 선택합니다.
심벌 투명 툴(, Symbol Scree-ner Tool)로 심벌을 드래그하면 심벌에 투명도가 적용됩니다.

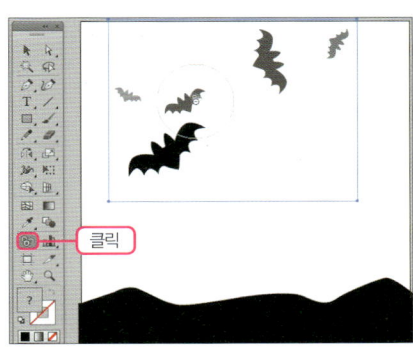

○ 심벌 편집 되돌리기
투명해진 심벌을 원상태로 되돌리려면 [Alt]를 누른 상태에서 드래그하면 됩니다. 작업을 여러 번 반복 실행하여 좋은 느낌의 결과물을 얻어 냅니다.

05 자연스러운 패턴이 만들어졌습니다.

STEP 05 다양한 소스 배치하기

01 준비된 일러스트 파일을 삽입하기 위해 메뉴의 [File-Place]를 클릭하고, 준비된 '다리.ai' 파일을 선택합니다. [Place] 대화상자의 하단에 [Link] 옵션은 체크를 해제하여 설정되지 않은 상태에서 파일을 불러옵니다. 그리고 선택 툴( )을 이용해 삽입한 파일의 크기를 조절한 후 원하는 위치로 이동합니다.

◉ 예제 파일
Sample\Theme02\Lesson03\다리.ai

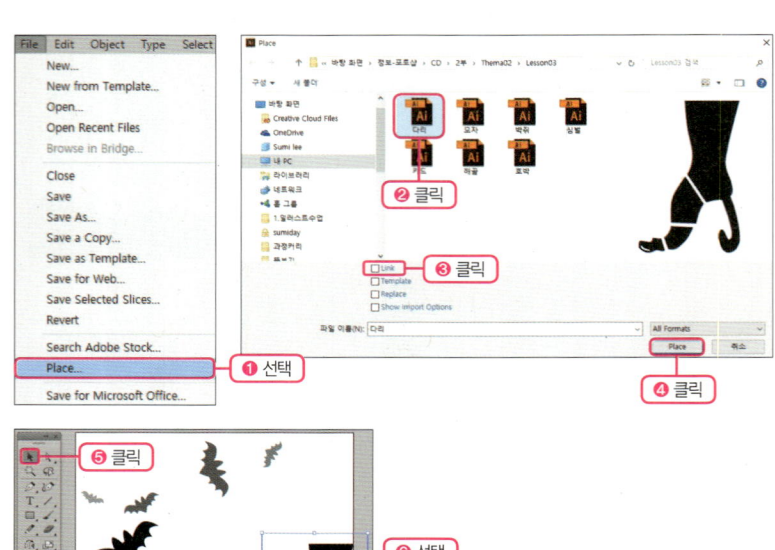

02 준비된 일러스트 파일을 삽입하기 위해 메뉴의 [File-Place]를 클릭한 후 준비된 '호박.ai' 파일을 선택합니다. [Place] 대화상자의 하단에 [Link] 옵션은 체크를 해제하여 설정되지 않은 상태에서 파일을 불러옵니다. 그리고 선택 툴( )을 이용해 삽입한 파일의 크기를 조절한 후 원하는 위치로 이동합니다.

◉ 예제 파일
Sample\Theme02\Lesson03\호박.ai

03 준비된 일러스트 파일을 삽입하기 위해 메뉴의 [File-Place]를 클릭하고, 준비된 '모자.ai' 파일을 선택합니다. [Place] 대화상자의 하단에 [Link] 옵션은 체크를 해제하여 설정되지 않은 상태에서 파일을 불러옵니다. 그리고 선택 툴( )을 이용해 삽입한 파일의 크기를 조절한 후 원하는 위치로 이동합니다.

● 예제 파일
Sample\Theme02\Lesson03\모자.ai

04 준비된 일러스트 파일을 삽입하기 위해 메뉴의 [File-Place]를 클릭하고, 준비된 '해골.ai' 파일을 선택합니다. [Place] 대화상자 하단의 [Link] 옵션은 체크를 해제하여 설정되지 않은 상태에서 파일을 불러옵니다. 그리고 선택 툴( )을 이용해 삽입한 파일의 크기를 조절 및 회전한 후 원하는 위치로 이동합니다. 그리고 그림처럼 선택 툴( )을 이용해 복사하여 그림처럼 완성합니다.

● 예제 파일
Sample\Theme02\Lesson03\해골.ai

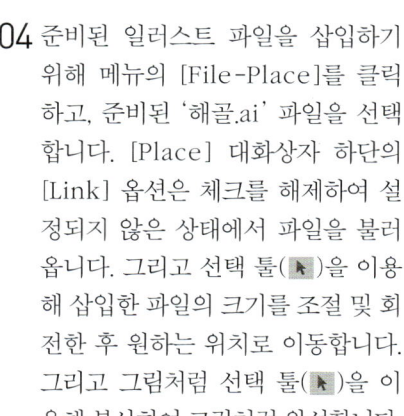

STEP 06 포토샵 작업하기

01 새 문서를 생성하기 위해 Ctrl+N을 누르거나 메뉴의 [File-New]를 선택합니다. [New] 대화상자에서 단위를 'mm'로 설정한 후 사이즈에는 '160 X 210'를 입력하고 해상도에는 '72'를 입력합니다. 그리고 Mode는 'RGB Color'를 선택합니다. 원하는 용지 사이즈인 새 문서 창이 생성된 것을 확인할 수 있습니다.

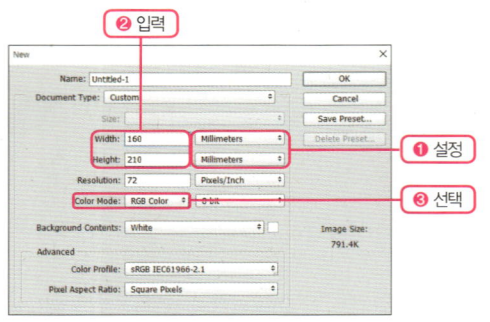

02 일러스트레이터 파일을 불러오기 위해 메뉴의 [File-Place LInked]를 선택합니다. [Open As Smart object] 대화상자의 [Crop To] 옵션에서 [Bounding Box]로 설정하여 불러옵니다.

◉ 예제 파일
Sample\Theme02\Lesson03\카드.ai

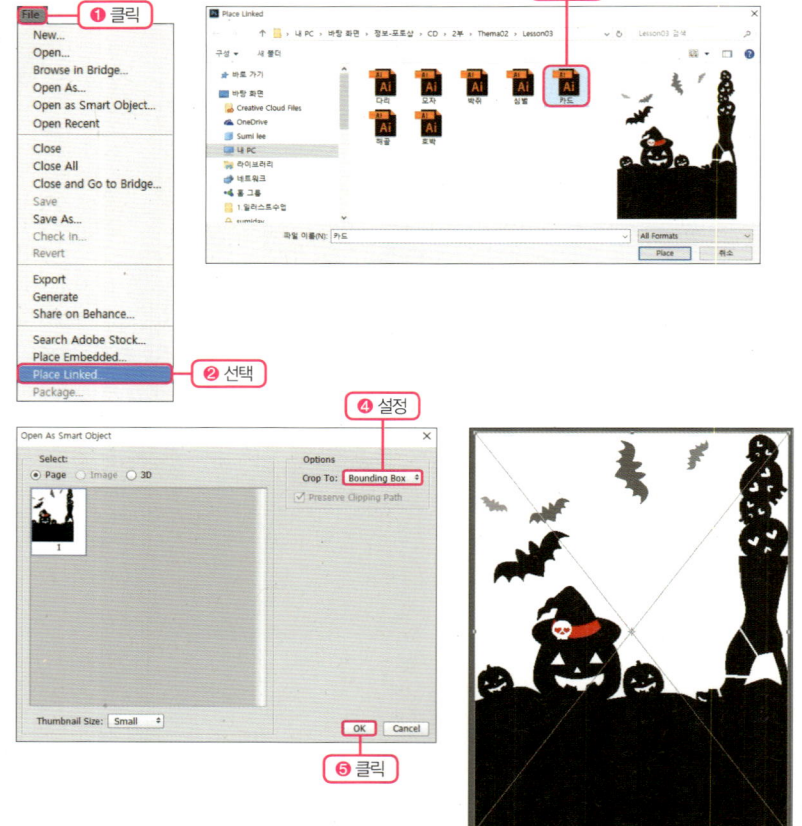

03 또 다른 새로운 이미지를 불러오기 위해 Ctrl+O를 눌러 [Open] 대화상자에서 불러옵니다. 도구 상자에서 이동 툴(▸⊕)을 선택한 후 선택한 배경 이미지를 클릭, 드래그하여 앞에서 작업한 이미지 창으로 이동하여 복사합니다. Ctrl+T를 눌러 [Free Transform]을 실행합니다.

◉ 예제 파일
Sample\Theme02\Lesson03\하늘.jpg

04 배경 이미지를 이동하기 위해 [Layer] 패널에서 'Layer 1' 레이어를 선택한 후 '카드' 레이어 아래로 이동합니다.

05 배경 이미지에 Blur 효과를 주기 위해 'Layer 1' 레이어를 선택한 후 Ctrl+J를 눌러 레이어를 복사합니다. 'Layer 1 copy' 레이어를 선택한 후 메뉴의 [Filter-Blur-Radial Blur]를 선택합니다. [Radial Blur] 대화상자에서 Amountsms '100', 'Zoom'을 클릭하고 [Blur Center]에서 그림처럼 설정합니다. Blur 효과가 적용된 'Layer 1 copy' 레이어를 선택한 후 블렌드 모드를 'Hard Light'로 설정합니다.

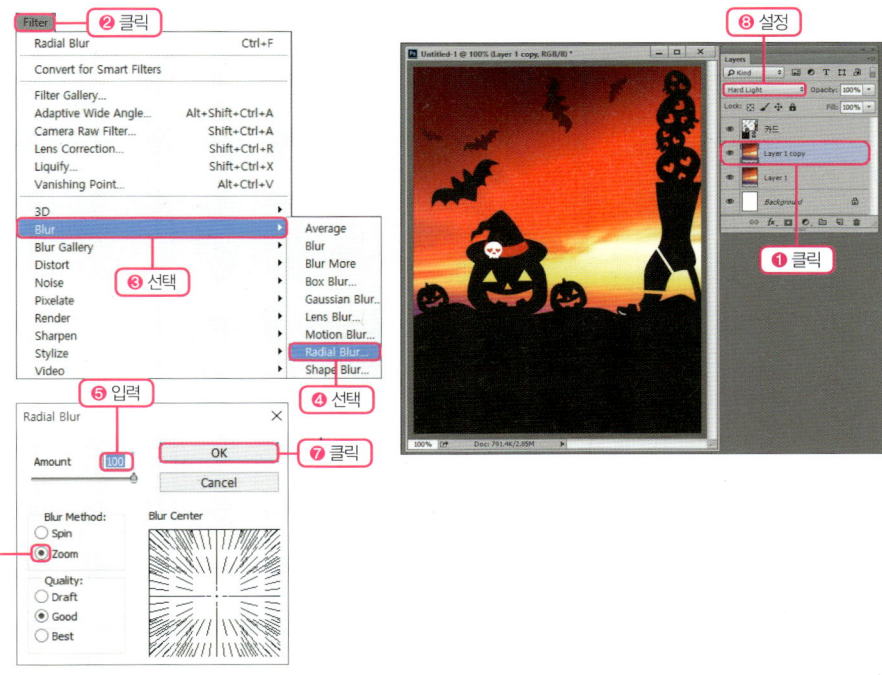

06 또 다른 새로운 이미지를 불러오기 위해 Ctrl+O를 눌러 [Open] 대화 상자에서 불러옵니다. 도구 상자에서 이동 툴(►+)을 선택한 후 선택한 배경 이미지를 클릭, 드래그하여 앞에서 작업한 이미지 창으로 이동하여 복사합니다. Ctrl+T를 눌러 [Free Transform]을 실행합니다. 그리고 지우개 툴(✐)을 이용해 '번개' 이미지의 가장자리를 적당히 삭제합니다.

○ 예제 파일
Sample\Theme02\Lesson03\번개.jpg

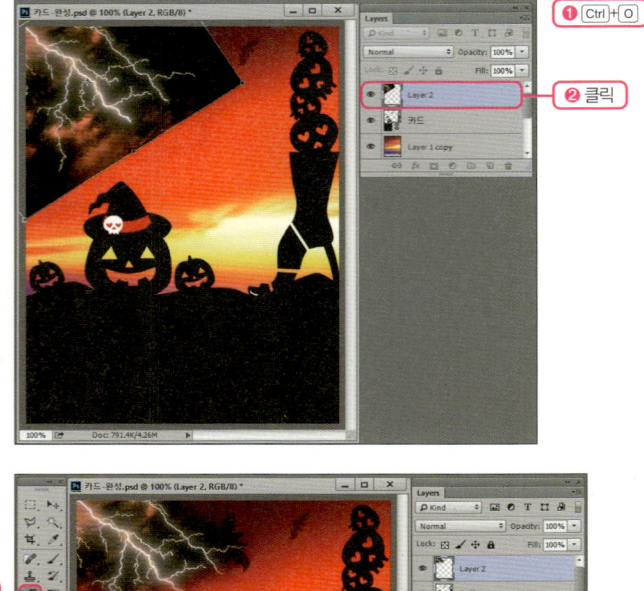

STEP 07 번개 이미지에 블렌드 모드 적용하기

01 좀 더 자연스러운 번개 효과를 표현하기 위해 **01** 'Layer 2' 레이어를 선택한 후 Ctrl+J를 두 번 눌러 레이어를 두 개 복사합니다. 'Layer 2' 레이어를 선택한 후 블렌드 모드를 'Difference'로 설정합니다. **02** 그런 다음 'Layer 2 copy' 레이어를 선택하고 블렌드 모드를 'Color Dodge'로 설정합니다.
그리고 **03** 'Layer 2 copy 2' 레이어를 선택한 후 블렌드 모드를 'Lighten'으로 설정합니다.

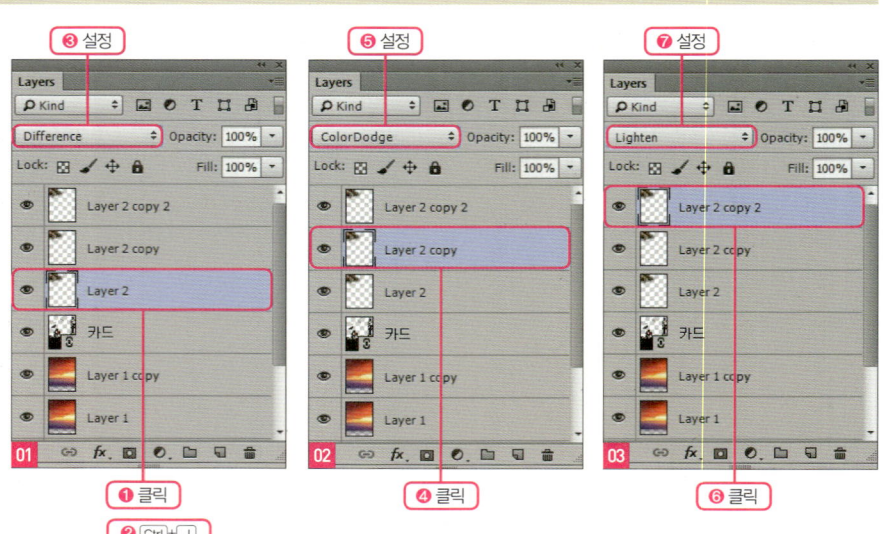

02 카드 이미지를 이동하기 위해 [Layer] 패널에서 '카드' 레이어를 선택한 후 맨 위로 이동합니다.

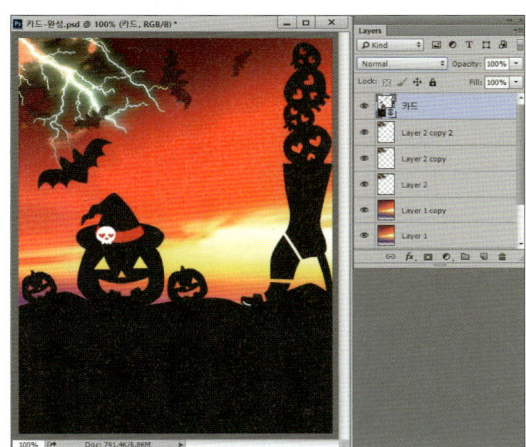

STEP 08 문자 삽입하기

01 문자를 삽입하기 위해 문자 툴(T)을 이용하여 원하는 글자를 입력합니다.

02 문자 색은 빨간색으로 지정한 후 [Character] 팔레트에서 글꼴과 문자 크기를 설정합니다. 완성된 것을 확인할 수 있습니다.

Lesson 03 _ 심벌(Symbol)을 이용하여 디자인하기 149

STEP 09 불꽃 문자 작업하기

01 Ctrl을 누른 채로 'Happy Halloween' 레이어를 선택한 후 메뉴의 [Select-Save Selection] 명령을 실행하여 선택한 문자 영역을 저장하기 위해 [OK] 버튼을 클릭합니다.

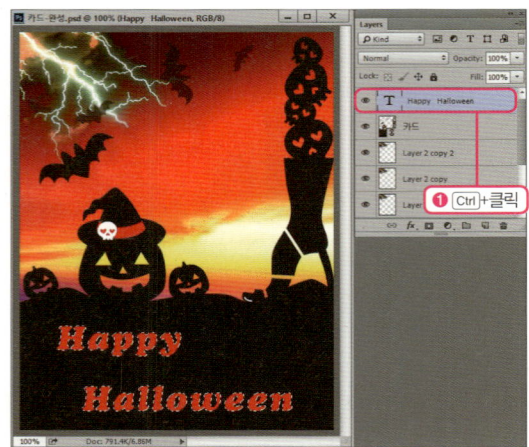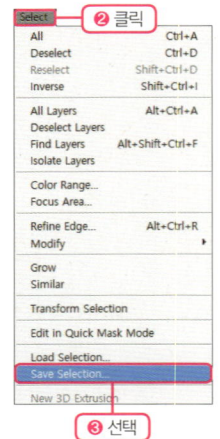

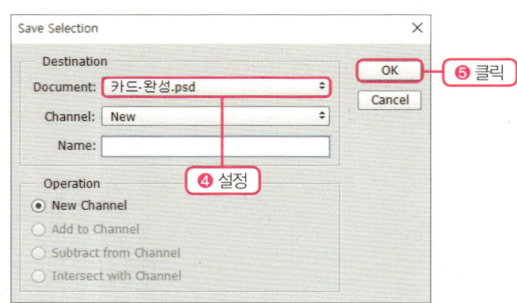

02 [Channels] 패널을 열고 'Alpha 1' 채널을 선택합니다. 그리고 메뉴의 [Image-Rotate Canvas-90° CW]를 선택하여 현 이미지를 시계 방향으로 90도 회전합니다.

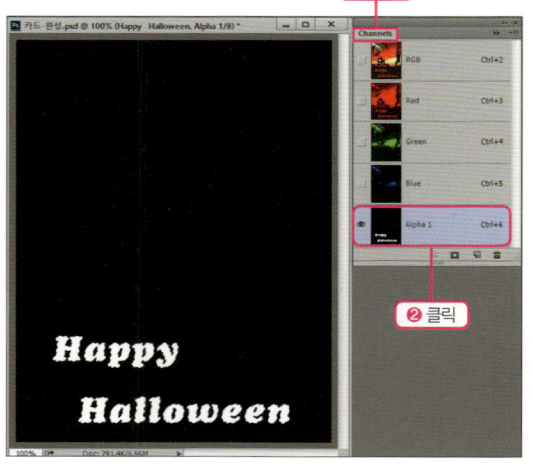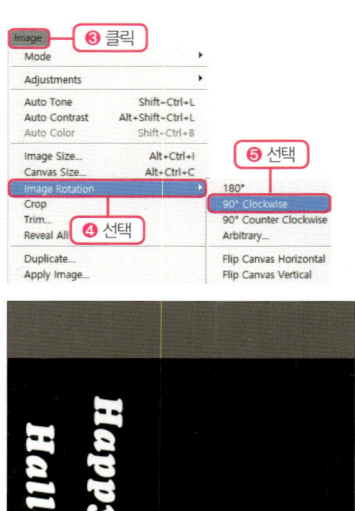

03 메뉴의 [Filter-Stylize-Wind]를 클릭하여 [From the Left]를 선택합니다. 글자의 윗방향으로 바람 효과가 나도록 합니다.

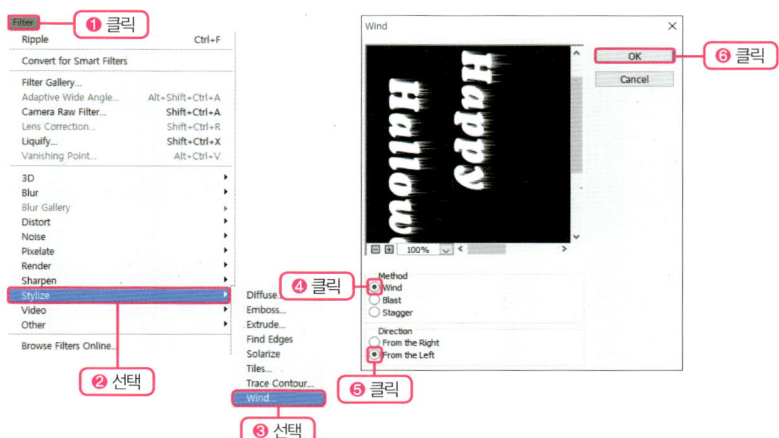

04 메뉴의 [Image-Rotate Canvas-90°CCW]를 선택하여 현 이미지를 반시계 방향으로 90도 회전합니다.

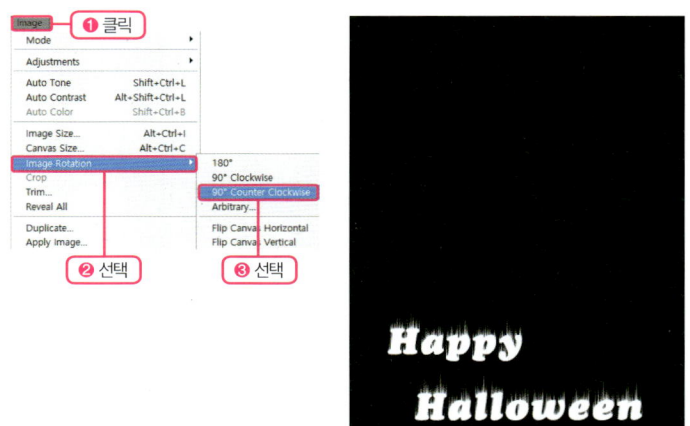

05 [Channels] 패널에서 Ctrl을 누른 채로 'Alpha 1' 채널을 클릭하여 글자 부분만 선택 영역으로 만듭니다. 그리고 메뉴의 [Filter-Blur-Gaussian Blur]를 클릭하여 Radius를 '3.0Pixels'로 설정하고, [OK] 버튼을 클릭하면 글자가 흐릿해집니다.

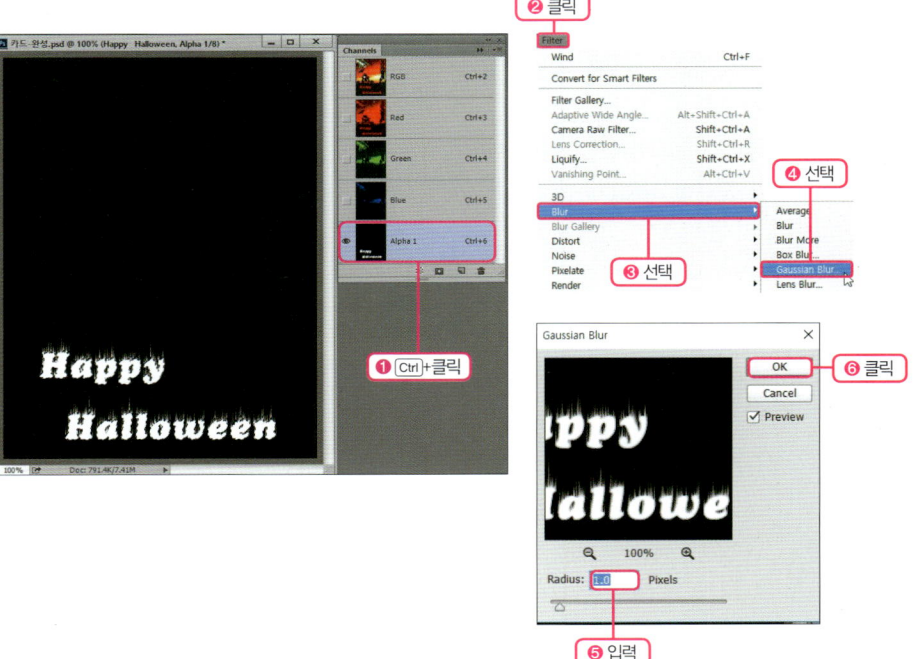

06 01 메뉴의 [Filter-Stylize-Diffuse]를 클릭합니다.
그리고 02 메뉴의 [Filter-Gallery]를 선택한 후 [Distort-Diffuse Glow]를 클릭합니다.

[Diffuse]와 [Diffuse Glow] 필터
- Diffuse: 이미지의 경계선에 점을 흩뿌려 놓은 것처럼 표현합니다.
- Diffuse Glow: 밝은 부분을 더욱 밝게 하여 발광되도록 합니다.

07 메뉴의 [Filter-Distort-Ripple]를 클릭하여 Amount를 '100%'로 설정하고 [OK] 버튼을 클릭하여 일그러진 표현을 합니다.

08 메뉴의 [Image-Adjustments-Curves]를 선택합니다. 그리고 아래의 그림처럼 설정합니다.

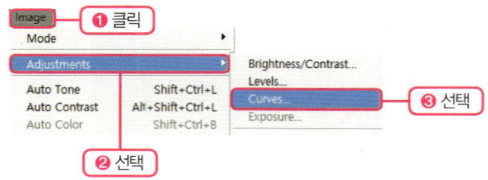

09 [Layers] 패널을 연 후 'Happy Halloween' 레이어를 선택하고 Ctrl+D를 눌러 선택 영역을 해제합니다. 마우스 오른쪽 버튼을 클릭하면 나타나는 단축 메뉴 중에서 [Resterize Type]을 선택하여, 일반 레이어로 변환합니다.

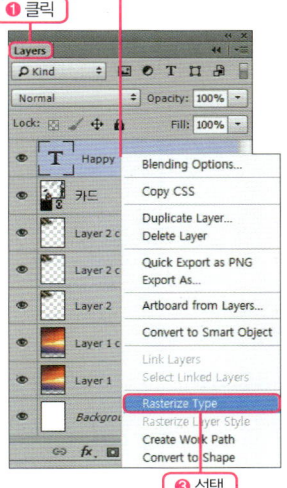

10 [Channels] 패널에 등록된 선택 영역을 불러오기 위해 메뉴의 [Select-Load Selection] 명령을 실행하여 'Alpha 1' 채널을 선택합니다.

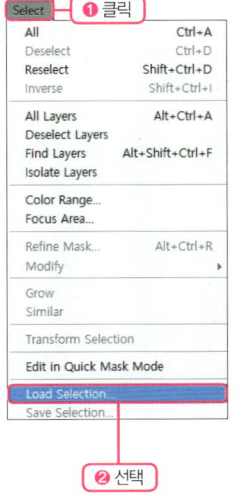
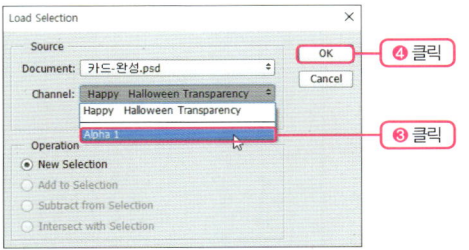

11 전경색을 빨간색으로 설정해 놓고 Alt + Delete 를 눌러 색을 적용합니다.

12 문자 테두리를 표현하기 위해 메뉴에서 [Edit-Stroke]를 선택한 후 Width에 '1'을 입력하고, 전경색은 노란색으로 설정해 놓고 정렬은 [Center]를 선택합니다.

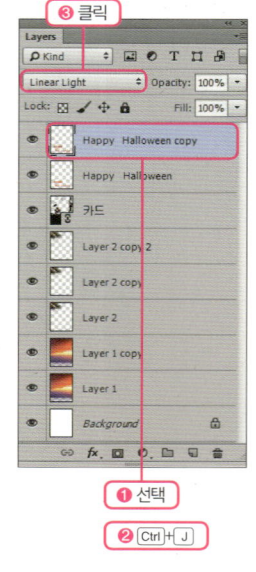

13 앞에서 작업한 불꽃 문자를 좀 더 밝게 하기 위해 'Happy Halloween' 레이어를 선택한 후 Ctrl + J 를 눌러 레이어를 복사합니다. 'Happy Halloween' 레이어를 선택한 후 블렌드 모드를 'Linear Light'로 설정합니다. 완성된 이미지를 확인할 수 있습니다.

심벌 도구의 대화상자를 이용하여 옵션 설정하기

일러스트레이터에서는 일곱 개의 심벌 툴( )을 제공합니다. 이 심벌 툴( )들을 번갈아 가며 선택해야 할 경우에는 Alt +마우스 오른쪽 버튼을 잠시 동안 누릅니다.

일러스트레이터에서는 일곱 개의 심벌 툴( )을 제공합니다. 이 심벌 툴( )들을 번갈아 가며 선택해야 할 경우에는 Alt +마우스 오른쪽 버튼을 잠시 동안 누릅니다. 그러면 일곱 개의 심벌 툴이 원형으로 나타나게 되는데, 이때 원하는 심벌 툴 아이콘 위로 마우스 포인터를 올려 놓으면 해당하는 심벌 툴로 바뀝니다.

심벌 관련 도구를 더블클릭하면 [Symbolism Tools Options] 대화상자가 나타납니다.

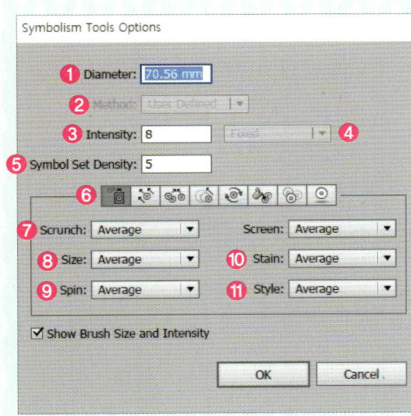

❶ **Diameter** 브러시 크기를 설정합니다(1~999pt까지 설정 가능)
❷ **Method** 적용되는 방식을 지정합니다. [심벌 분사] 툴과 [심벌 이동] 툴을 제외한 나머지 툴에 사용합니다.
  • Average: 균등하게 적용됩니다.
  • User Defined: 사용자가 지정하는 대로 적용됩니다.
  • Random: 불규칙하게 적용됩니다.
❸ **Intensity** 브러시를 드래그할 때 스프레이의 강도, 즉 뿌려지는 심벌의 양을 조절합니다.
❹ **Use Pressure Pen** 태블릿 사용 시 펜의 누르는 압력에 따라 농도를 조절합니다.
❺ **Symbol Set Density** 심벌 세트의 심벌 밀집 정도를 지정합니다.
❻ **Symbol Style Selector** 일곱 개의 심벌 스타일 중 하나를 선택할 수 있습니다.
❼ **Scrunch** 뿌려지는 심벌의 밀도를 기본 값으로 사용할 것인지, 사용자 정의로 사용할 것인지를 선택합니다.
❽ **Size** 뿌려지는 심벌의 크기를 기본 값으로 사용할 것인지, 사용자 정의로 사용할 것인지를 선택합니다.
❾ **Stain** 뿌려지는 심벌의 얼음, 단색의 적용할 것인지를 지정합니다.
❿ **Spin** 뿌려지는 심벌에 각각 회전 효과를 적용할 것인지를 지정합니다.
⓫ **Style** 기본적인 스타일에 적용된 내용을 사용자 정의된 내용으로 사용할 것인지를 선택합니다.

LESSON 04 커피 광고 간판 소개하기

일러스트레이터에서는 다양한 브러시를 제공하고 있으며, 이를 이용하면 자연스러운 붓 터치를 이용한 드로잉을 할 수 있습니다. 거친 질감의 선이나 힘이 느껴지는 역동적인 드로잉을 원할 경우, 일러스트레이터에서 제공하는 브러시 라이브러리를 활용하면 훌륭한 디자인을 할 수 있습니다.

핵심기능 페인트 브러시 도구(PaintBrush Tool,)

- 브러시 툴( )은 자유 곡선으로 그릴 수 있습니다. 정점과 도형의 외곽선에 여러 가지 형태의 브러시로 그린 듯한 효과를 주는 점이 특징입니다.
- 브러시 툴( ) 로 도형을 그리는 것은 브러시 팔레트에 있는 여러 가지 브러시 형태를 이용하여 그리는 것으로 브러시 툴( )은 [Brushes] 팔레트와 떼어 놓고 생각할 수 없고, [Brushes] 팔레트를 배우는 것이라고 생각할 수 있습니다.
- [Brushes] 팔레트의 브러시들은 브러시 툴( )로 그릴 때에만 사용할 수 있는 것이 아니라 다른 툴을 이용하여 만들어진 도형에도 브러시의 형태를 적용할 수 있는 장점이 있습니다.

다양한 Brush 사용하기

●예제 파일
Sample\Theme02\Lesson04
\브러시.ai

01 메뉴의 [File-Open] 명령을 이용하여 준비된 빈 화면을 불러옵니다. 브러시 툴( )을 이용하여 다음 그림과 같이 간단한 형태의 곡선을 여러 개 그려줍니다. 선택 툴( )을 이용하여 그려준 개체 중에서 두 번째 개체를 선택합니다.

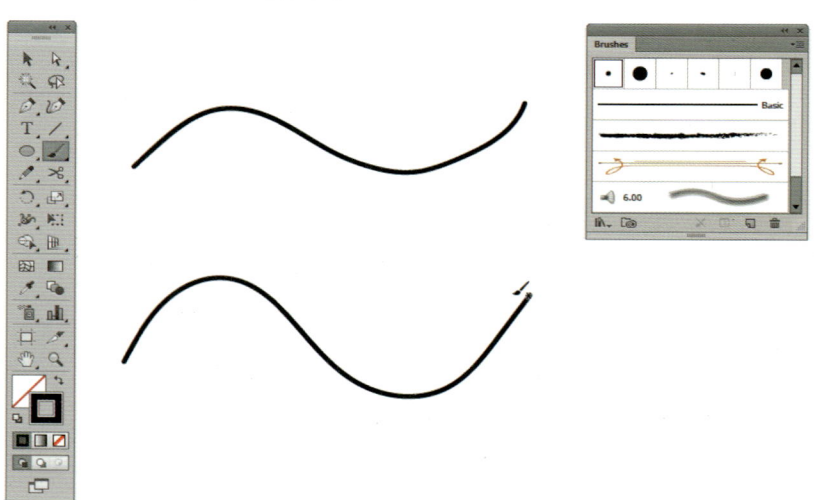

02 메뉴의 [Window-Brushes] 명령을 수행하여 브러시 팔레트를 보이게 합니다. 브러시 팔레트의 우측 하단에 위치하고 있는 팝업 버튼(　)을 클릭한 후 나타나는 [Decorative-Decorative_Scatter] 명령을 클릭합니다.

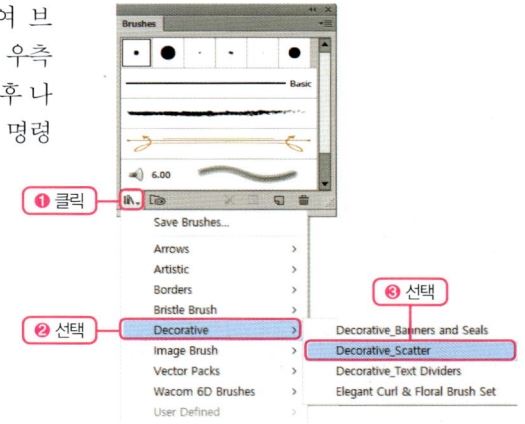

03 다음 그림과 같이 Decorative_Scatter 브러시가 나타나면 원하는 브러시 모양(여기서는 16pt, Star)을 클릭하여 선택합니다. 선택한 브러시 모양이 그려진 개체에 적용되는 것을 볼 수 있습니다.

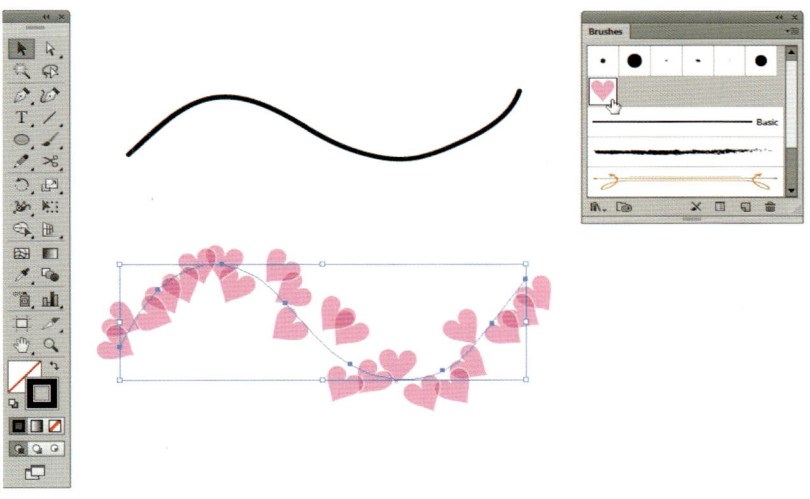

:: 서예 브러시(Calligraphic Brush) 만들기

붓으로 그린 듯한 효과로, 외곽선의 굵기와 각도를 다양하게 변경할 수 있습니다.

01 앞에서 작업한 내용을 계속 이용해보겠습니다. 선택 툴(　)을 이용하여 그린 개체 중에서 다른 개체를 선택합니다. 브러시 팔레트의 팝업 버튼(　)을 클릭하면 나타나는 메뉴 중에서 [New Brush] 명령을 수행합니다. [New Brush] 대화상자에서 [New Calligraphic Brush]를 선택합니다.

02 [Calligraphic Brush Options] 대화상자에서 나타나는 옵션을 다양하게 수정해보겠습니다. 다음과 동일하게 설정할 필요는 없으며 다양한 옵션을 설정해보면서 익혀보시기 바랍니다. 옵션 설정이 끝나면 결과가 개체에 적용되는 것을 볼 수 있습니다.

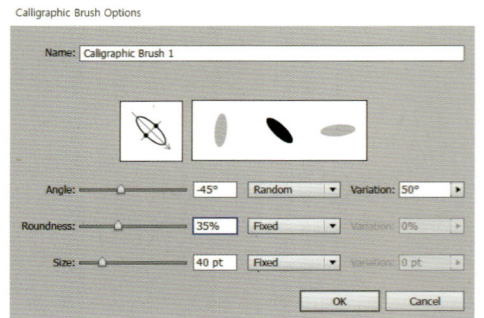

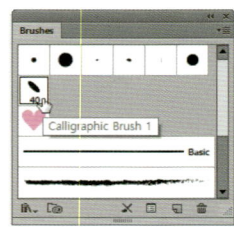

분산 브러시(Scatter Brush) 만들기

특정 모양을 도형의 외곽선 주위로 흩뿌려 그려줍니다.

01 이번에는 별 툴(★)을 이용하여 다음 그림과 같이 빈 공간에 별 개체 하나를 만들어줍니다. 크기와 색상 등은 임의로 설정합니다.

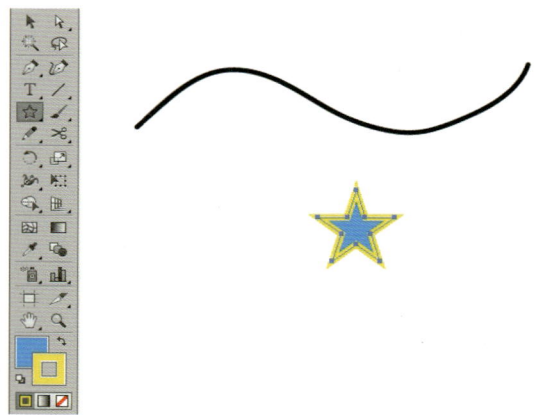

02 그려진 별 개체를 드래그하여 브러시(Brush) 팔레트의 빈 공간에 놓습니다. 다음 그림과 같이 [New Brush] 대화상자가 나타납니다. 여기서는 [New Scatter Brush]를 선택합니다.

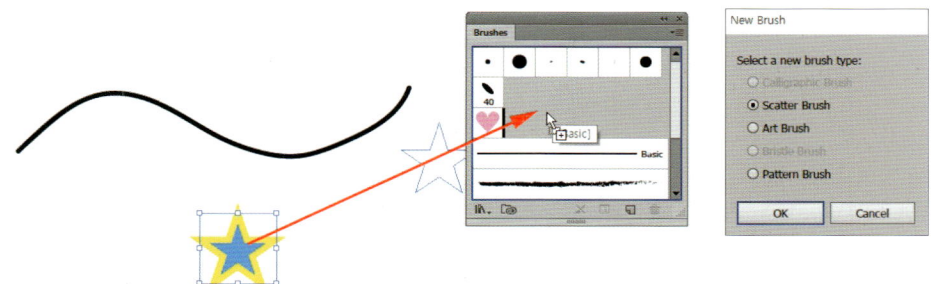

03 [Scatter Brush Options] 대화상자의 옵션을 다양하게 수정해보겠습니다. 옵션 설정이 끝나면 결과가 개체에 적용되는 것을 볼 수 있습니다. 브러시라기보다는 하나의 패턴으로 보입니다.

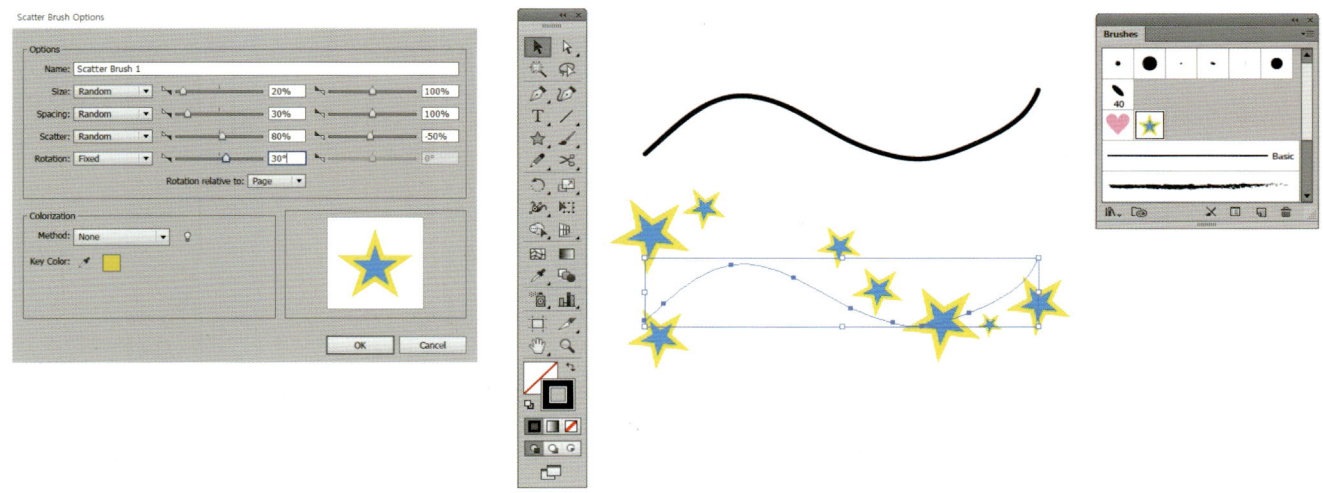

예술 브러시(Art Brush) 만들기

특정한 모양 하나를 도형의 외곽선을 따라 흐르게 해줍니다.

01 이번에는 도구 상자에서 연필 툴( )을 이용하여 다음 그림과 같이 빈 공간에 임의의 개체를 그려줍니다. 그려지는 개체는 가능한 한 긴 직선과 같은 모양으로 그립니다.

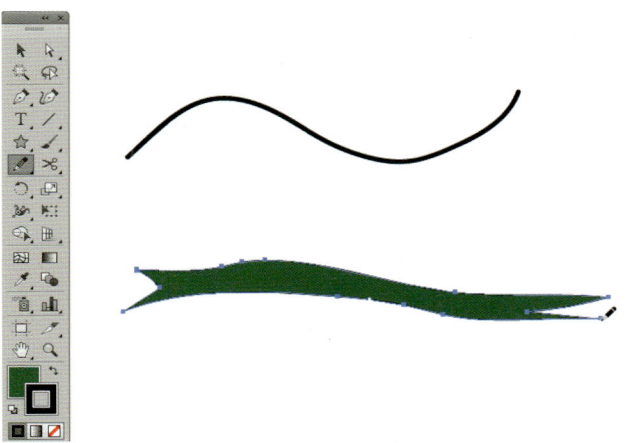

02 브러시로 정의하기 위해 그려진 개체를 선택한 후 브러시 팔레트로 드래그합니다. 다음 그림과 같이 [New Brush] 대화상자가 나타나며, 여기서는 [New Art Brush]를 선택합니다.

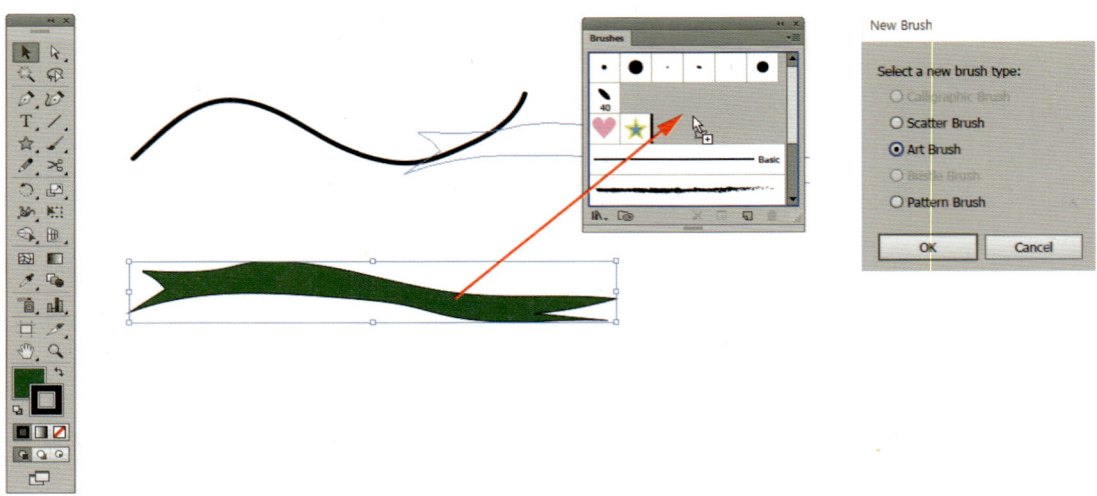

03 [Art Brush Options] 대화상자가 나타나면 기본 설정 값으로 설정합니다. 옵션 설정이 끝나면 다음 그림과 같이 미리 그려놓은 개체에 브러시를 적용해봅시다. 그려져 있는 개체의 크기와도 관계가 있지만 그려지는 방향과도 관계가 있다는 것을 알 수 있습니다.

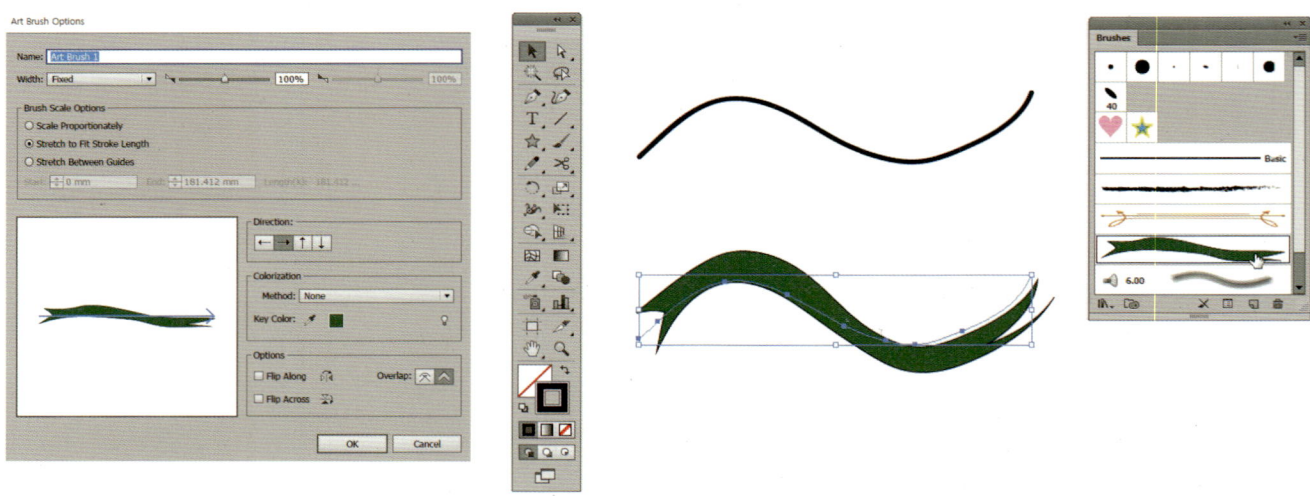

:: 패턴 브러시(Pattern Brush) 만들기

스와치에 등록한 패턴을 도형의 외곽선을 따라 흐르게 합니다.

01 이번에는 미리 그려져 있는 개체를 삭제한 후 펜 툴( )로 클릭하여 다음 그림과 같이 그려줍니다. 펜 툴( )로 그림을 그릴 경우 Shift를 누른 상태로 그림을 그리면 수직 혹은 수평으로 제한이 걸려 있기 때문에 다음 그림과 같은 그림을 쉽게 그릴 수 있습니다.

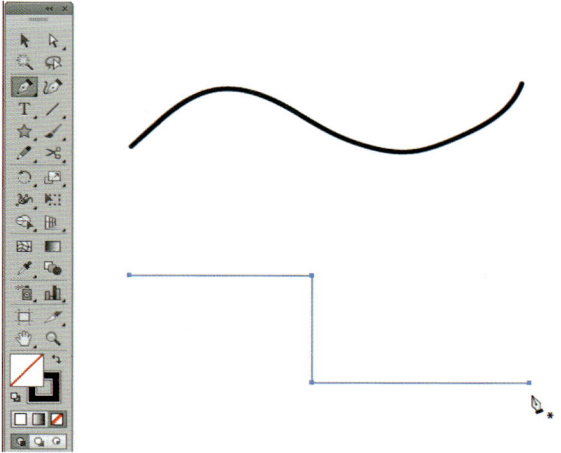

02 다음 그림과 같이 모서리가 둥근 사각형 툴(▢)을 이용하여 다음 그림과 비슷하게 그려준 후 [Swatches] 팔레트로 드래그하여 스와치에 등록합니다. 계속해서 별 툴(★)을 이용하여 원 개체를 그려준 후 [Swatches] 팔레트로 드래그하여 스와치에 등록합니다.

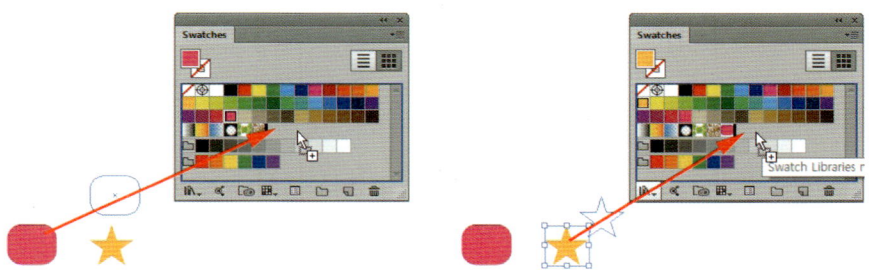

03 브러시 팔레트 팝업 버튼을 클릭하면 나타나는 단축 메뉴 중에서 [New Brush] 명령을 수행합니다. [New Brush] 대화상자에서 [Pattern Brush] 항목을 클릭합니다.

04 [Pattern Brush Options] 대화상자에서 다음과 같이 앞에서 설정해 놓은 스와치를 이용하여 패턴 브러시를 설정해줍니다. 옵션 값을 설정하고 나면 브러시 창에 설정한 내용이 등록되는 것을 볼 수 있습니다.

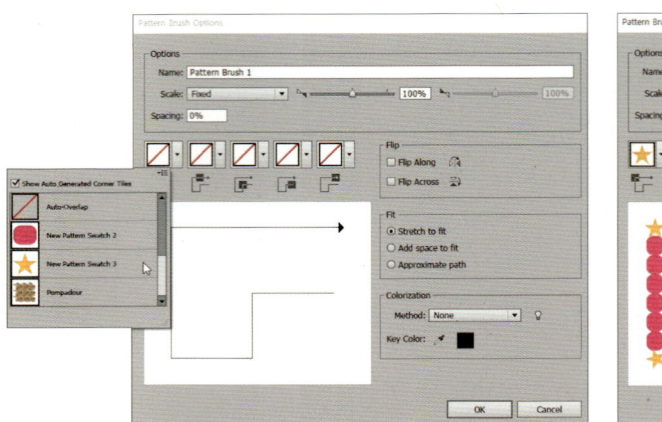 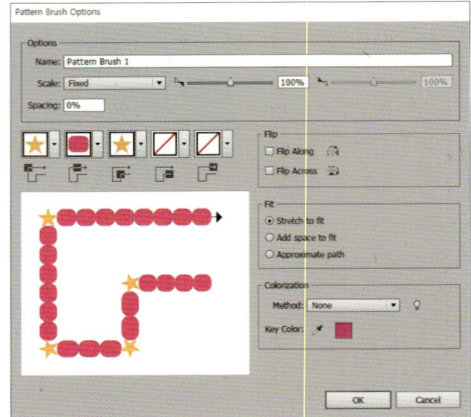

05 앞에서 그려준 패스에 설정한 패턴 브러시를 적용하여 결과를 확인해봅시다. 단순한 패스와 꼭짓점이 있는 패스의 경우 결과가 다르게 나타납니다.

 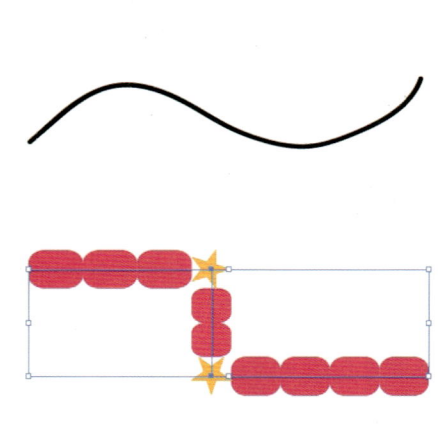 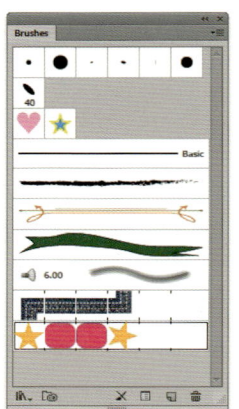 

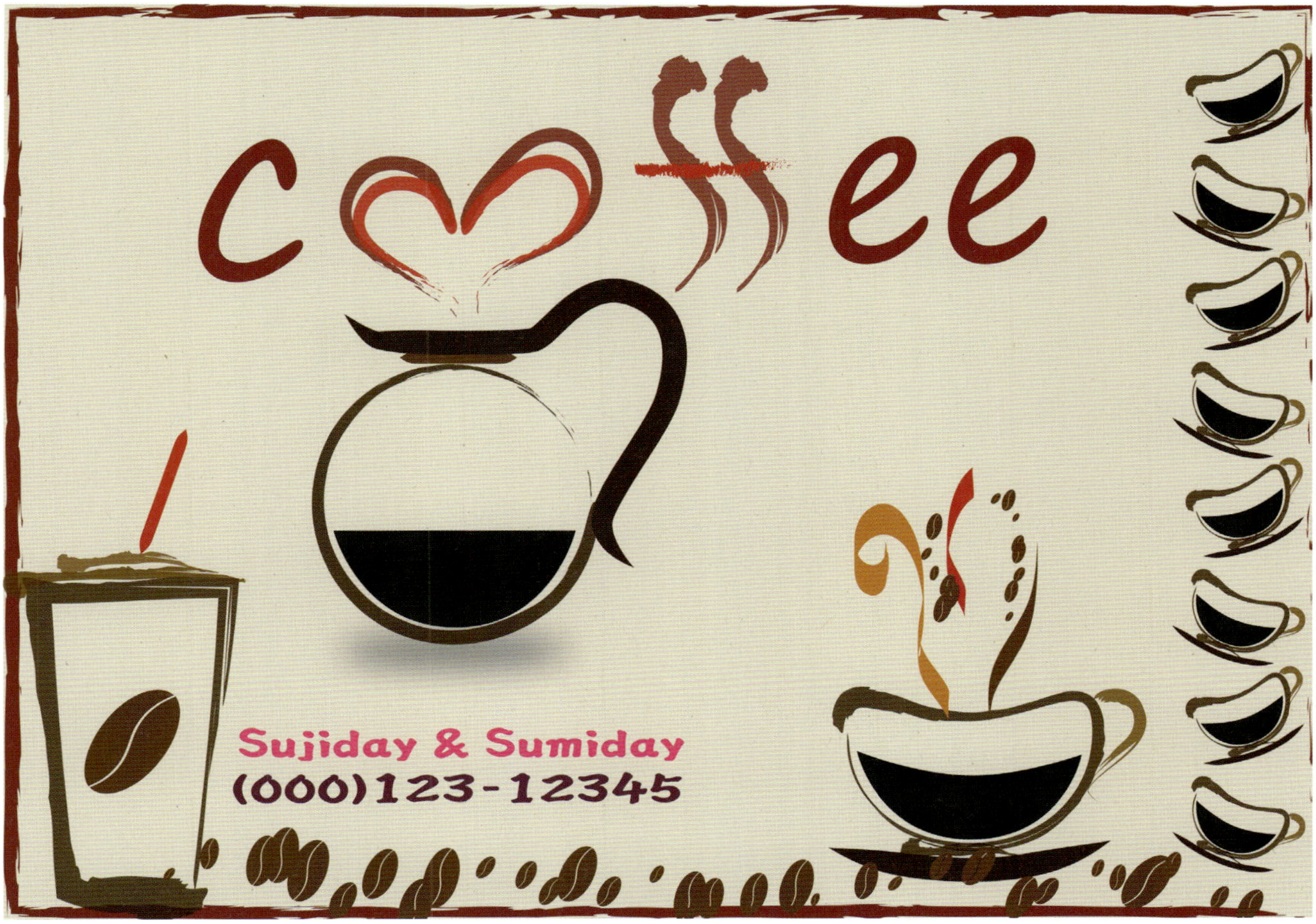

커피숍 간판 만들기

01

예제 파일 Sample\Theme02\Lesson04\커피콩.ai
완성 파일 Sample\Theme02\Lesson04\커피.ai, 커피-완성.ai

키 워 드 도형 툴, 문자 툴, 나선형 툴, 가위 툴, Brushes 팔레트의 활용법
길라잡이 이번에는 중급 두 번째 시간으로 일러스트레이터의 아트브러시를 활용하여 풍부한 향기가 느껴지는 커피숍 간판을 만들어 보도록 합니다.

STEP 01 커피잔 드로잉 작업하기

01 도형 모양에 너무 얽매이지 말고 자유롭게 드로잉합니다. 펜 툴( )로 커피잔을 그립니다.

02 [직접 선택] 툴( )을 이용해 도형 모양을 수정합니다.

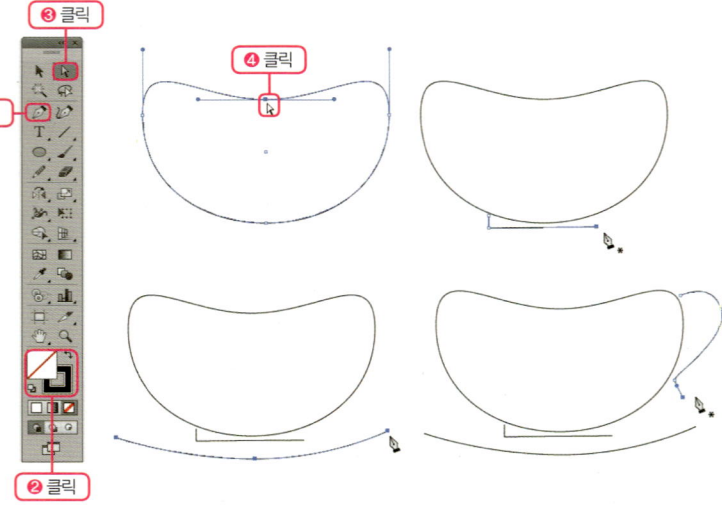

STEP 02 커피잔에 다양한 브러시 적용하기

01 메뉴의 [Window-Brushes] 명령을 수행하여 브러시 팔레트를 보이게 합니다. 브러시 팔레트의 우측 상단에 위치하고 있는 팝업 버튼( )을 클릭한 후 나타나는 [Artistic-Artistic_Ink] 명령을 클릭합니다. 앞에서 그린 커피잔을 선택 툴( )로 선택한 후 브러시 모양을 임의대로 클릭하면 개체에 적용되는 것을 볼 수 있습니다. 다양한 브러시 모양 등을 적용하면서 마음에 드는 브러시를 사용합니다.

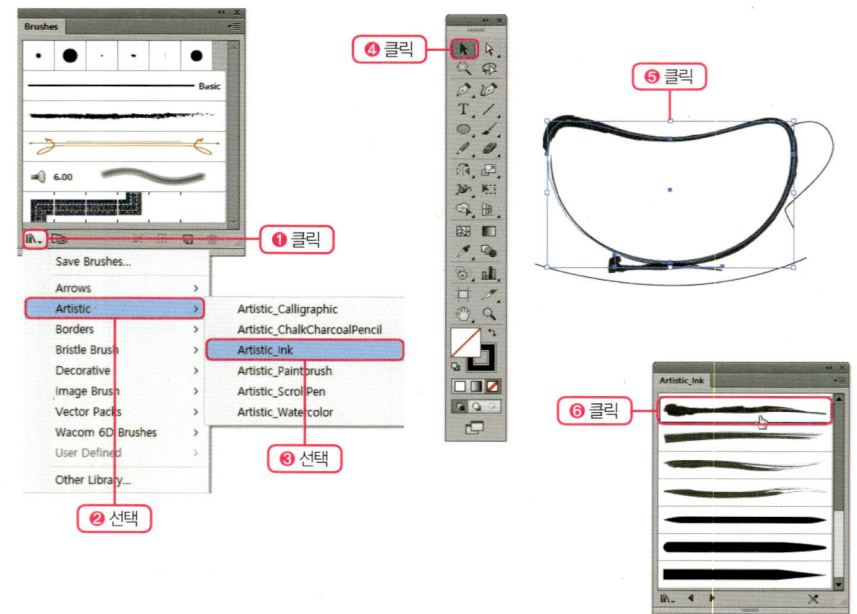

02 선택 툴( )를 이용해 그림처럼 커피 받침과 손잡이를 각각 선택한 후 브러시 모양을 임의대로 클릭하면 개체에 적용되는 것을 볼 수 있습니다.

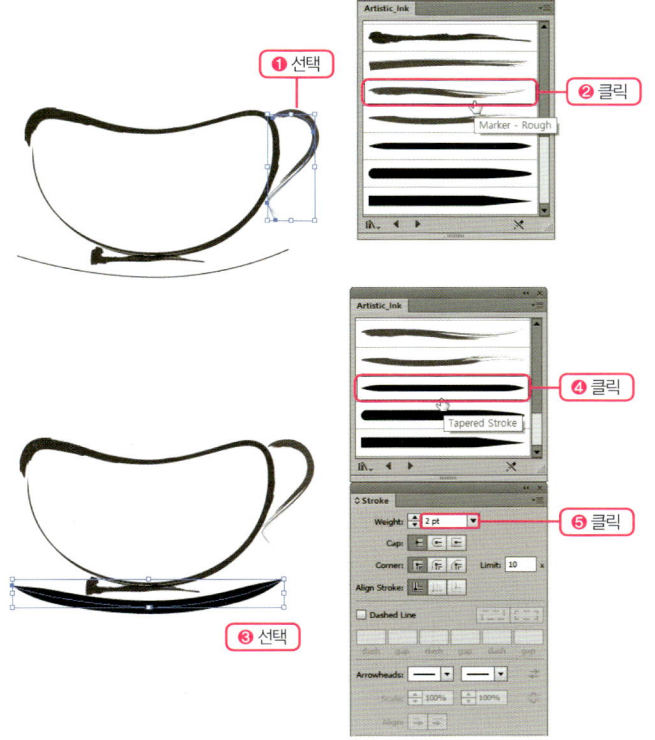

03 브러시 툴( )을 이용하여 다음 그림과 같이 연기 모양을 간단한 형태의 곡선으로 여러 개 그려줍니다. 그런 다음 펜 툴( )로 커피잔 안의 물을 드로잉하고, 검은색을 적용합니다.

04 커피잔, 손잡이, 받침, 연기 등 색상을 변경할 도형을 선택 툴( )을 이용해 선택한 후 그림처럼 [Swatches] 팔레트에서 색상을 선택합니다. 그런 다음 [Stroke] 팔레트에서 선의 두께를 '4pt'로 입력합니다.

STEP 03 텀블러에 다양한 브러시 적용하기

01 펜 툴( )을 이용해 텀블러를 그립니다. 선택 툴( )을 이용해 그림처럼 텀블러 외형과 빨대를 각각 선택한 후 브러시 모양을 임의대로 클릭하면 개체에 적용되는 것을 볼 수 있습니다.

02 색상을 변경할 도형을 선택 툴(▶)을 이용해 선택한 후 그림처럼 [Swatches] 팔레트에서 색상을 선택합니다. 그런 다음 [Stroke] 팔레트에서 선의 두께를 '2pt'로 입력합니다.

STEP 04 커피 디켄터에 다양한 브러시 적용하기

01 도구 상자의 원형 툴(◯)을 이용해 커피 디켄터의 유리관을 그립니다. 그런 다음 그림처럼 펜 툴(✎)을 이용해 뚜껑과 손잡이를 그립니다.

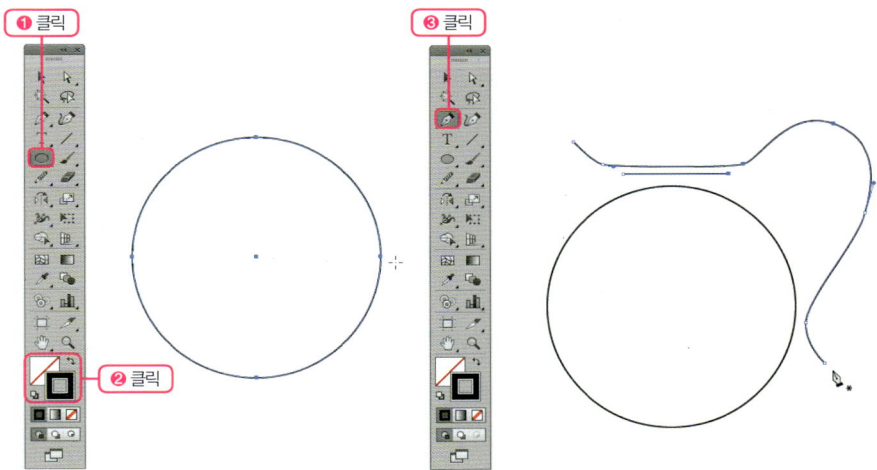

02 펜 툴(✎)로 커피 디켄터 안의 물을 드로잉하고, 검은색을 적용합니다. 그런 다음 뚜껑과 손잡이를 각각 선택하고 브러시 모양을 임의대로 클릭하면 개체에 적용되는 것을 볼 수 있습니다.

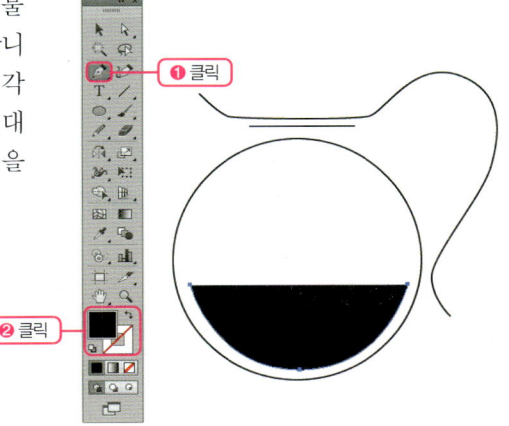

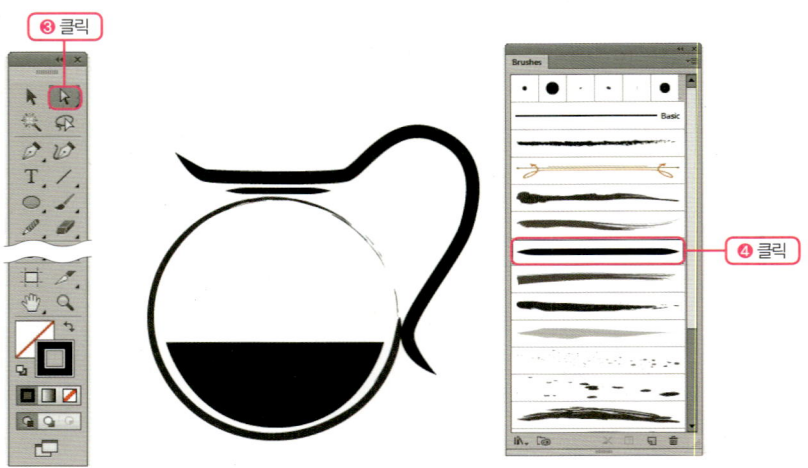

03 색상을 변경할 도형을 선택 툴( )을 이용하여 선택한 후 그림처럼 [Swatches] 팔레트에서 색상을 선택합니다. 그런 다음 [Stroke] 팔레트에서 선의 두께를 '2pt'로 입력합니다.

04 브러시 툴( )을 이용하여 다음 그림과 같이 하트 모양을 간단한 형태의 곡선으로 여러 개 그려줍니다. 그런 다음 색상을 변경할 도형을 선택 툴( )을 이용해 선택한 후 그림처럼 [Swatches] 팔레트에서 색상을 선택합니다.

05 지금까지 작업한 결과물을 확인할 수 있습니다.

STEP 05 커피숍 간판 작업하기

01 일러스트레이터를 실행하고, 커피숍 간판을 작업하기 위한 파일을 불러옵니다. 메뉴의 [File-Open]을 실행하거나 Ctrl+O를 눌러 [Open] 대화상자를 엽니다. 이번 작업에 필요한 파일이 화면에 보일 것입니다.

● 완성 파일
Sample\Theme02\Lesson04\커피.ai

02 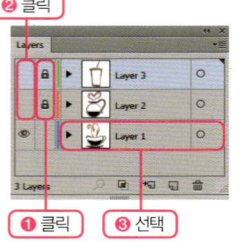 01 'Layer 2', 'Layer 3' 레이어의 빈 공간을 클릭하여 잠금 아이콘(🔒)이 나오게 클릭하여 레이어를 잠급니다. 그리고 02 'Layer 2', 'Layer 3' 레이어 안의 그림이 보이지 않게 눈 아이콘(👁)을 클릭하여 해제합니다. 그리고 03 'Layer 1' 레이어를 선택한 후 선택 툴(▶)을 이용해 04 그림처럼 커피잔만 선택하여 크기를 줄이고, 회전하여 상단 오른쪽에 배치합니다.

03 앞에서 배치한 커피잔 그림을 다음 01 그림처럼 선택 툴(▶)을 이용해 그림처럼 커피잔만 선택하여 회전, 복사하여 배치합니다. 축소한 커피잔의 브러시 선 두께가 굵어 모양이 예쁘지 않습니다.
02 배치한 모든 커피잔을 선택한 후 [Stroke] 팔레트에서 선 두께에 '0.5pt'를 입력합니다.

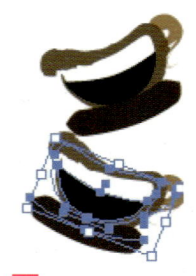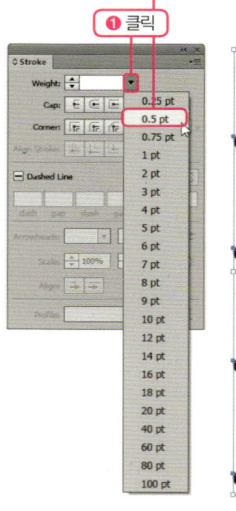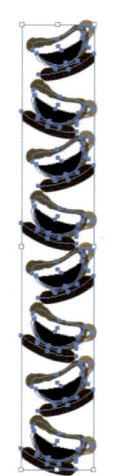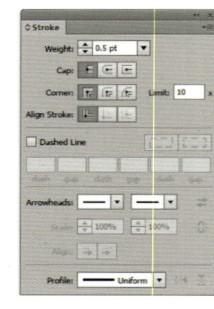

04 커피잔을 다음 그림처럼 오른쪽에 배치합니다.

05 'Layer 1', 'Layer 2' 레이어의 빈 공간을 클릭하여 잠금 아이콘(🔒)이 나오게 클릭하여 레이어를 잠급니다. 그리고 'Layer 2' 레이어 안의 그림이 보이지 않게 눈 아이콘(👁)을 클릭하여 해제합니다. 그리고 'Layer 3' 레이어를 클릭한 후 선택 툴(▶)을 이용해 그림처럼 커피잔만 선택하여 크기를 줄이고, 회전하여 하단 왼쪽에 배치합니다.

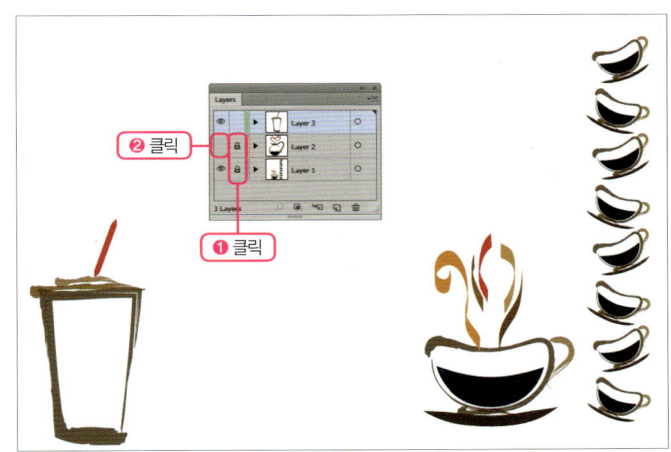

STEP 06 커피콩을 브러시로 등록하여 사용하기

01 브러시로 등록하기 위해 메뉴의 [File-Place]를 클릭하고, 준비된 '커피콩.ai' 파일을 선택합니다. [Place] 대화상자의 하단에 [Link] 옵션은 체크를 해제하여 설정되지 않은 상태에서 파일을 불러옵니다.

◉ 예제 파일
Sample\Theme02\Lesson04\커피콩.ai

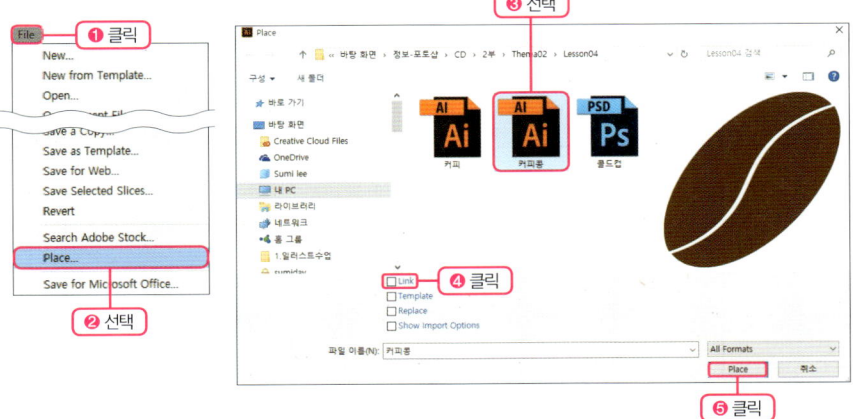

02 선택 툴(▶)을 이용해 커피콩을 클릭한 후 상단 옵션 바에서 [Edit Contents]를 클릭합니다.

03 불러온 커피콩 그림을 드래그하여 브러시(Brush) 팔레트의 빈 공간에 놓습니다. 다음 그림과 같이 [New Brush] 대화상자가 나타납니다. 여기서는 [Scatter Brush]를 선택합니다. [Scatter Brush Options] 대화상자의 옵션을 다양하게 수정해보겠습니다.

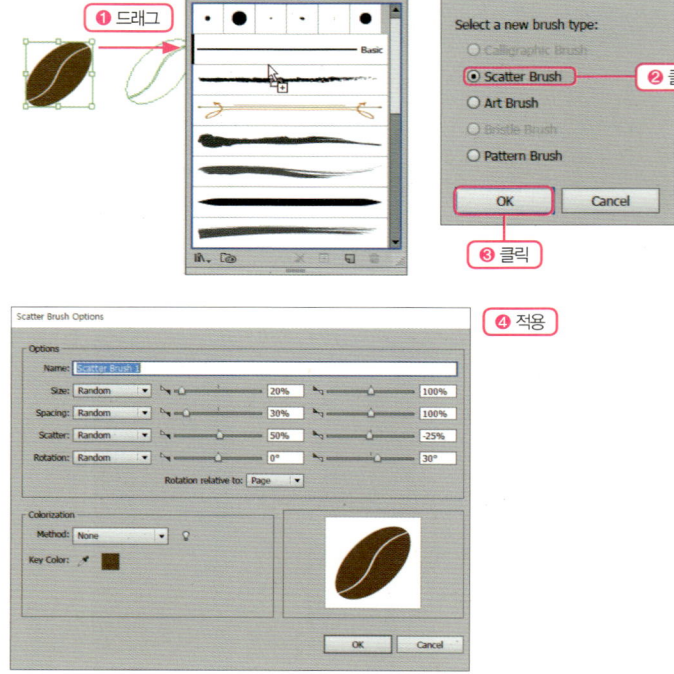

STEP 07 커피잔에 다양한 브러시 적용하기

01 'Layer 1' 레이어의 잠금 아이콘(🔒)을 클릭하여 잠금을 해제합니다. 선택 툴(▶)을 이용해 다음 그림처럼 커피 연기 두 개를 선택한 후 앞에서 등록한 커피콩 브러시를 선택합니다. 그런 다음 커피콩 브러시의 선 두께를 줄이기 위해 [Stroke] 팔레트에서 선 두께에 '0.25pt'를 입력합니다. 그리고 브러시 툴(✏)을 이용해 커피 브러시 모양을 클릭하여 그림처럼 화면 하단에 커피콩이 살짝 깔리도록 클릭, 드래그하며 그립니다.

02 브러시 툴(✏️)을 이용해 커피 브러시 모양을 선택한 후 다음 그림처럼 텀블러 안에 클릭합니다. 'Layer 1', 'Layer 3' 레이어의 빈 공간을 클릭하여 잠금 아이콘(🔒)이 나오게 클릭하여 레이어를 잠급니다. 그리고 'Layer 2' 레이어의 눈 아이콘(👁)이 보이도록 클릭합니다.

03 'Layer 2' 레이어를 선택한 후 선택 툴(▶)을 이용해 커피 디켄터만 선택하여 크기를 줄이고, 그림처럼 배치합니다.

STEP 08 문자 입력하기

01 문자를 삽입하기 위한 작업을 진행해 봅시다. Layer 팔레트에서 Create New Layer 아이콘(🗔)을 클릭하여 새로운 레이어를 추가합니다. 문자 툴(Type Tool, T)을 선택하고 'c'와 'ee'라는 문구를 입력합니다.
그런 다음, 입력된 문자에 그림처럼 색상을 적용합니다. [Character] 팔레트에서 글꼴을 확인합니다.

02 브러시 툴(✏)을 이용하여 다음 그림과 같이 'ff' 글자 모양을 그려줍니다. 그런 다음 'ff' 글자 모양에 그림처럼 색상을 적용합니다.

03 문자를 삽입하기 위한 작업을 진행해봅시다. 문자 툴(Type Tool, T)을 선택하고 'Sujiday & Sumiday'와 '(000)123-12345'라는 문구를 입력합니다. 그런 다음 입력된 문자에 그림처럼 색상을 적용합니다. [Character] 팔레트에서 글꼴을 확인합니다.

04 지금까지 작업한 그림들이 완성된 것을 확인합니다.

STEP 09 배경 꾸미기

01 [Layer] 팔레트에서 [Create New Layer] 아이콘(🔲)을 클릭하여 새로운 레이어를 추가합니다. 'Layer 5' 레이어를 선택한 후 맨 아래로 이동합니다. 다시 한 번 'Layer 5' 레이어를 선택한 후 사각형 툴(🔲)을 이용해 화면 전체 크기에 맞게 사각형을 그립니다. 그런 다음 선은 None (🗖)을 선택하고, 면은 그림처럼 색상을 적용합니다.

02 [Layer] 팔레트에서 [Create New Layer] 아이콘(🔲)을 클릭하여 새로운 레이어를 추가합니다. 'Layer 6' 레이어를 선택한 후 'Layer 5' 레이어 위로 이동합니다. 다시 한 번 'Layer 6' 레이어를 선택한 후 사각형 툴(🔲)을 이용해 화면 전체 크기에 맞게 사각형을 그립니다. 그런 다음 선은 그림처럼 색상을 적용하고, 면은 None(🗖)을 클릭합니다.

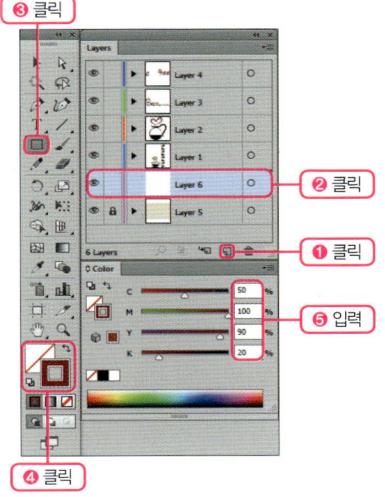

03 'Layer 6' 레이어를 선택한 후 앞에서 그린 사각형을 선택합니다. [Brushes] 팔레트에서 원하는 브러시를 클릭합니다. 그런 다음 선택한 브러시의 선 두께를 줄이기 위해 [Stroke] 팔레트에서 선 두께에 '2pt'를 입력합니다.

STEP 10 커피 디켄터에 그림자 표현하기

01 [Layer] 팔레트에서 [Create New Layer] 아이콘( )을 클릭하여 새로운 레이어를 추가합니다. 'Layer 7' 레이어를 선택한 후 'Layer 6' 레이어 위로 이동합니다. 커피 디켄터 밑에 그림자를 표현하기 위해 원형 툴( )을 이용해 타원 모양을 그립니다. 그런 다음 선은 None( )을 선택하고, 면은 그림처럼 회색 색상을 적용합니다.

02 앞에서 그린 타원형의 가장자리를 부드럽게 표현하기 위해 메뉴의 [Effect-Blur-Gaussian Blur]를 선택합니다. [Gaussian Blur] 대화상자에서 Radius 값에 '40'을 입력합니다.

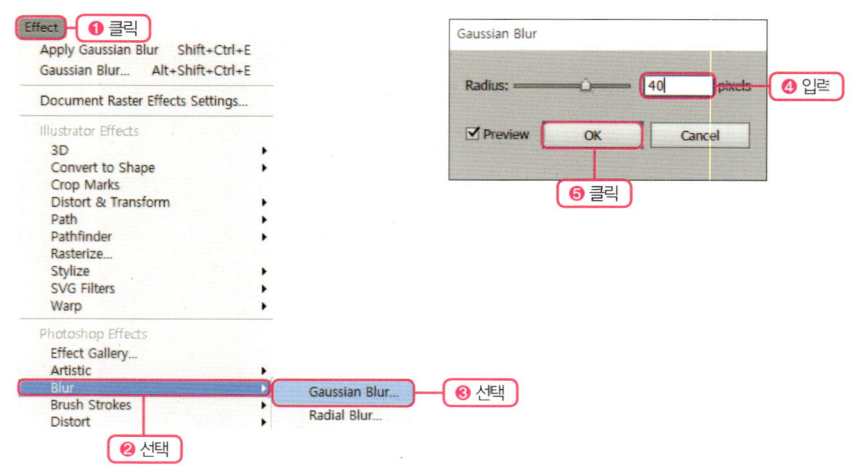

03 마지막으로 좀 더 자연스러운 그림자 효과를 준 후 완성된 그림을 확인할 수 있습니다.

연필 툴(Pencil Tool), 스무스 툴(Smooth Tool), 지우개 툴(Erase Tool) 알아보기

연필 툴은 자유 곡선을 그리거나 수정하는 툴이고, 스무스 툴은 선을 부드러운 곡선으로 만드는 툴이며, 지우개 툴은 개체의 기준점과 곡선을 지우는 툴입니다.

■ 연필 툴(Pencil Tool, ✎)

- 마우스를 드래그하여 자유로운 형태의 패스를 그릴 수 있는 도구입니다.
- [Brushes] 팔레트에 있는 다양한 종류의 브러시를 적용할 수 있습니다.
- 연필 툴(✎)을 더블클릭하면 대화상자가 나타나는데 옵션 항목은 페인트 브러시의 대화상자와 모두 같습니다.
- 두께가 보이지 않는다면 [Stroke] 팔레트에서 굵기를 조절합니다.

◉ 닫힌 패스 만들기
드래그+ Alt : 패스의 처음과 끝을 자동으로 연결되어 닫힌 패스가 만들어집니다.

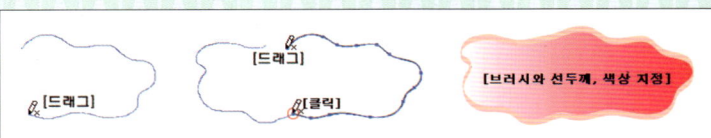

■ 스무스 툴(Smooth Tool, ✎)

- 도형의 패스 라인을 부드럽게 만들어주는 도구입니다.
- 도형을 선택한 후 스무스 툴(✎)을 선택하여 부드럽게 처리할 부분을 마우스를 누른 채 드래그합니다.
- 여러 번 반복하여 부드러워질 때까지 계속 드래그합니다.

■ 지우개 툴(Erase Tool, ✎)

- 선택한 도형의 부분을 마우스로 드래그하는 대로 지워주는 도구입니다.
- 정점이 삭제되면 정점과 정점 사이의 선분이 사라집니다.
- 지우고 싶은 거리만큼 패스를 따라 드래그하면 드래그한 만큼 패스가 지워집니다.

◉ 열린 패스 만들기
- 열린 패스 중 분리하고 싶은 곳을 클릭하면 그 지점을 기준으로 두 개의 패스로 나눠집니다.
- 닫힌 패스를 지우개 툴(✎)로 지워주면 열린 패스가 됩니다.

■ 브러시 팔레트의 종류

- 서예 브러시(Calligraphic Brush): 붓글씨나 필기체와 같은 효과를 낼 수 있는 브러시로, 브러시의 각도와 크기, 형태에 따라 가로와 세로의 굵기가 달라집니다.
- 패턴 브러시(Pattern Brush): 라인과 테두리 등에 패턴으로 이루어진 효과를 낼 수 있는 브러시로, 수작업으로 만들기 어려운 도형을 쉽게 연출해낼 수 있습니다.
- 예술 브러시(Art Brush): 아트 브러시는 추상적인 도형 또는 일반적인 도형을 브러시화하여 패스에 따라 유동적으로 표현할 수 있는 브러시입니다.
- 분산 브러시(Scatter Brush): 브러시로 적용된 도형의 패스를 따라 뿌려지면서 적용되는 브러시입니다.

■ 비트맵 방식과 벡터 방식 프로그램의 비교

- 비트맵 방식의 프로그램 포토샵
  비트맵 방식의 프로그램에서는 이미지를 나타내기 위해 픽셀을 사용합니다. 작은 픽셀의 색상 구분으로 전체 이미지를 나타내는 것을 볼 수 있습니다. 많은 픽셀로 이루어진 이미지일수록 부드러운 경계면을 얻을 수 있습니다.

▲ 원본 이미지

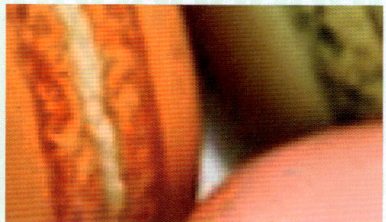
▲ 1200% 확대 이미지

이미지는 1 Inch에 80개의 픽셀로 이루어진 이미지와 200개의 픽셀로 이루어진 이미지를 비교합니다.
[600% 확대 이미지]

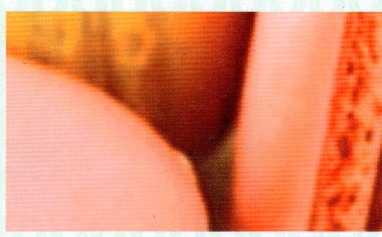
▲ 1 Inch에 80픽셀

▲ 1 Inch에 200픽셀

- 벡터 방식의 프로그램 일러스트레이터
  벡터 방식이란 선이나 도형들의 이미지가 픽셀로 이루어진 것이 아닌 수학적인 정보처리를 바탕으로 하며, 두 개 이상의 점들로 연결되는 곡선으로 구성된 방식입니다. 이미지를 축소 확대하더라도 이미지에 대한 손상이 없으며 출력에 대한 해상도의 문제점도 극복할 수 있습니다.

벡터 방식의 이미지는 이미지의 손상이 없는 장점이 있지만 데이터의 용량과 작업의 처리 속도에 있어 많은 영향을 끼칩니다. 연속된 컬러나 블랜딩 같은 작업에 있어서 일러스트레이터를 사용하는 것보다는 포토샵으로 작업을 하는 이유도 이러한 이유 때문이기도 합니다.

▲ 원본 이미지

▲ 1200% 확대 이미지

일러스트레이터에서 작업한 디자인을 이용하여 입면 패턴을 제작하거나 합성하기

이번에는 일러스트레이터의 그레이디언트 툴을 활용하여 풍선을 만들어 봅시다. 이는 패턴 비중이 높기 때문에 독특한 개성과 표현으로 디자인되어 나타내야 합니다. 이번 예제에서는 우리가 주변에서 흔히 볼 수 있는 벽지 용품에 들어갈 심플한 벽지를 디자인해봅시다. 이번 작업을 마친 후에는 여러분들만의 개성이 넘치는 벽지 디자인을 제작해보세요.

예제 파일 Sample\Theme02\실무테크닉\실내.png, 풍선벽지.ai
완성 파일 Sample\Theme02\실무테크닉\실내-완성.jpg

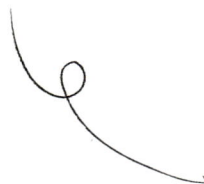

- 스케치업에서 작업한 3D 모델링을 렌더링한 후 이미지 파일로 저장합니다.
- 실내 공간 중 벽면에 일러스트레이터로 작업한 이미지를 배치합니다.
- [그라데이션] 툴을 이용해 풍선을 드로잉합니다.
- 패스파인더 팔레트를 이용해 구름을 드로잉합니다.
- 패스 툴을 그린 후 [문자] 툴을 이용해 곡선 문자를 입력합니다.

실무 테크닉 02 크레디트 카드 디자인하기

이번에는 일러스트레이터의 브러시 툴과 펜 툴을 활용하여 크레디트 카드를 디자인합니다. 크레디트 카드 디자인은 최근에 가장 각광을 받고 있는 분야로, 독특한 개성과 표현으로 디자인되어 나타내야 합니다. 이번 예제에서는 우리가 주변에서 흔히 볼 수 있는 크레디트 카드에 들어갈 디자인을 작업해봅시다.

예제 파일 Sample\Theme02\실무테크닉\소스.ai, 카드-셋팅.psd
완성 파일 Sample\Theme02\실무테크닉\카드.ai, 카드[1].ai, 카드-포토.psd, 카드-포토[2].jpg

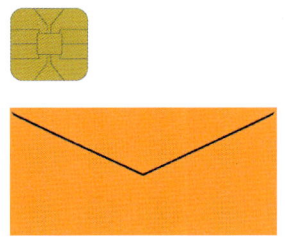

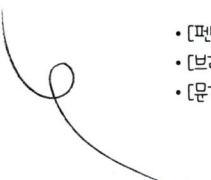

- [펜] 툴을 이용해 부드러운 곡선을 가진 사람 옆 모습을 드로잉합니다.
- [브러시] 툴을 이용해 포인트가 되는 나무를 작업합니다.
- [문자] 툴을 이용해 문자를 입력합니다.

Lesson 04 _ 커피 광고 간판 소개하기 **181**

184 캐릭터 컬러링하기

196 패키지 디자인 만들기

208 블렌드 툴을 이용한 BI 디자인하기

223 렌더링 이미지 만들기

THEME 03

디자인 실무 따라하기

이 테마에서는 일러스트레이터를 활용한 기법과 테크닉을 중점적으로 다룹니다. 따라서 기본 실력이 없다면 어렵게 느껴질 것입니다. 그러므로 사전에 기초 지식을 충분히 습득해두어야 합니다. 일러스트레이터는 주로 마크와 문양 등을 제작하는 데 사용하지만, 경우에 따라서는 실제와 같은 사실감을 표현할 때도 자주 사용합니다. 3D 렌더링 효과뿐만 아니라 정밀 일러스트레이터와 같이 실사 표현을 하는 데에도 매우 뛰어난 기능을 발휘합니다. 실무 디자인에 다양한 예제를 따라하면서 일러스트레이터의 무한한 가능성을 느껴보시기 바랍니다.

01 캐릭터 컬러링하기

이번 레슨에서는 컬러링 작업을 이용하여 라인으로 구성된 기본 캐릭터에 색상을 입혀보겠습니다. 입체적인 컬러링 효과를 위해 세밀한 펜 툴 작업으로 색상을 입힐 도형을 만들고, 색상을 적용해 캐릭터를 완성시키는 작업입니다. 일러스트레이터에서의 펜 툴의 역할은 아무리 강조해도 지나치지 않습니다. 이번 작업을 통해 펜 툴을 섬세히 다룰 수 있도록 반복 학습하시기 바랍니다.

 [Layers] 팔레트 알아보기

▪▪ 레이어(Layer)란?

이미지를 그릴 수 있는 투명한 셀로판 종이라고 생각하면 됩니다. 레이어(Layer)를 하나하나 추가할 때마다 눈에 보이지 않는 투명한 종이가 추가되는 것입니다. 즉, 레이어는 하나의 이미지 위에 다른 이미지들이 층을 이루고 있는 것을 말합니다. 층을 이룬다는 것은 하나의 전체 이미지를 구성하는 요소들이 각각 다른 레이어에 위치하고 있어 수정이나 이동, 삭제할 때 원하는 레이어에서만 작업할 수 있다는 것을 의미합니다.

▪▪ [Layers] 팔레트의 구조

● 예제 파일
Sample\Theme03\Lesson01
\layer.ai

메뉴의 [Window-Layer]를 클릭하면 화면에 [Layers] 팔레트가 나타납니다.

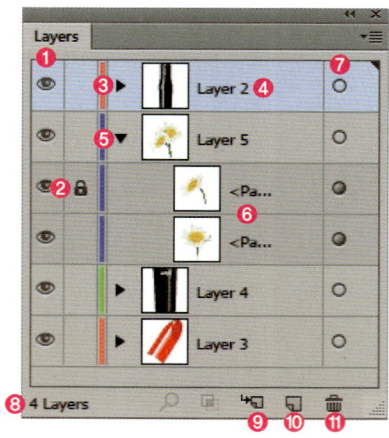

❶ Layer 이미지를 나타내거나 숨기는 기능입니다.
❷ Layer를 잠그는 기능으로, 클릭하여 모양이 나타나면 레이어의 도형이 잠긴 상태가 되어 편집할 수 없습니다.

❸ Layer에 속해 있는 하위 레이어를 숨기거나 나타나게 합니다.
❹ 부모 격이 되는 페어런트 레이어(Parent Layer)로, 가장 큰 범위의 레이어를 말합니다.
❺ 페어런트 레이어에 속한 하위 레이어를 말합니다.
❻ 패스로 이루어진 도형을 말하며, 패스는 레이어 또는 그룹 항목에 포함됩니다.
❼ Appearance를 편집하고자 할 때 사용합니다.
❽ [Layers] 팔레트에서 사용되고 있는 레이어 색상과 현재 선택된 레이어를 표시합니다.
❾ 선택되어 있는 레이어의 하부 레이어를 표시합니다.
❿ 선택되어 있는 레이어 위에 새로운 레이어를 만듭니다.
⓫ 선택되어 있는 레이어를 삭제합니다.

레이어의 기본적인 사용 방법

- 문서를 만들면 자동으로 [Layers] 팔레트에 [Layer 1]이 생깁니다. [Layer 1]에 도형을 드로잉합니다.

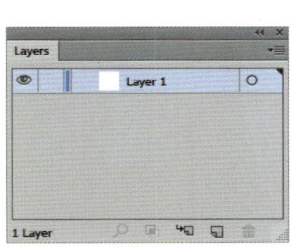  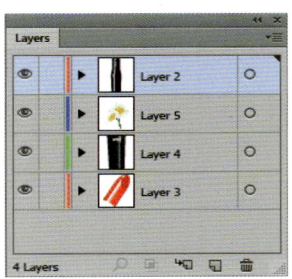

- [Layer 1]의 왼쪽 팝업 메뉴(▶) 버튼을 클릭하면 각각의 도형으로 나누어진 하위 레이어가 나타납니다.

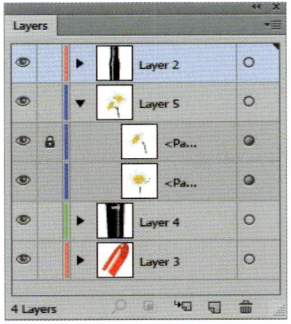

Layer 팝업 메뉴
Layer 팔레트의 팝업 메뉴(▶)의 Hide Others를 이용하면 선택된 Layer를 제외한 다른 Layer를 모두 숨길 수 있습니다. 다시 모든 Layer를 보이게 하려면 [Show all Layers]를 선택하면 됩니다.

- [Layers] 팔레트에서 원하는 Layer의 오른쪽에 있는 원(○)을 클릭합니다.

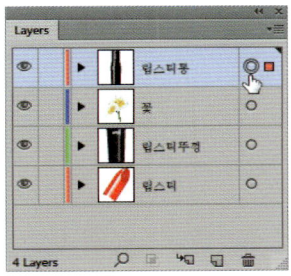 

Lesson 01 _ 캐릭터 컬러링하기   185

Layer 이름 변경 및 합치기

- 'Layer 2' 레이어의 이름을 변경하기 위해 'Layer 2' 레이어를 더블클릭합니다. [Layer Option] 대화상자에서 '립스틱통'이라는 레이어 이름으로 변경합니다.

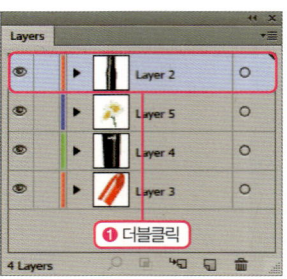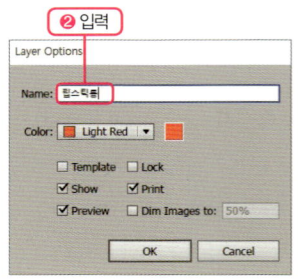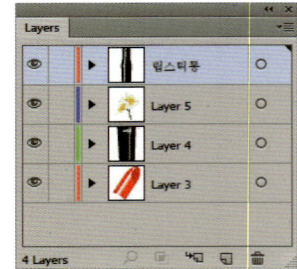

○ 새 레이어 삽입
'Layer 2' 레이어를 선택한 후 Layer 팔레트의 팝업 버튼(≡)의 [New Layer]를 선택합니다.

- 립스틱통과 립스틱뚜껑의 Layer를 합치기 위해 '립스틱통' 레이어를 선택한 후 Ctrl을 누른 상태로 '립스틱뚜껑' 레이어를 선택합니다. 그런 다음 레이어 팔레트의 팝업 버튼(≡)에서 [Merge Selected]를 선택하면 선택된 두 개의 레이어가 하나의 레이어로 합쳐집니다.

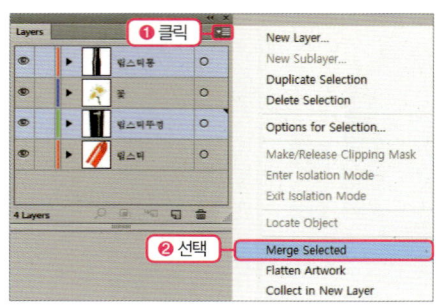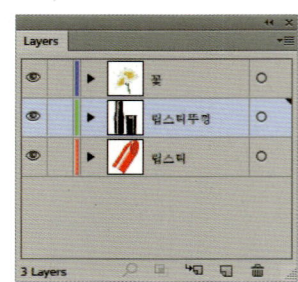

레이어 합치기
- 여러 개의 레이어를 합치려면 팝업 메뉴의 [Merge Selected] 또는 [Flatten Artwork] 명령을 사용합니다.
- 모든 레이어를 하나로 합치려면 팝업 메뉴에서 [Flatten Artwork]를 선택합니다.

Layer 숨기고 나타내기

레이어가 많을 때 작업에 필요 없는 레이어는 잠시 숨겨 놓으면 작업하기에 편리합니다.

- '립스틱뚜껑' 레이어를 선택한 후 눈 아이콘(👁)을 클릭하면 선택한 레이어에 그려진 도형이 화면에서 사라집니다. 숨겨진 '립스틱뚜껑' 레이어를 다시 나타내려면 없어진 눈 아이콘(👁) 부분을 클릭하면 됩니다.

○ 레이어 숨기기, 보이기
Layer 팔레트의 팝업 버튼(≡)의 [Hide Others]를 이용하면 선택된 Layer를 제외한 다른 Layer를 모두 숨길 수 있습니다. 다시 모든 Layer를 보이게 하려면 [Show all Layers]를 선택합니다.

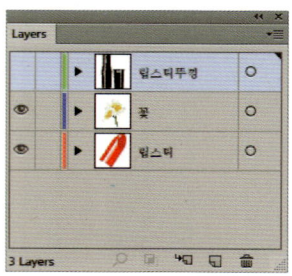

:: Layer 복사하고 삭제하기

- '립스틱뚜껑' 레이어를 선택해 [Create New Layer] 아이콘(□)으로 드래그하여 레이어를 복사한 후 복사한 레이어를 선택하고 오브젝트의 색상을 변경합니다.

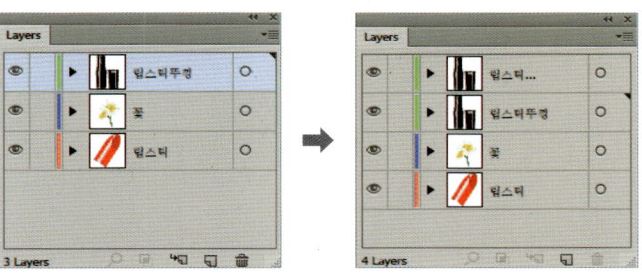

○ 레이어 복사
Layer를 선택한 후 팝업 메뉴(▶)의 Duplicate Layer를 선택해도 Layer가 복사됩니다.

- 필요 없는 레이어를 삭제하기 위해 [Layer 3]을 선택한 후 [Delete Layer] 아이콘(🗑)으로 드래그하면 [Layer 3]이 삭제되고 같은 방법으로 [Layer 1]도 삭제합니다.

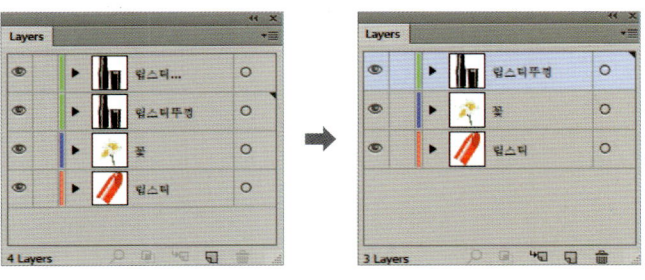

○ 레이어 삭제
Layer를 선택한 후 팝업 메뉴(▶)의 [Delete Layer]를 선택하여 Layer를 삭제해도 됩니다.

01
마녀 캐릭터 컬러링하기

예제 파일 Sample\Theme03\Lesson01\마녀.ai
완성 파일 Sample\Theme03\Lesson01\마녀-완성.ai, 마녀-배경.ai

키 워 드 드로잉 작업, 레이어 기능, 펜 툴 활용, Color 팔레트 활용법
길라잡이 이번에는 컬러링 작업으로 라인으로 구성된 기본 캐릭터에 색상을 입혀보겠습니다. 입체적인 컬러링 효과를 위해 세밀한 곡선 펜 툴( ) 작업으로 색상을 입힐 도형을 만들고 색상을 적용해 캐릭터를 완성시키는 작업입니다.

STEP 01 새로운 레이어 생성하기

01 **01** 새로운 화면을 메뉴의 [File-Open]을 실행하여 연 후 컬러링 작업을 할 밑그림 도형을 불러옵니다.

○ 예제 파일
Sample\Theme03\Lesson01\마녀.ai

02 **02** [Layer] 팔레트에서 [Create New Layer] 아이콘( )을 클릭하여 새로운 레이어를 만들고, 이 레이어의 이름을 '채색'으로 변경합니다. **03** 그리고 작업을 위해 돋보기 툴( )로 도형의 얼굴 부분을 드래그하여 확대시킵니다.

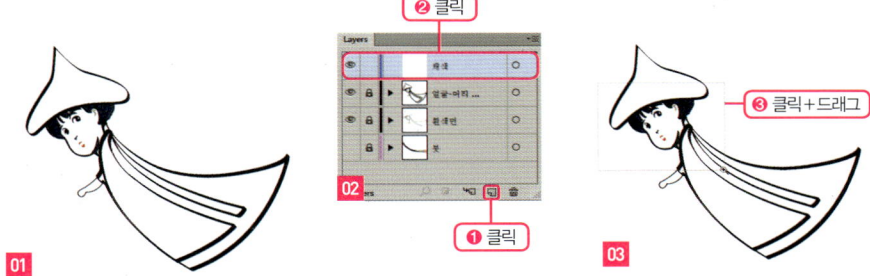

도형 확대 및 축소
일러스트레이터 곡선의 세밀한 곡선 펜 툴( ) 작업을 진행할 때에는 실제 크기로 작업하는 것보다 200% 이상으로 도형을 확대하여 작업하는 것이 바람직합니다. 일러스트레이터 프로그램은 벡터 방식이기 때문에 도형을 확대, 축소해도 손상 없이 깨끗한 결과물을 만들어 낼 수 있습니다.

STEP 02 얼굴, 손, 발 부분에 패스 작업 및 색상 적용하기

01 **01** 곡선 펜 툴( )을 이용해 캐릭터 도형의 얼굴 라인을 따라 패스를 만들어 갑니다. 이때는 패스가 라인 안쪽에 포함되도록 조절하고, 패스가 완성되었다면 **02** 면 색상을 'C: 2', 'M: 8', 'Y: 7'로 적용하고, 선 색상을 'None( )'으로 적용합니다.

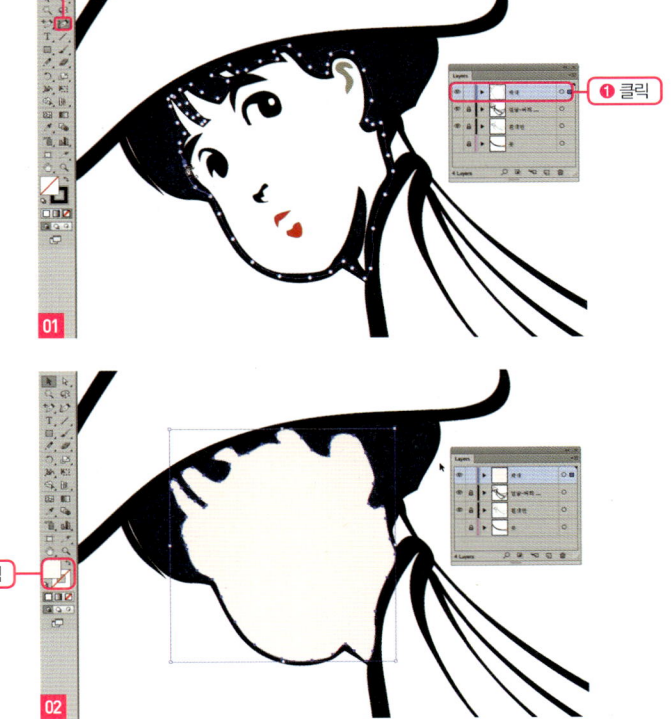

02 얼굴 부분이 살색으로 채색될 것입니다. 하지만 눈, 코, 입이 채색 때문에 가려져 보이지 않습니다. [Layer] 팔레트에서 '채색' 레이어를 드래그하여 '얼굴-머리' 레이어 아래로 이동시킵니다. 같은 방법으로 같은 살색을 팔, 손 부분도 곡선 펜 툴(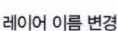)을 이용하여 도형을 만들고 스포이트 툴( )로 얼굴 도형을 클릭하여 동일한 색상을 적용합니다.

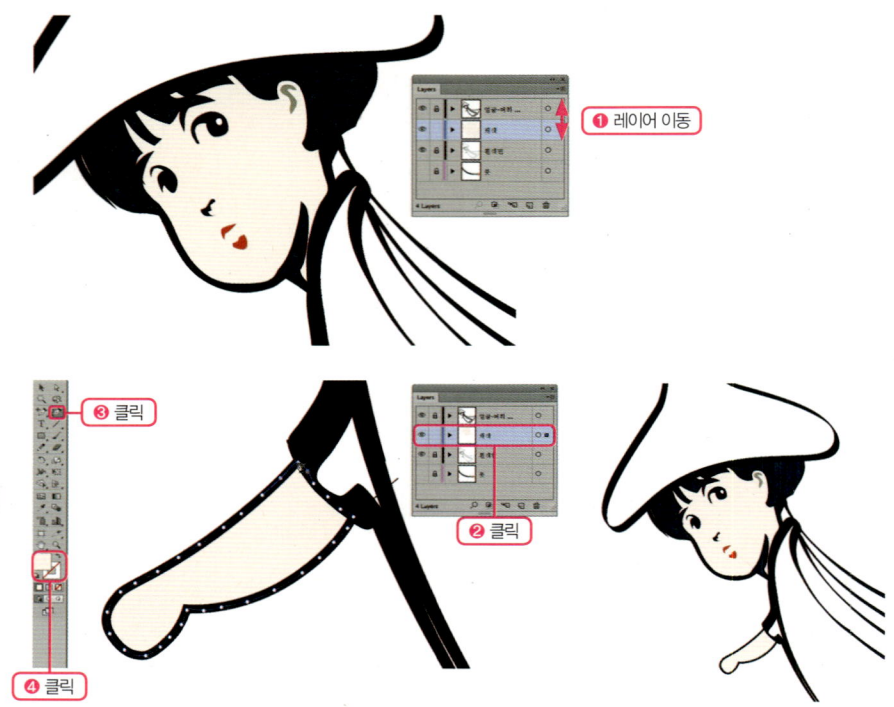

TIP

레이어 이름 변경
매우 복잡한 도형을 여러 개 만들어야 할 경우에는 각 부분별로 레이어를 만들어 사용하는 것이 효과적입니다. 이때는 레이어의 이름도 알기 쉽도록 변경하여 사용하면 됩니다.

STEP 03 옷에 패스 작업 및 색상 적용하기

01 옷 부분을 곡선 펜 툴( )로 그립니다. 얼굴 도형을 만드는 방법과 동일하게 옷 부분의 외곽 라인을 따라 하나의 패스로 만듭니다. 패스가 완성되었다면 면 색상을 'C: 56', 'M: 14', 'Y: 15'으로 적용하고, 선 색상을 'None( )'으로 적용합니다.

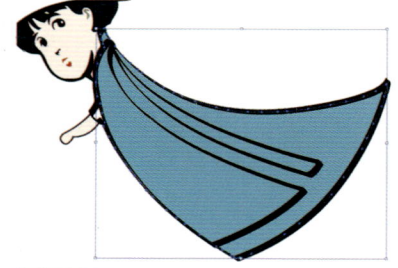

02 [Layer] 팔레트에서 [Create New Layer] 아이콘( )을 클릭하여 새로운 레이어를 만들고, '채색' 레이어는 잠궈 놓습니다. 이제 겹쳐진 옷 부분도 곡선 펜 툴( )로 패스 작업을 완료한 후 면 색상을 'C: 6', 'M: 12', 'Y: 63'으로 적용하고, 선 색상을 'None( )'으로 적용합니다.

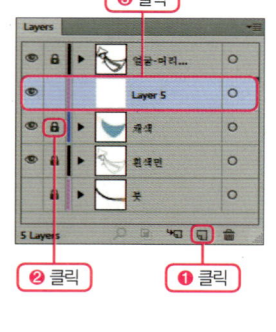
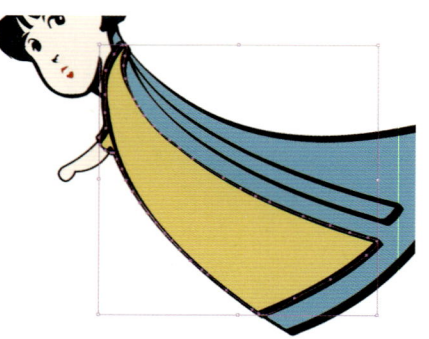

03 다시 한 번 겹쳐진 옷 부분도 곡선 펜 툴( )로 패스 작업을 완료한 후 면 색상을 'M: 10', 'Y: 100'으로 적용하고, 선 색상을 'None( )'으로 적용합니다.

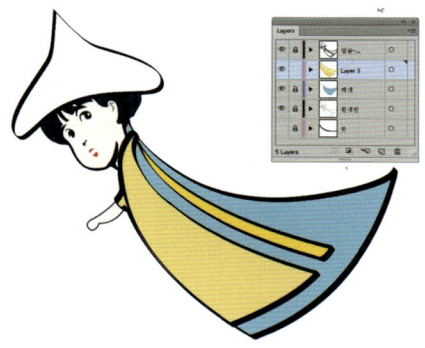

04 모자 부분을 만들어 봅시다. 마찬가지로 곡선 펜 툴( )로 패스 작업을 완료한 후 면 색상을 'C: 46', 'M: 74', 'Y: 5'로 적용하고, 선 색상을 'None( )'으로 적용합니다. 이렇게 해서 캐릭터의 기본 컬러링 작업이 완료되었습니다.

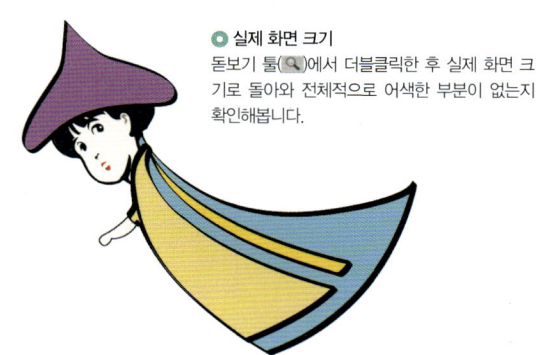

● 실제 화면 크기
돋보기 툴( )에서 더블클릭한 후 실제 화면 크기로 돌아와 전체적으로 어색한 부분이 없는지 확인해봅니다.

STEP 04 새로운 레이어 추가 및 캐릭터에 음영 작업하기

01 [Layer] 팔레트에서 [Create New Layer] 아이콘( )을 클릭하여 새로운 레이어를 만들고, 이 레이어의 이름을 '음영'으로 변경합니다. 그런 다음 'Layer 5' 레이어를 잠궈 놓습니다.

02 이 작업은 색상의 음영 차이를 이용하여 입체감을 더욱 높이는 것입니다. 얼굴의 오른쪽 면에 자연스러운 음영이 생기도록 곡선 펜 툴( )로 드로잉합니다. 패스가 연결되었다면 이 도형의 면 색상으로 'C: 11', 'M: 19', 'Y: 18'을 적용하고, 선 색상으로 'None( )'을 적용해 얼굴에 그림자가 비친 효과를 만듭니다.

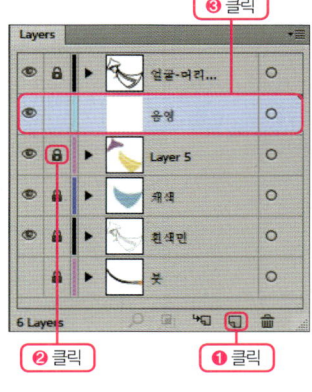

Lesson 01 _ 캐릭터 컬러링하기 191

03 손, 팔 부분도 음영 라인을 드로잉하여 같은 면 색상을 적용합니다.

04 모자 부분에도 음영을 추가해보겠습니다. 곡선 펜 툴( )로 모자 라인을 그림과 같이 만든 후 면 색상으로 'C: 64', 'M: 88', 'Y: 25'를 적용하고, 선 색상으로 None( )을 적용합니다.

05 같은 방법으로 그림처럼 파란색 옷 부분에 그림자가 생길 부분을 드로잉한 후 면 색상으로 'C: 76', 'M: 47', 'Y: 42'를 적용하고 선 색상으로 'None( )'을 적용합니다.

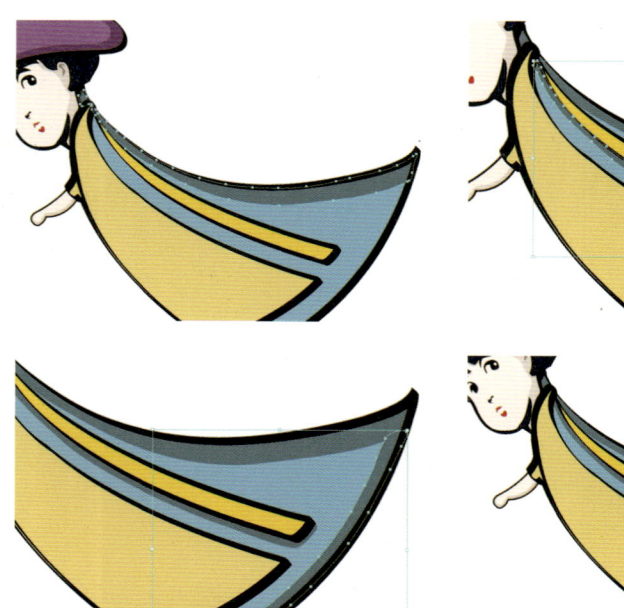

06 같은 방법으로 그림처럼 노란색 옷 부분에 그림자가 생길 부분을 드로잉한 후 면 색상으로 'C: 11', 'M: 26', 'Y: 89'를 적용하고 선 색상으로 'None(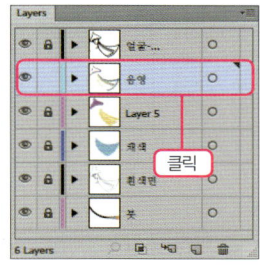)'을 적용합니다.

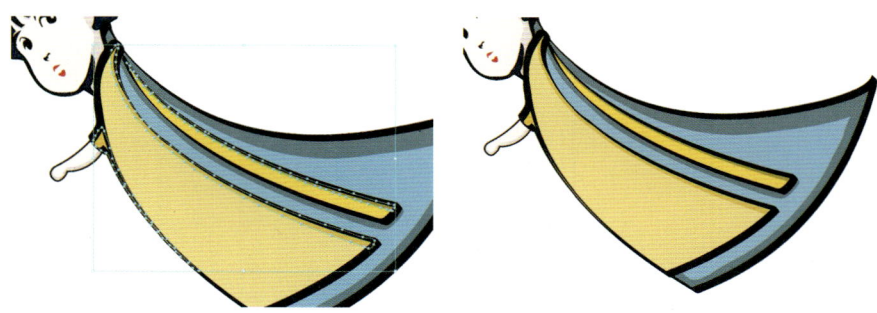

07 [Layer] 팔레트에서 숨긴 '붓' 레이어를 화면에 다시 보이도록 체크합니다. 그러면 완성된 캐릭터를 확인할 수 있습니다. 그런 다음 지금까지 작업한 캐릭터를 Ctrl+S를 눌러 저장합니다.

● 예제 파일
Sample\Theme03\Lesson01\마녀-완성.ai

STEP 05 일러스트 파일 삽입하기

01 메뉴의 [File-Open]을 실행하거나 단축키 Ctrl+O를 눌러 [Open] 대화상자를 엽니다. 이번 작업에 필요한 배경 파일을 불러옵니다. [Layer] 팔레트에서 [Create New Layer] 아이콘(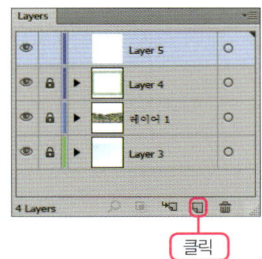)을 클릭하여 새로운 레이어를 생성합니다.

● 예제 파일
Sample\Theme03\Lesson01\배경.ai

02 앞번에서 저장한 캐릭터를 삽입하기 위해 메뉴의 [File-Place]을 선택합니다. [Place] 대화상자가 나타나면 삽입할 일러스트 파일을 불러옵니다.

◎ 예제 파일
Sample\Theme03\Lesson01\마녀-완성.ai

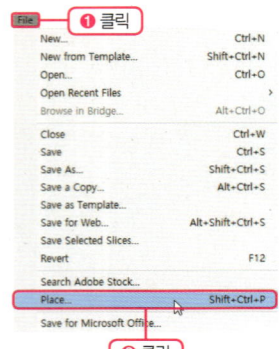
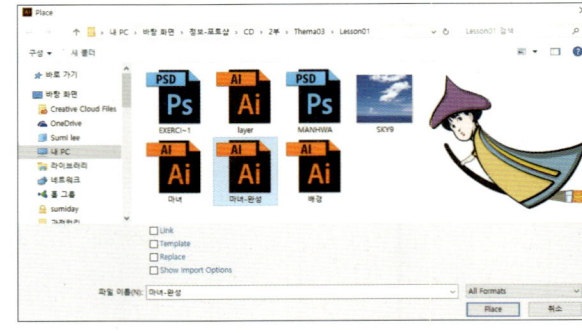

[Open]과 [Place] 명령 차이점
[Open] 명령과 [Place] 명령은 모두 이미지 파일을 불러올 수 있습니다.
- Open: 독립적인 화면으로 불러오는 것
- Place: 현재의 화면으로 이미지를 불러와 삽입하는 것

03 편집 툴들을 이용해 캐릭터의 크기 조절, 이동하여 그림처럼 배치합니다.

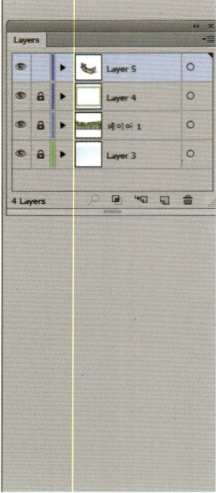

레이어(Layer)의 또 다른 부분 이해하기

일러스트레이터에서 레이어(Layer)는 절대적으로 사용해야 하는 팔레트가 아닙니다. '배열(Arrange)'이라는 기능을 가지고 있기 때문에 단순한 작업을 할 때는 오히려 번거로울 수 있습니다.

1 [Layer Options] 대화상자 알아보기

레이어를 더블클릭하면 옵션을 설정할 수 있는 대화상자가 나타납니다. [Layer Option] 대화상자가 나타나면 Name란에 원하는 이름을 입력한 후 [Color] 항목의 색상 아이콘을 더블클릭하여 원하는 색상을 선택하고 [OK] 버튼을 클릭하면 [Layer 3]의 이름이 변경된 것을 확인할 수 있습니다. 작업을 할 때 레이어 이름을 알기 쉬운 이름으로 표시해두면 편리합니다.

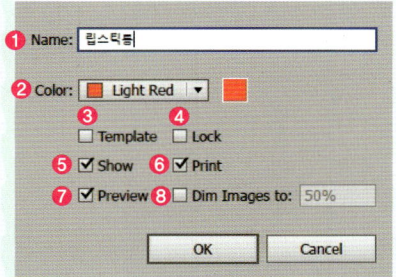

❶ **Name** 레이어의 이름을 입력합니다.
❷ **Color** 레이어의 도형이 선택되었을 때의 바운딩 박스와 에지(Edge)의 색상을 지정합니다.
❸ **Template** 템플릿 레이어로 지정합니다.
❹ **Lock** 레이어를 잠궈 명령을 적용하지 못하도록 합니다.
❺ **Show** 레이어에 그려진 도형을 화면에서 보이거나 숨깁니다.
❻ **Print** 체크하면 레이어에 속한 도형을 출력할 수 있습니다.
❼ **Preview** 체크하지 않으면 레이어의 도형이 선으로만 보입니다.
❽ **Dim Images to** 레이어에 속해 있는 비트맵 이미지의 선명도를 조절합니다.

2 [Layer] 팔레트에서 선택된 레이어는 파란색으로 표시됩니다. 여러 개의 레이어를 선택할 때 Shift를 누르면 처음 선택한 레이어와 나중에 선택한 레이어 사이에 있는 모든 레이어를 선택해주며 Ctrl을 누른 상태로 선택하면 선택한 레이어만 추가되면서 선택됩니다.

3 새로운 레이어를 만들면 이름이 Layer1, 2, 3..과 같은 형식으로 나타나고, 레이어를 복사하면 '원본 Layer copy'라는 이름이 붙게 됩니다.

4 하나의 레이어를 제외한 모든 레이어를 숨기려면 Alt를 누른 채 해당 레이어의 눈 아이콘을 클릭하면 됩니다. [Layer] 팔레트 팝업 메뉴의 Hide Others와 같은 기능입니다.

5 여러 개의 레이어에 같은 옵션을 설정하기 위해서는 [Layer] 팔레트에서 모든 레이어를 선택한 후 더블클릭하면 나타나는 [Layer Option] 대화상자에서 원하는 옵션을 설정합니다.

LESSON 02 패키지 디자인 만들기

일러스트레이터의 기본 요소는 패턴입니다. 패턴은 문양이나 기호 등이 일정한 규칙에 의해 반복되는 것을 말합니다. 이번 레슨에서는 패키지 디자인에 대한 이해와 패턴 제작 방법을 숙지하시기 바랍니다.

핵심기능 ▶ 패턴 등록 및 활용하기

일러스트레이터에서는 매우 간단한 방법으로 패턴을 제작하여 적용할 수 있습니다. 이와 더불어 제작되는 패턴은 벡터 형식으로 제작되기 때문에 단순히 보고서나 시안 작업에서만 이용할 수 있는 것이 아니라 실제로 1:1 스케일로 필름이나 시트지에 인쇄하여 활용할 수 있습니다.

:: 패턴 제작하기

● 예제 파일
Sample\Theme03\Lesson02
\패턴.ai

01 메뉴의 [File-Open] 명령을 이용하여 준비된 파일을 불러옵니다.

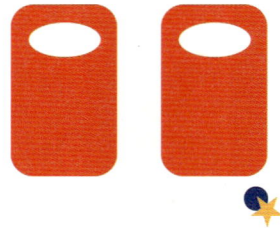

02 패턴으로 등록하기 위해 메뉴의 [Window-Swatches]을 선택하여 스와치 팔레트를 보이도록 설정합니다. 선택 툴( )을 이용해 불러온 패턴을 선택하여 스와치 팔레트로 드래그합니다.

03 선택 툴(▶)로 패턴을 적용해 줄 두 개의 사각형 개체를 선택한 후 다음 그림과 같이 등록된 패턴을 적용시켜줍니다.

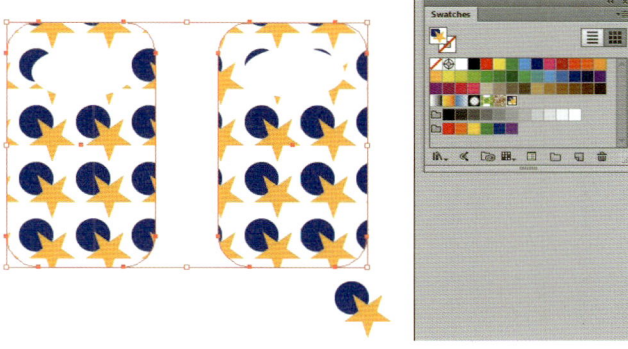

04 이번에는 패턴이 적용된 두 개의 개체 중에서 하나를 선택한 후, 회전 툴(↻)을 선택하여 더블클릭합니다. [Rotate] 대화상자에서 Angle 값에 25도를 입력해줍니다. 이와 더불어 중요한 것은 옵션에서 Patterns 옵션값만을 설정해주는 것입니다. 결과를 살펴보면 선택한 개체가 회전되는 것이 아니라 적용되어 있는 패턴만 회전되는 것을 볼 수 있습니다.

05 두 번째 개체를 선택한 후 스케일 툴(⬚)을 선택하여 더블클릭합니다. [Scale] 대화상자에서 스케일 값을 '50%'로 설정하고, 옵션에서 [Patterns] 옵션만을 설정해줍니다. 결과를 확인해보면 다음 그림과 같이 적용되어 있는 개체의 크기는 변화가 없고, 패턴의 스케일만 지정한 스케일로 변경되는 것을 알 수 있습니다.

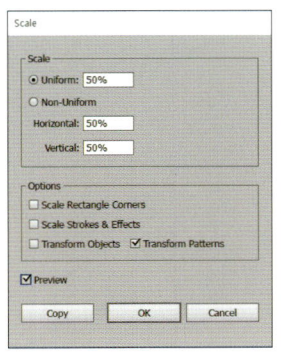  

[Swatches] 팔레트

색상, 그레이던트, 패턴 등을 등록시켜 놓고 도형에 쉽게 적용할 수 있는 팔레트입니다. 도형을 선택 툴(▶)로 선택하고 스와치 팔레트에 등록되어 있는 색상이나 패턴, 그레이던트 등을 클릭하면 됩니다.

새로운 색상 추가하기

지정한 색상을 클릭해 위에 놓이게 한 상태에서 스와치 팔레트에 있는 🔲 버튼을 클릭해도 색상이 추가됩니다.

 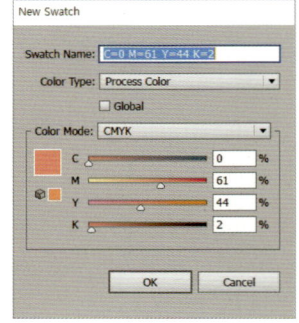 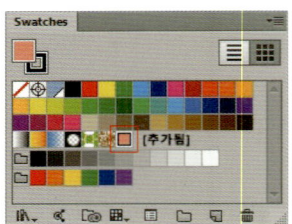

불필요한 색상 삭제하기

색상을 삭제할 때는 색상을 클릭한 후 🗑 버튼으로 드래그하거나 클릭하면 됩니다.

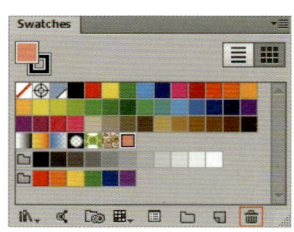 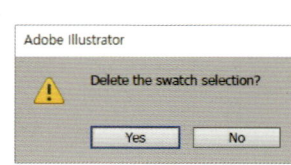 

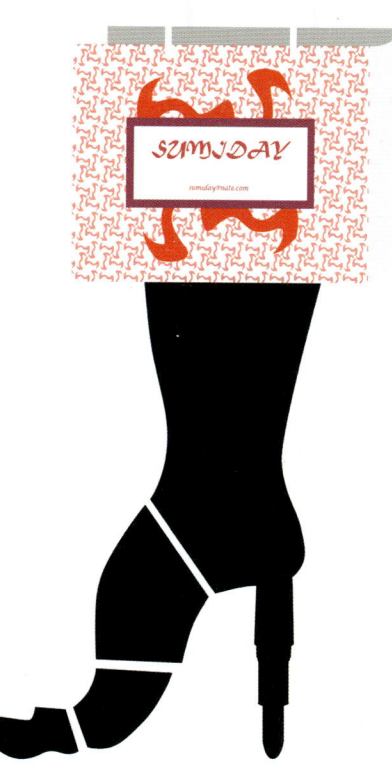
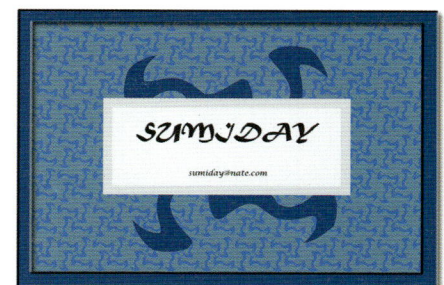

 기능 실습

쇼핑백 만들기

01

예제 파일 Sample\Theme03\Lesson02\쇼핑백.ai
완성 파일 Sample\Theme03\Lesson02\쇼핑백-완성.ai

키 워 드 회전 툴, Divide, Twist Effect, 문자 툴, 패턴의 등록과 활용법
길라잡이 이번에는 문양이 연속적으로 반복되는 패턴 기능을 이용하여 'sumiday' 쇼핑백 패키지(Package) 디자인을 만들어 봅니다.

Lesson 02 _ 패키지 디자인 만들기 **199**

STEP 01 패턴 모양 제작하기

01 메뉴의 [File-Open]을 클릭하여 밑바탕의 빈 공간 파일을 불러옵니다. 특정한 문자를 가지고 일정한 문양을 만들어 패턴을 만들어 봅니다. 문자 툴(T)로 고딕 계열의 서체를 선택하고, 문자의 크기는 200pt 정도로 'S'를 입력합니다.

02 메뉴의 [Type-Create Outlines]를 실행하여 문자를 도형으로 변경합니다.

◉ 예제 파일
Sample\Theme03\Lesson02\쇼핑백.ai

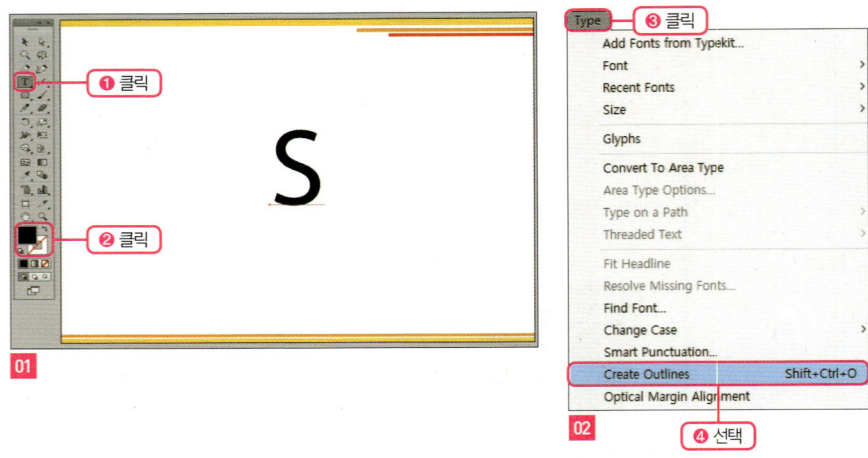

03 문자 도형에 Effect를 적용하여 소용돌이 형태의 도형으로 변형시켜 봅니다. 메뉴의 [Effect-Distort & Transform-Twist]를 선택합니다. 대화상자에 '180'을 입력하여 중심점을 기준으로 180도만큼 회전시킨 소용돌이 형태의 도형으로 변형시킵니다. 도형의 형태가 소용돌이 모양으로 변형되었습니다. 이 도형의 면 색상에 'C: 85', 'M: 50'을 적용합니다.

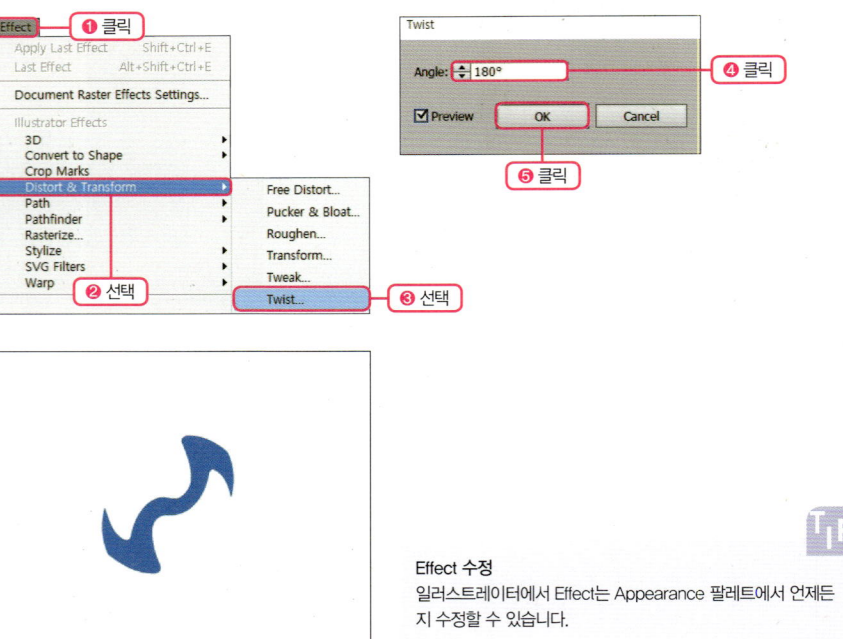

TIP

Effect 수정
일러스트레이터에서 Effect는 Appearance 팔레트에서 언제든지 수정할 수 있습니다.

STEP 02 | 패턴 제작 및 등록하기

01 도형을 선택하고 회전 툴( )을 선택한 후, Alt 를 누른 채 회전의 기준축이 될 중심점을 클릭하면 [Rotate] 대화상자가 나타납니다. [Rotate] 대화상자에 회전 각도에 '90'을 입력하고 [Copy] 버튼을 클릭하여 도형을 90도만큼 회전 복사합니다.

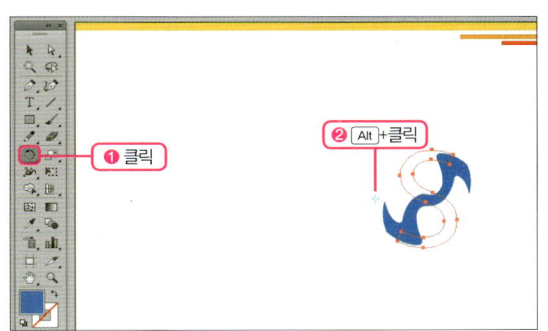
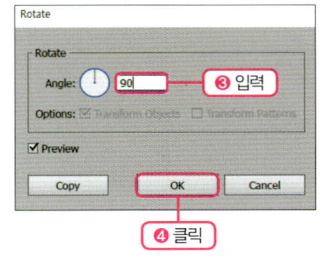

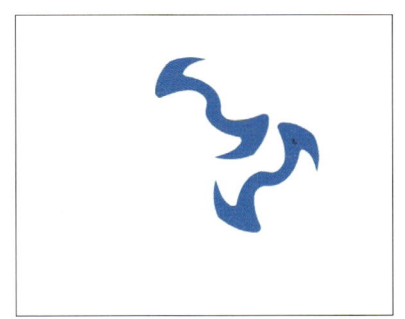

02 Ctrl + D 를 반복하여 기본 패턴 모양을 완성시킵니다. 그런 다음 선택 툴( )을 이용해 패턴 모양을 모두 선택합니다.

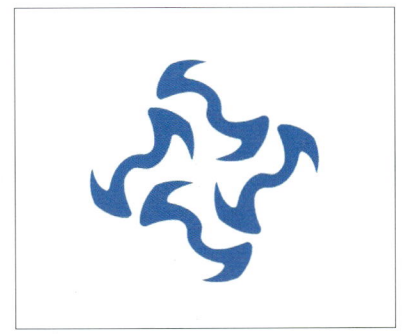

03 작업된 도형들을 선택 툴( )로 모두 선택하고 바운딩 박스의 조절점을 Shift 를 누르고 회전시켜 그림처럼 회전된 도형을 만듭니다.

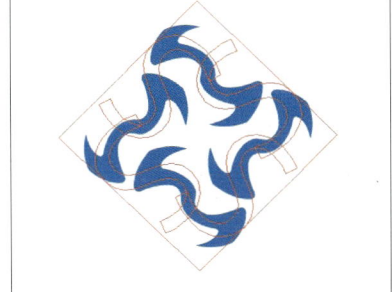
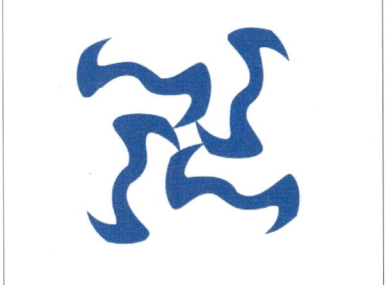

TIP

세밀한 회전 방법
도형 툴로 드로잉할 때 Alt 를 누르면 도형의 중심을 기준으로 커지는 도형을 드로잉할 수 있습니다. 여기에 Shift 를 같이 누르고 드로잉하면 정원과 정사각형의 형태를 쉽게 만들 수 있습니다.

04 작업한 패턴 모양을 [Swatches] 팔레트에 패턴으로 등록하기 위해 [Swatches] 팔레트가 작업 화면에 없다면 메뉴의 [Window-Swatches]를 실행하여 팔레트를 엽니다. 작업된 도형을 [Swatches] 팔레트의 빈 영역에 드래그합니다. [Swatches] 팔레트에 새로운 패턴으로 등록됩니다.

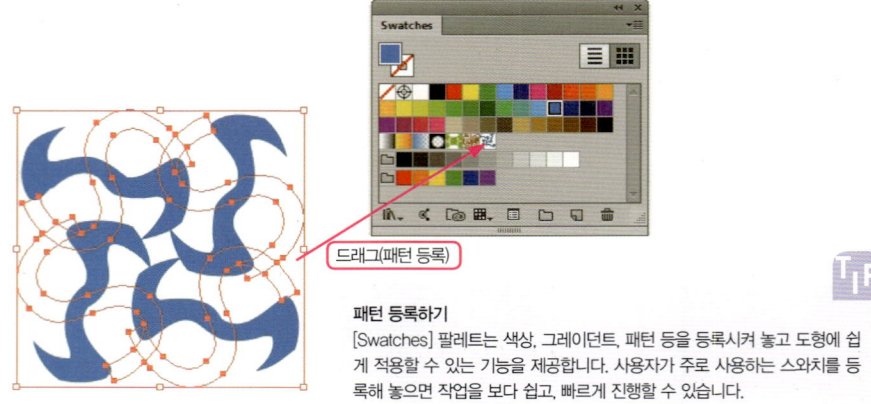

TIP

패턴 등록하기

[Swatches] 팔레트는 색상, 그레이던트, 패턴 등을 등록시켜 놓고 도형에 쉽게 적용할 수 있는 기능을 제공합니다. 사용자가 주로 사용하는 스와치를 등록해 놓으면 작업을 보다 쉽고, 빠르게 진행할 수 있습니다.

STEP 03 쇼핑백 작업하기

01 사각형 툴(□)을 선택하고 작업 화면에 클릭하면 [Rectangle] 대화상자가 나타납니다. 가로 길이가 '180mm', 세로 길이가 '120mm'인 직사각형 만듭니다. 이 사각형에 면 색상이 'C: 70', 'M: 35'를 적용하고, 선의 색상은 'None'을 적용합니다.

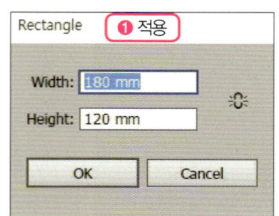

02 앞에서 작업한 직사각형 도형을 클릭한 후 01 메뉴의 [Edit-Copy]를 선택하고 02 메뉴의 [Edit-Paste in Place]를 선택하면 복사한 직사각형 도형 앞에 바로 붙여 넣기가 됩니다. 03 복사한 직사각형을 선택하고 [Swatches] 팔레트에서 앞에 등록된 패턴을 클릭합니다. 하지만 패턴의 문양이 너무 크게 적용되어 반복적인 패턴의 느낌이 잘 나타나지 않습니다.

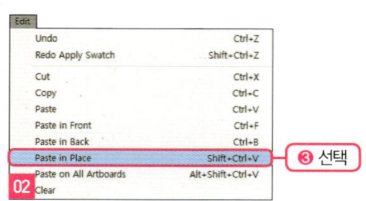

03 패턴 무늬의 크기를 조절하기 위해 패턴을 선택하고 스케일 툴( )을 더블 클릭하여 대화상자를 엽니다. 이 대화상자의 Options에 [Transform Patterns] 항목만 체크합니다. 그런 다음 그림처럼 적당한 패턴의 문양이 나오도록 크기를 조절합니다.

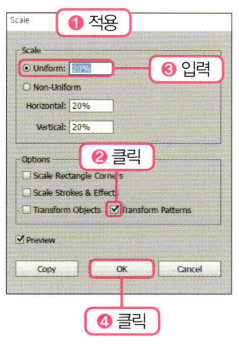
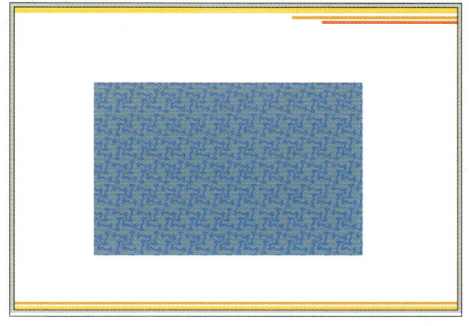

04 01 [Swatches] 팔레트에 등록된 패턴을 작업 화면으로 드래그합니다. 그러면 등록된 패턴 도형이 작업 화면에 삽입됩니다. 02 이 도형의 블렌드 모드를 적용하기 위해 [Transparency] 팔레트에서 도형에 'Multiply' 블렌드를 적용하여 자연스러운 합성 효과를 연출해냅니다.

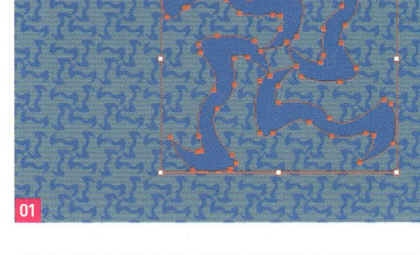
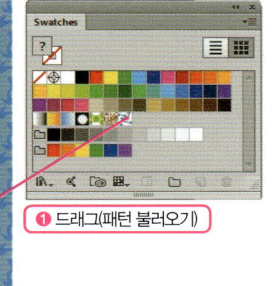

등록한 패턴 화면으로 이동
[Swatches] 팔레트에 등록된 패턴을 작업 화면의 빈 여백에 드래그해야 합니다. 이 패턴이 다른 도형에 드래그 앤 드롭되었다면 처음 상태의 패턴이 적용됩니다.

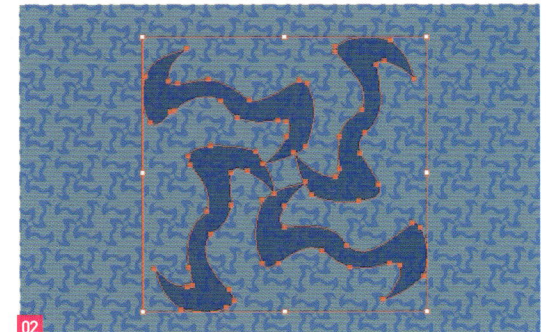
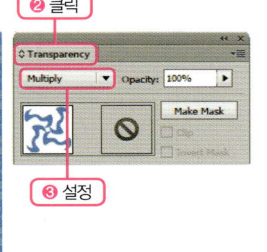

05 자연스러운 포장지가 완성되었습니다. 이 포장지 위에 상표를 만들어 브랜드의 이미지를 만들기 위해 사각형 툴( )로 면 색상에 'K: 20'을 적용하고, 선 색상에 'None'을 적용하여 직사각형을 드로잉합니다.

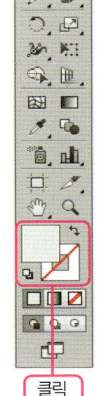

패턴 색상 변경
패턴이 적용된 도형에는 Fill 컬러를 적용할 수 없습니다. 만약 패턴의 색상을 바꾸려면 등록된 패턴 자체를 수정해야 합니다.

06 이 도형 위에 01 면 색상에 'K: 10'을 적용하고, 선 색상은 'None'을 적용하여 직사각형을 드로잉합니다. 도형을 축소 복사하여 컬러를 적용해도 됩니다. 02 문자 요소를 삽입하여 상표를 완성시켜봅니다. 'SUMIDAY', 'sumiday@nate.com'라는 문구를 입력한 후 크기를 조정합니다.

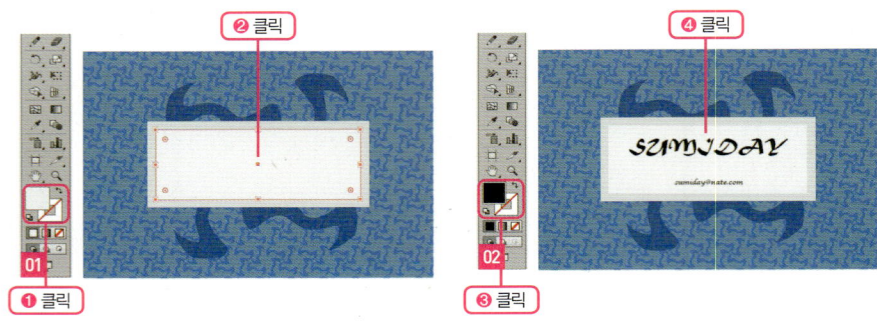

07 쇼핑백의 기본 문양과 형태가 완성되었습니다. 이 도형들을 Ctrl+O를 눌러 모두 선택하고 마우스 오른쪽 버튼을 클릭하면 나타나는 단축 메뉴 중에서 [Group]을 선택합니다.

STEP 04 쇼핑백 마무리 작업하기

01 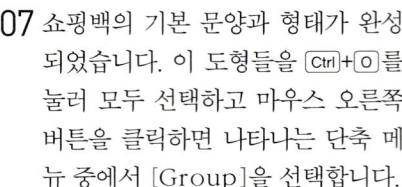 01 펜 툴( )로 쇼핑백의 외곽 형태를 드로잉하고 면 색상에 'K: 10', 선 색상에 'None'을 적용합니다. 02 방금 작업한 도형을 선택 복사하여 오른쪽으로 이동시킵니다. 복사한 도형이 드로잉되었다면 03 마우스 오른쪽 버튼을 클릭하면 나타나는 단축 메뉴 중에서 [Arrange-Send to Back]을 실행하여 작업 화면 도형의 맨 아래로 보냅니다.

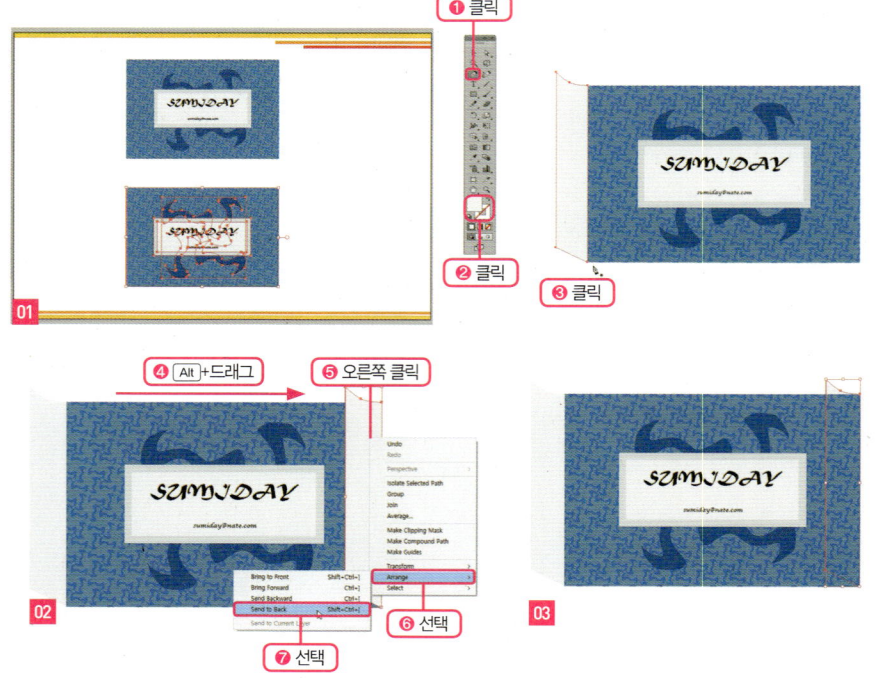

02 사각형 툴(□)로 드로잉하여 면 색상에 'K: 40'을 적용하고 마우스 오른쪽 버튼을 클릭한 후 [Arrange-Send to Back]을 실행하여 작업 화면 도형의 맨 아래로 보냅니다.

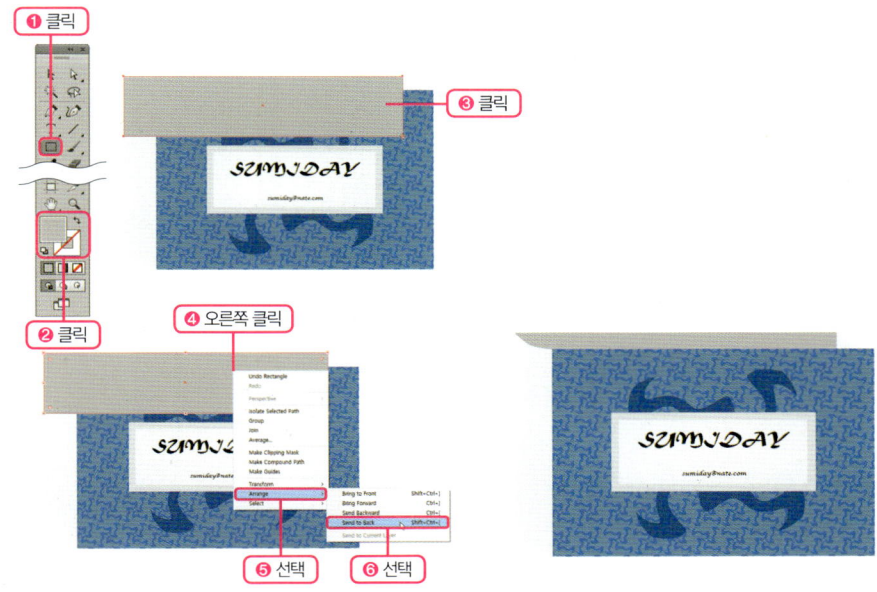

STEP 05 쇼핑백 손잡이 작업하기

01 01 쇼핑백 손잡이를 만들기 위해 둥근 사각형 툴(◻)로 모서리가 라운딩된 사각형을 드로잉합니다. 02 [직접 선택] 툴(▷)로 둥근 사각형의 밑부분의 기준점들을 선택한 후 삭제합니다. 03 이 도형을 마우스 오른쪽 버튼을 클릭한 후 [Transform-Scale]를 선택합니다. 그런 다음 04 [Scale] 대화상자에서 회전 각도에 '90%'을 입력하고 [Copy] 버튼을 클릭하여 복사합니다.

02 01 축소된 도형을 선택하고 아래쪽 바운딩 박스의 조절점을 밑으로 드래그하여 세로의 길이를 밑의 도형과 조금 겹치게 늘립니다.
02 선택 툴(▶)로 두 도형을 선택한 후 03 [Pathfinder] 팔레트에서 [Subtract from shape area] 아이콘(◳)을 클릭합니다.

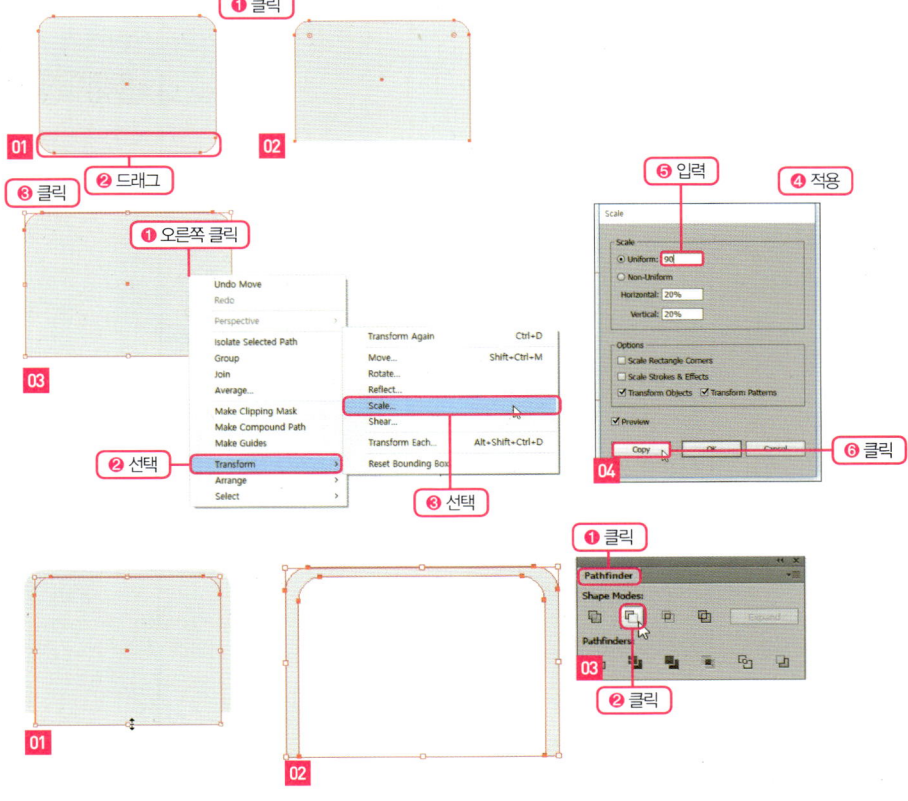

03 손잡이 부분을 적당한 위치로 이동시킨 후 도형을 복사 이동하고 마우스 오른쪽 버튼을 클릭하면 나타나는 단축 메뉴 중에서 [Arrange-Send to Back]을 실행하여 작업 화면 도형의 맨 아래로 보냅니다. 이 도형의 면 색상에 'K: 20'을 적용합니다.

 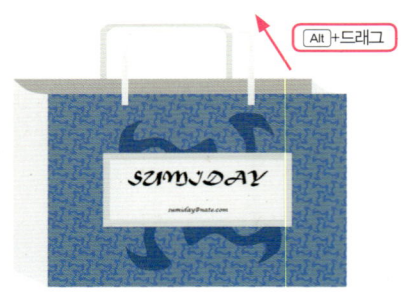

STEP 06 쇼핑백에 그림자 표현하기

01 펜 툴(✒)로 그레이던트를 이용해 그림자를 만들어 쇼핑백을 완성합니다. 마우스 오른쪽 버튼을 클릭하면 나타나는 단축 메뉴 중에서 [Arrange-Send to Back]을 실행하여 작업 화면 도형의 맨 아래로 보냅니다.

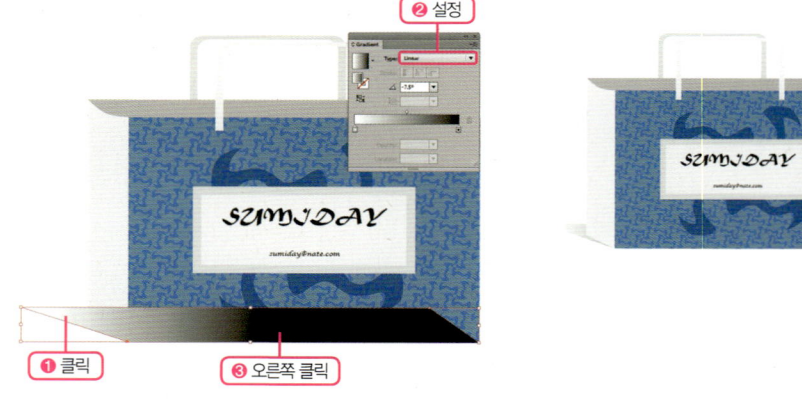

02 지금까지 작업한 패턴을 이용한 깔끔한 쇼핑백을 디자인으로 완성해 보았습니다.

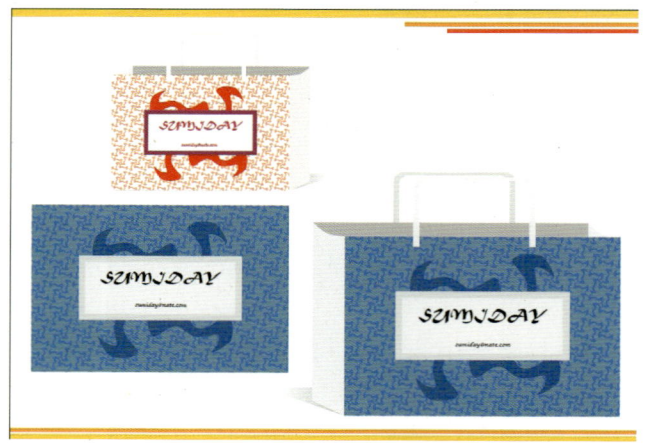

[Pathfinder] 팔레트의 Divide( ) 기능 이해하기

선택된 여러 개의 도형이 겹쳐 있을 경우 겹쳐 있는 부분을 모두 분할하여 각각의 독립된 도형으로 만들어줍니다. 분할된 도형은 그룹으로 묶여 있으므로 [Object-Ungroup]을 실행해야 각 도형을 선택할 수 있습니다.

1 두 개의 도형을 모두 선택하고 [Pathfinder] 팔레트에서 [Divide] 아이콘( )을 눌러 도형의 겹쳐진 부분을 모두 분리합니다.

◉ 예제 파일   Sample\Theme03\Lesson02\고리.ai

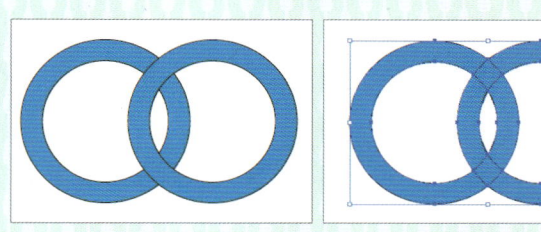

2 도형이 묶인 상태이므로 도형 위에서 오른쪽 마우스 버튼을 클릭하면 나타나는 단축 메뉴 중에서 [Ungroup]를 선택하여 그룹을 해제하고 도형을 제외한 화면을 클릭하여 선택을 해제합니다.

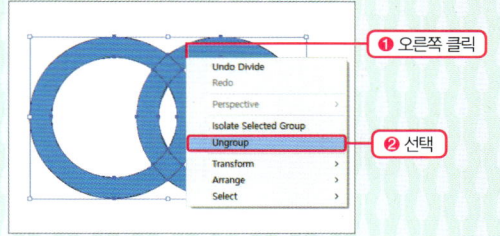

3 각기 분리된 도형들을 두 개의 링이 연결된 것 같은 느낌이 들도록 합쳐주기 위해 합칠 부분들을 선택 툴( )로 Shift 를 누르면서 다중 선택합니다. [Pathfinder] 팔레트의 (Add to shape area) 버튼을 눌러 하나로 합쳐줍니다. 같은 방법으로 옆에 부분의 도형도 합쳐준 후에 그레이던트를 각각 적용합니다.

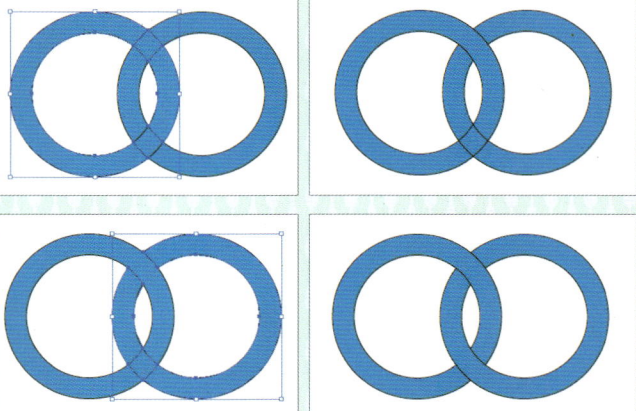

4 고리 하나를 선택 툴( )로 선택하여 Color 팔레트에서 색상을 지정합니다.

LESSON 03 블렌드 툴을 이용한 BI 디자인하기

이번에는 타이포 디자인을 응용하여 회사의 이미지나 제품의 직접적인 상징과 표현으로 사용자에게 전달되는 BI(Brand Identity) 디자인을 작업해보겠습니다. 일러스트레이터는 디자인 실무에서 마크와, 로고, 문양 등을 제작하는 데 가장 많이 사용합니다.

핵심기능 ▶ 블렌드 툴(Blend Tool,)

블렌드 툴의 사용법과 대화상자를 통해 여러 가지 형태의 블렌드를 만들어 보고 블렌드가 적용된 도형을 수정합니다.
- 도형에서 다른 도형으로 형태와 색상이 변하는 중간 단계의 도형을 만들어 주는 도구입니다.
- 중간 단계에 만들어진 도형들은 선택되지 않습니다.

블렌드 툴의 사용 방법

◉ 예제 파일
Sample\Theme03\Lesson03
\블랜드-기본.ai

- 먼저 모양과 색상이 다른 두 개의 도형을 그려준 후 두 도형을 모두 선택합니다.
- 블렌드 툴( )을 선택하고 하나의 도형의 정점을 클릭합니다.

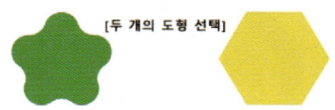  

- 다른 도형의 정점도 클릭합니다. 그러면 두 도형에 자연스럽게 블렌드가 적용됩니다. 블렌드 툴( )은 두 개의 도형의 클릭하는 곳의 위치에 따라 중간 단계의 형태가 결정됩니다.

 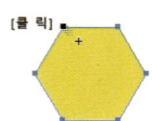 

▲ 도형 두 개의 같은 위치를 클릭했을 때

 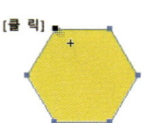 

▲ 도형 두 개의 같은 위치를 클릭했을 때

∷ 블렌드 수정하기

- 블렌드가 적용된 도형을 선택한 후 직선으로 연결된 패스에 정점 추가 툴( )을 추가합니다.

- [직접 선택] 툴( )로 정점을 선택해 이동합니다. 블렌드의 흐름이 패스선의 움직임대로 바뀝니다.

 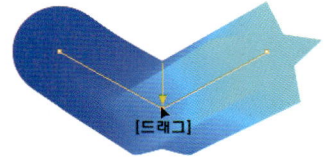

- 정점 변환 툴( )을 선택하여 정점을 드래그하면 패스가 곡선화되면서 패스의 흐름대로 블렌드가 적용됩니다.

○ 블렌드 모양 변경
블렌드가 적용된 원본 도형의 색상 및 모양 수정하려면 [직접 선택] 툴을 선택하면 됩니다.

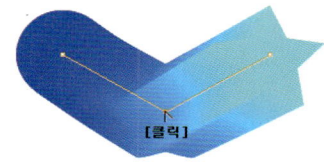 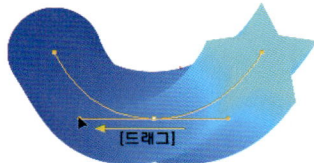

∷ 대화상자 알아보기

블렌드 툴( )을 더블클릭하면 [Blend Option] 대화상자가 나타납니다. 블렌드에 대한 세부 설정을 할 수 있습니다.

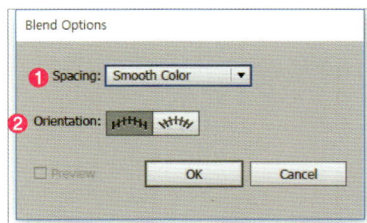

❶ Spacing

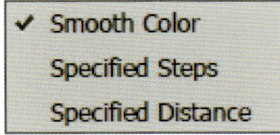

• Smooth Color: 색상의 변화가 부드럽게 처리되는 블렌드를 만들 수 있습니다.

• Specified Steps: 두 도형 사이에 만들어지는 도형의 수를 지정할 수 있습니다.

• Specified Distance: 두 도형 사이에 일정한 거리마다 중간 단계의 도형을 만들 수 있습니다.

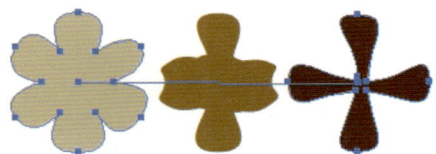

❷ Orientation

• (Align to Page): 각 도형들이 패스와는 상관없이 작업 화면을 기준으로 회전합니다.

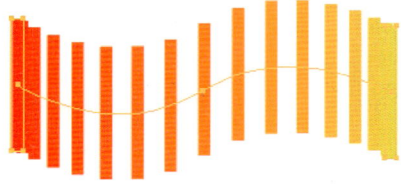

• (Align to Path): 각 도형들이 패스를 따라 회전합니다.

:: 블렌드를 이용한 네온사인 효과 만들기

01 원형 툴(◯)을 선택해 적당한 크기의 원을 드로잉한 후 Alt를 누른 상태로 드래그하여 원을 복사합니다. 그런 다음 왼쪽에 있는 원의 내부 색상은 'None(없음)', 외곽선의 색상은 '보라', 두께는 '20pt'로 지정합니다. 그리고 오른쪽에 있는 원의 내부 색상은 'None(없음)', 외곽선의 색상은 '흰색', 두께는 '1pt'로 지정합니다.

 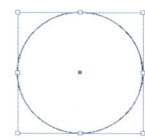  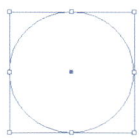

02 두 도형을 선택 툴을 이용해 선택합니다. 블렌드 툴(🗔)을 선택한 후 왼쪽에 있는 원의 위쪽 정점을 클릭합니다. 또 다시 오른쪽에 위치한 원의 위쪽 정점을 클릭하면 블렌드가 적용됩니다. 클릭하는 위치의 정점에 따라 블렌드 형태가 달라지므로 반드시 같은 위치의 정점을 클릭합니다.

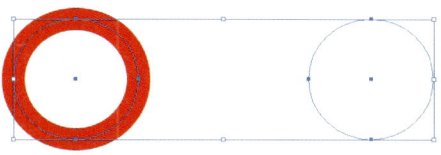 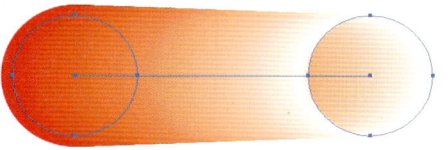

03 블렌드 툴(🗔)을 더블클릭하면 [Blend Option] 대화상자가 나타납니다. 대화상자가 나타나면 [Spacing] 항목은 'Specified Steps', '25'로 설정하고 [OK] 버튼을 클릭합니다.

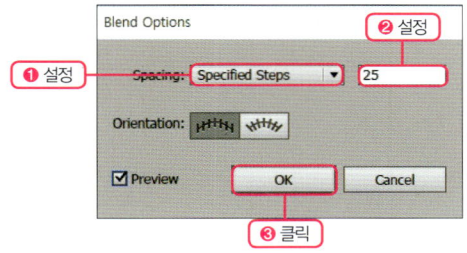 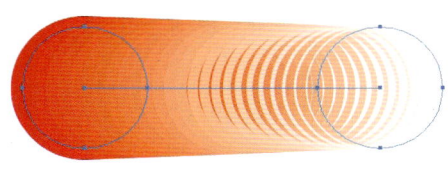

04 블렌드로 생성된 중간 단계의 도형을 분해하기 위해 메뉴의 [Object-Blend-Expand]를 선택합니다.

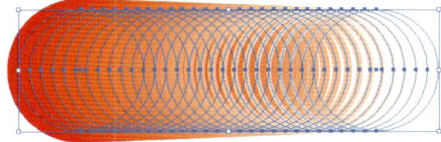

05 [Expand]를 선택하면 Group으로 묶여 있는 상태이므로 반드시 마우스 오른쪽 버튼을 클릭하면 나타나는 단축 메뉴 중에서 [UnGroup]을 선택합니다. [Align] 팔레트에서 Horizontal Align Center(모)를 선택합니다.

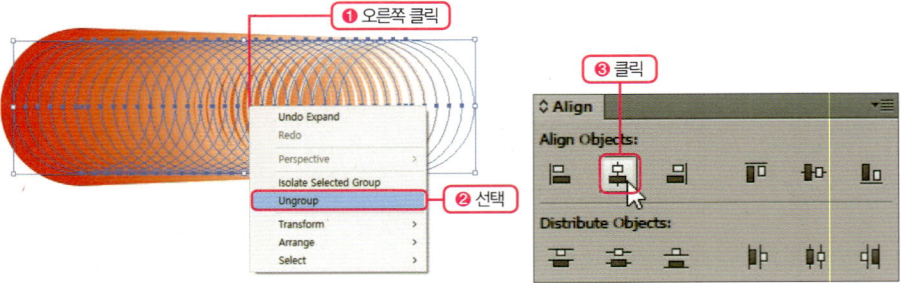

06 선택을 해제하여 적용된 모양을 확인합니다.

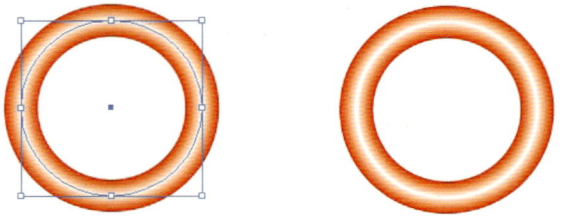

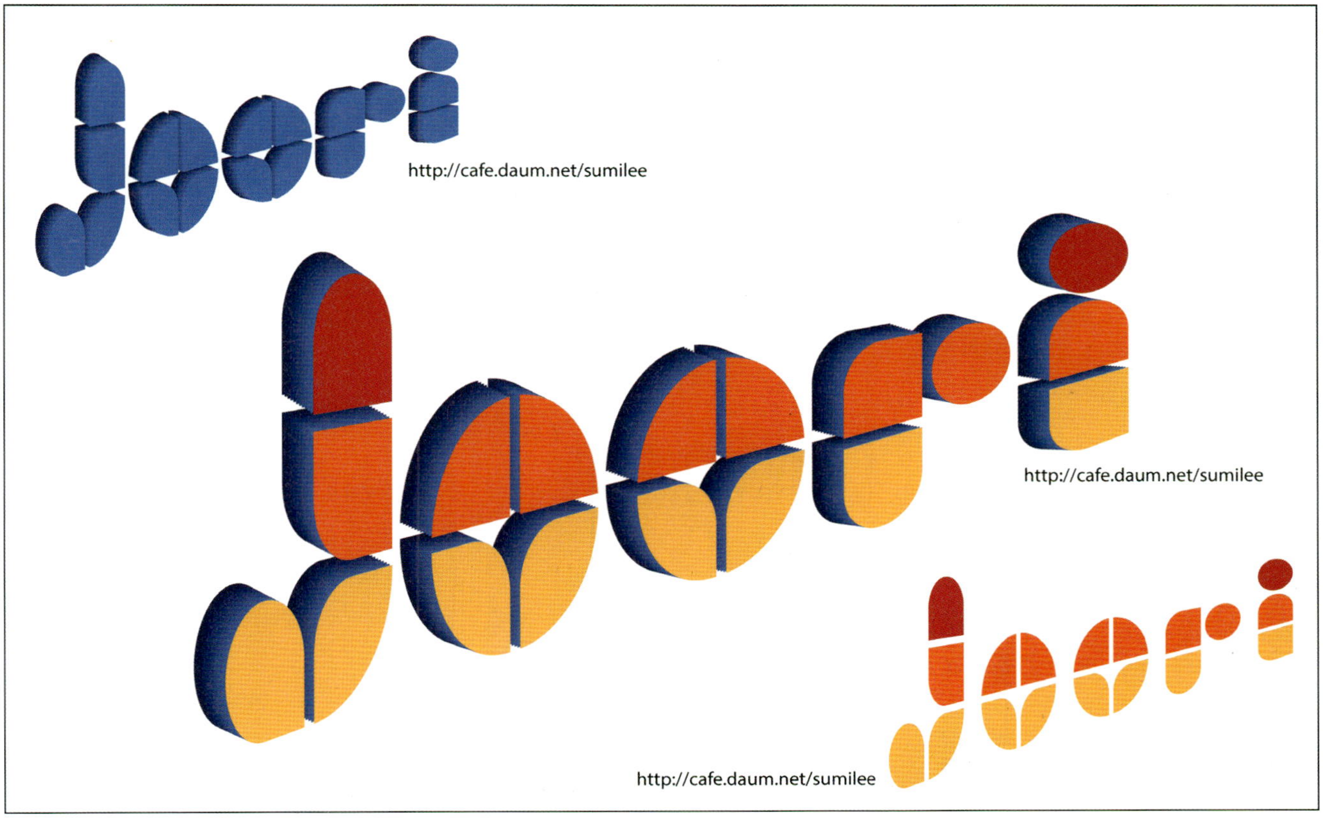

새로운 느낌의 BI 디자인하기

01

완성 파일 Sample\Theme03\Lesson03\joori-완성.ai

키 워 드 회전 툴, 반사 툴, 블렌드 툴, Distort & Transform Effect의 활용, 패스파인더의 활용법

길라잡이 우리가 작업할 타이포 문자는 'Joori'라는 홈쇼핑 회사의 BI 디자인입니다. 새로운 타이폰 문자를 만드는 과정이므로 정확한 작업을 위해 일러스트레이터의 기능들을 활용합니다.

STEP 01 'J' 문자 디자인하기

01 단축키 Ctrl+N을 누른 후 [NEW Document] 대화상자에서 'A4' 용지, 단위 'mm'를 선택하고 빈 화면을 생성합니다. 새로운 타이포 문자를 만드는 과정이므로 정확한 작업을 위해 메뉴의 [View-Show Grid]와 메뉴의 [View-Snap to Grid]를 실행하고 일러스트레이터의 기능을 사용합니다.

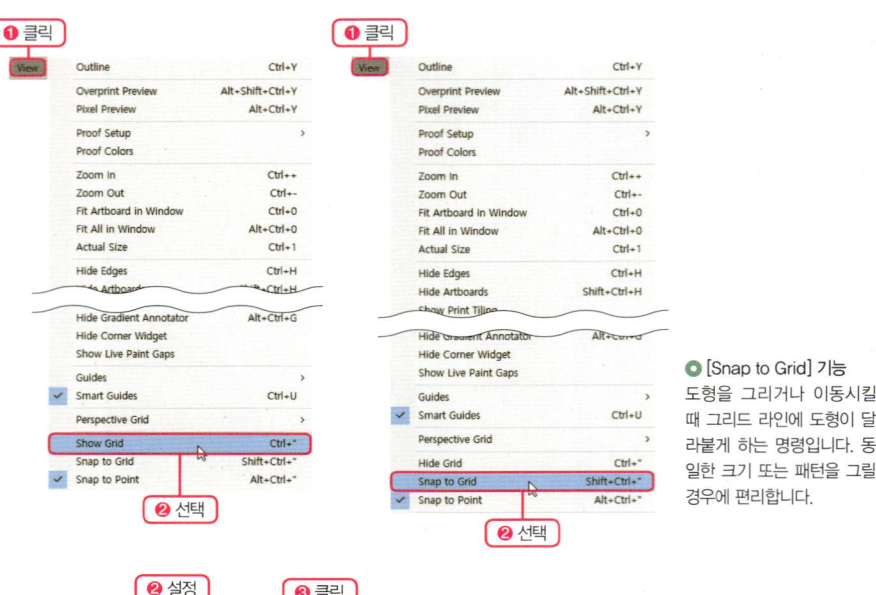

● [Snap to Grid] 기능 도형을 그리거나 이동시킬 때 그리드 라인에 도형이 달라붙게 하는 명령입니다. 동일한 크기 또는 패턴을 그릴 경우에 편리합니다.

02 먼저 영문 'J'를 작업합니다. 작업 화면을 확대 툴로 '200%' 확대한 다음, 원형 툴(○)을 이용하여 면 색상에 'K: 100'을 적용하고 그리드 라인 안에 드래그합니다. 그리드 라인에 스냅이 걸려 있기 때문에 그려지는 도형이 그리드 라인 안에 달라붙습니다.

03 사각형 툴(□)로 그리드 라인에 맞추어 원 도형과 겹치도록 드로잉합니다. 두 개의 도형을 선택한 후 Pathfinder의 ▣ (Add to shape area) 아이콘을 하나의 도형으로 합칩니다.

04 한쪽 모서리만 둥근 사각형을 만들어 봅니다. 사각형 툴(■)로 정사각형을 드로잉합니다. 원형 툴(○)로 선택하고 그리드 라인에 맞추어 정사각형 위에 정원을 드래그하여 만듭니다. 두 개의 도형을 선택 툴로 선택하고 Pathfinder의 Divide (⬚) 아이콘을 클릭하여 면을 분할합니다.

05 분할된 면 중에서 왼쪽 하단의 면을 [직접 선택] 툴(▶)을 사용하여 모두 삭제합니다.

06 아래 도형을 선택한 후 회전 툴(↻)을 더블클릭하면 나타나는 대화상자의 회전 각도에 '-90'을 입력하고 [Copy] 버튼을 클릭합니다. 복사된 도형을 그림과 같이 위쪽의 여백과 맞추어 위치를 이동합니다.

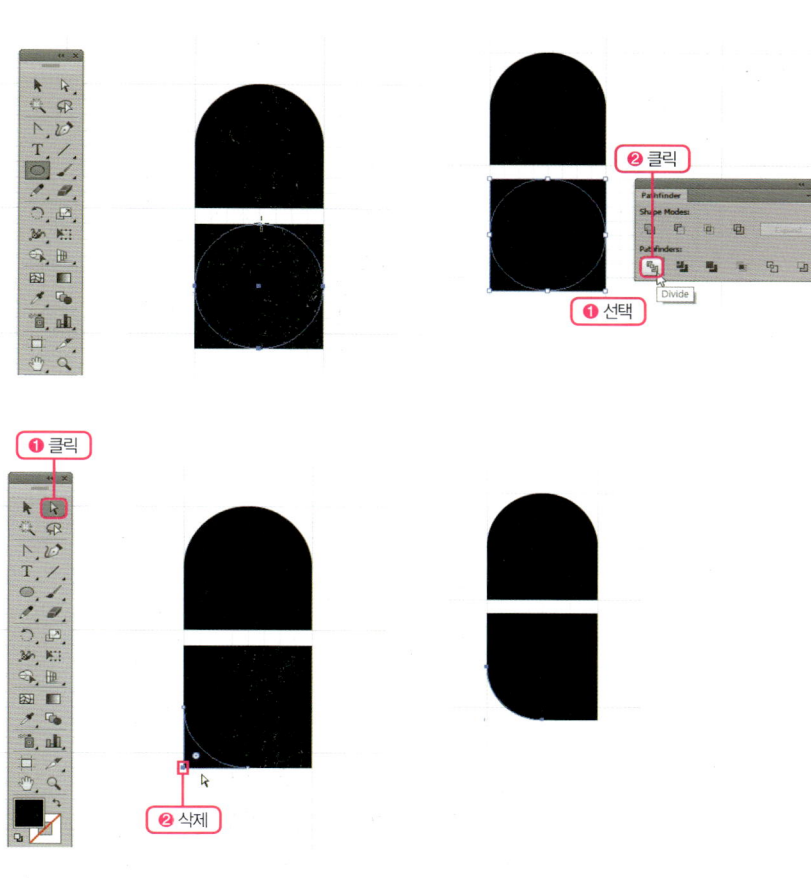

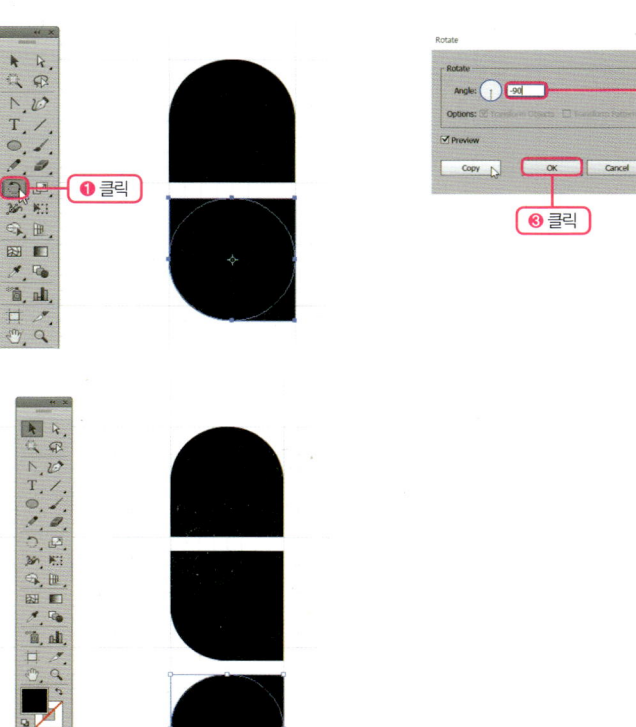

Lesson 03 _ 블렌드 툴을 이용한 B 디자인하기 215

07 원형 툴(◯)을 선택한 후 작업된 도형의 반지름을 가진 큰 원을 드로잉합니다. 01 두 개의 도형을 선택한 후 [Pathfinder] 팔레트에서 [Divide] 버튼(🞖)을 실행하여 면을 분할하고, 가운데 도형만 남기고 [직접 선택] 툴(▶)을 사용하여 모두 삭제합니다. 02 다음 그림처럼 두 개의 도형을 선택한 후 Pathfinder의 [Add to shape area] 아이콘(🞖)을 하나의 도형으로 합칩니다.

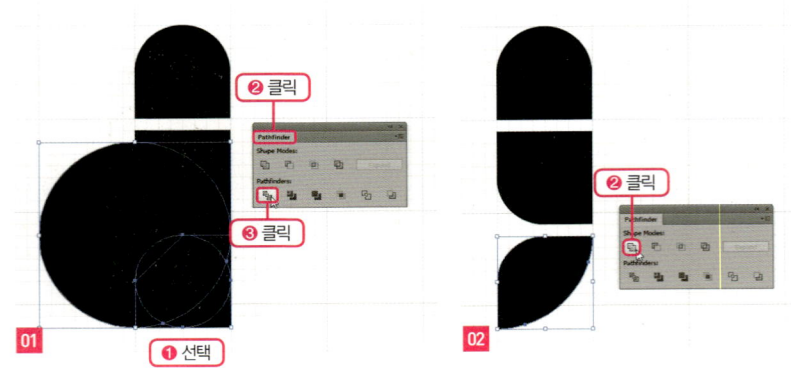

08 원형 툴(◯)로 정원을 드로잉하고 정원의 반지름의 길이에 해당하는 정사각형을 사각형 툴(▢)로 가이드라인에 맞추어 드로잉합니다. 두 개의 도형을 선택한 후 Pathfinder의 [Add to shape area] 🞖 아이콘을 하나의 도형으로 합칩니다. 'J'에 해당하는 도형이 완성됩니다.

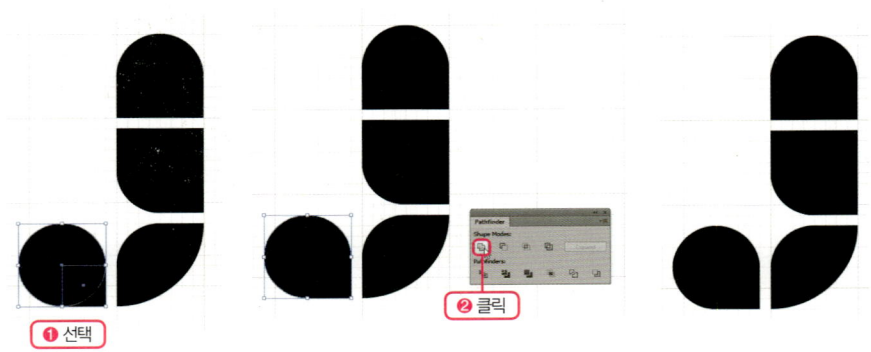

회전 툴의 회전 방향
[회전] 툴(🗘) 대화상자에서 수치를 입력할 때 각도가 '-'이면 시계 방향으로 회전하고, '+'이면 시계 반대 방향으로 회전합니다. 예를 들어 45도를 입력했다면 중심점을 기준으로 반시계 방향으로 45도 회전하게 되는 것입니다.

STEP 02 'o' 문자 디자인하기

01 'o' 문자를 만들어 봅니다. 01 정사각형을 드로잉하고, 이 사각형 한 면의 길이를 반지름으로 하는 큰 원을 가이드라인에 맞추어 드로잉합니다. 02 두 개의 도형을 선택하고, 패스파인더의 [Divide] 버튼(🞖)을 이용하여 분할합니다. [직접 선택] 툴(▶)로 가운데 도형만 남기고 삭제합니다.

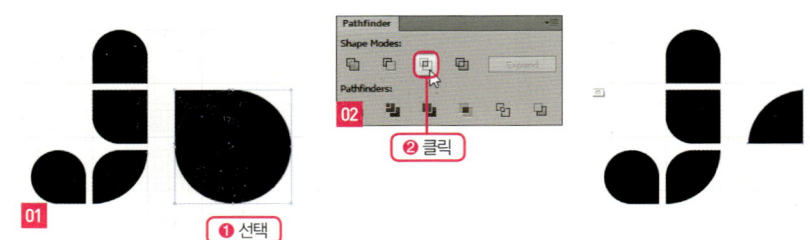

02 작업된 도형을 반사시켜 'o' 문자의 윗부분을 만들어 봅니다. 도형을 선택하고, 반사 툴(￼)을 더블클릭하면 나타나는 대화상자의 [Vertical]에 체크한 후, [Copy] 버튼을 클릭하여 도형을 수직으로 반사 복사시킵니다.

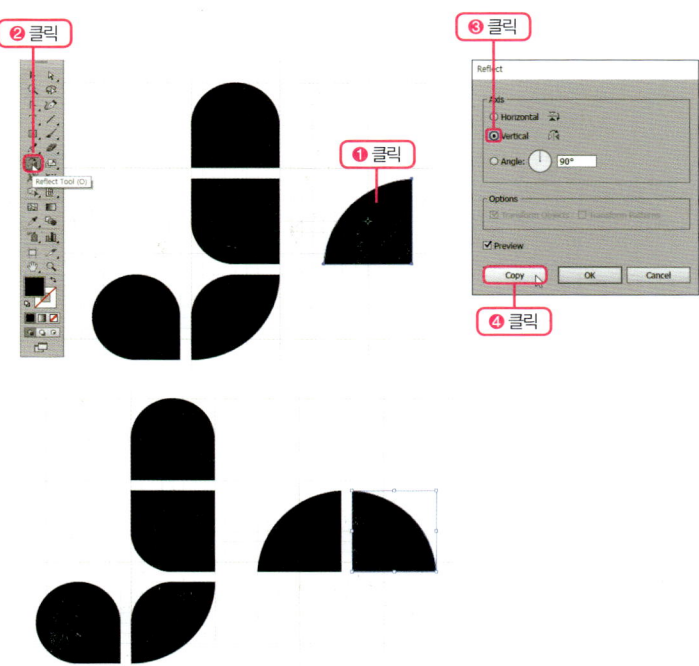

03 'J' 문자의 밑부분을 복사 이동시켜 'o' 문자 아래로 위치시킵니다. 그리고 복사된 이 도형을 반사 툴(￼)을 이용해 수평으로 반사시킵니다.

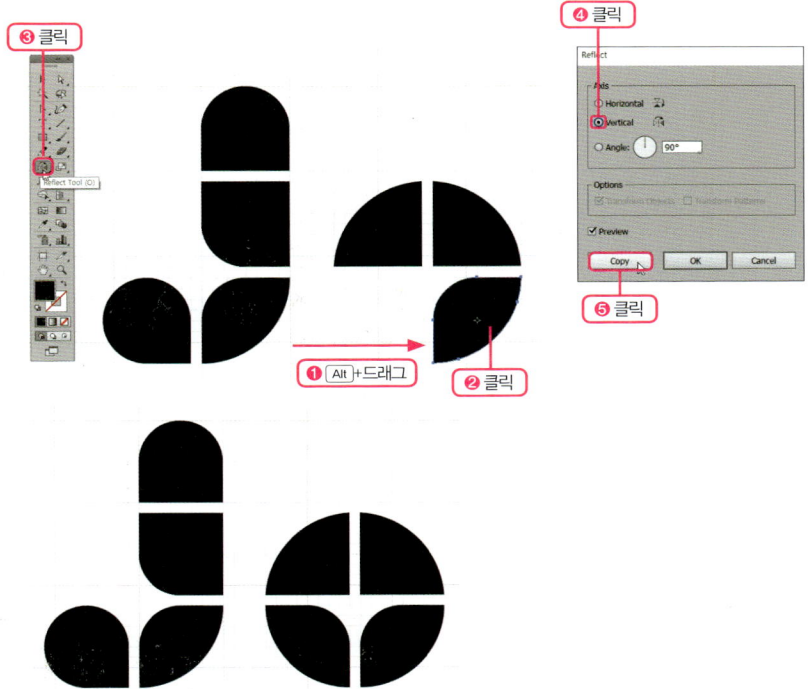

심벌 마크 또는 BI 색상 적용

심벌 마크 또는 BI와 같은 작업을 진행할 때는 처음부터 색상이 적용된 도형을 사용하기보다는 흑백으로 된 도형으로 진행하는 것이 바람직합니다. 흑백 상태에서 형태를 완벽하게 작업한 후 색상을 적용하는 것이 효율적입니다.

04 앞에서 작업한 'o' 문자를 선택 툴(▶)를 이용해 오른쪽으로 복사 이동시킵니다.

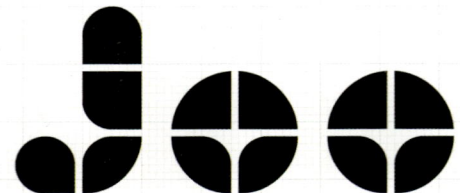

STEP 03 'r' 문자 디자인하기

01 'r'을 만들 때 'J' 문자에서 작업된 도형을 변형하여 작업을 진행해봅니다. **01** 그림처럼 'J' 문자의 가운데 도형을 선택 복사하여 이동시킵니다. **02** 도형을 선택된 상태에서 반사 툴(▧)을 더블클릭합니다. 대화상자에서 [Horizontal]에 체크를 하고 [OK] 버튼을 클릭합니다. 도형이 수평 방향으로 반전됩니다.

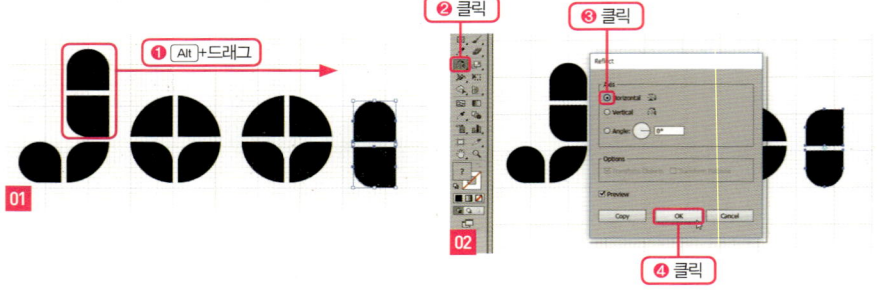

02 도구 상자에서 원형 툴(○)을 이용해 다음 그림처럼 원을 그립니다. 그러면 'r' 문자가 완성됩니다.

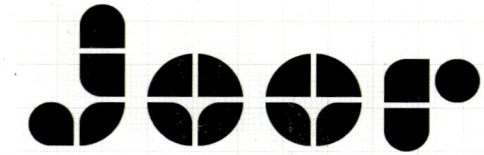

STEP 04 'i' 문자 디자인하기

01 이번에는 'i' 문자를 만들어 봅니다. 그리드 라인에 맞춰 정원을 만듭니다.

02 그런 다음 'J' 문자에서 쓰인 위쪽 부분을 선택 툴(▶)로 복사하여 위치를 정원의 아래에 위치시켜 'I' 문자를 완성시킵니다. 여백은 한 칸의 그리드를 띄워줍니다. 기본적인 타이포 디자인이 완성되었습니다.

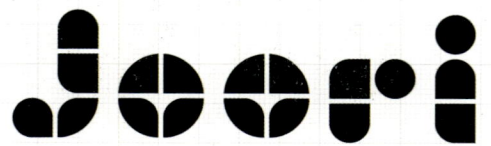

STEP 05 디자인 로고 꾸미기

01 작업된 타이포 문자에 색상을 적용시켜봅니다. 01 선택 툴( )로 도형의 윗부분을 모두 선택하고, 도형의 면 색상을 'C: 15', 'M: 100', 'Y: 90', 'K: 10'으로 적용합니다. 02 가운데 부분을 모두 선택하고, 도형의 면 색상을 'M: 80', 'Y: 95'으로 적용합니다. 03 밑부분을 모두 선택하고, 도형의 면 색상에 'M: 35', 'Y: 85'를 적용합니다.

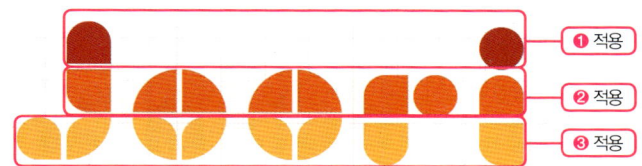

02 디자인 로고가 3차원화되어 사용자들에게 시각적인 만족과 더불어 독창성을 보여주고 있습니다. 이번 작업에도 문자 도형을 입체화시켜 역동적인 문자를 만들 것입니다.
먼저 도형을 선택한 후 메뉴의 [Effect-Distort & Transform-Free Distort]를 실행합니다. [Distort] 대화상자에서는 좌측 핸들을 각각 아래쪽으로 이동시키고, 두 핸들 사이의 거리를 떨어뜨려 원근감이 생기도록 만듭니다.

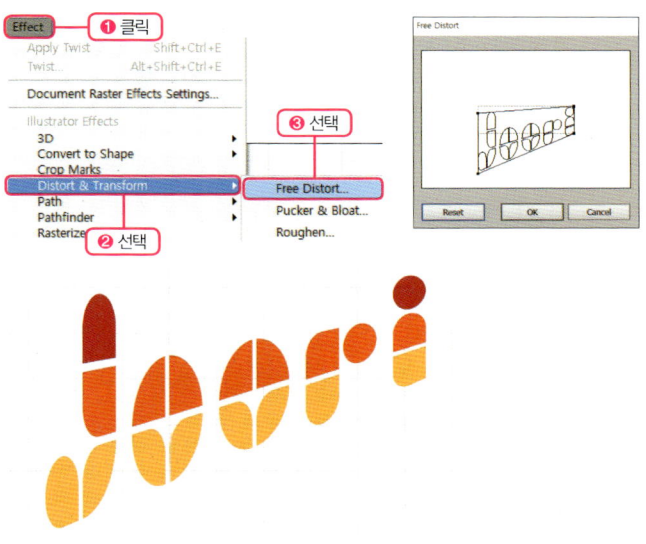

03 선택 툴( )을 이용해 작업된 도형을 마우스 오른쪽 버튼을 클릭하면 나타나는 단축 메뉴 중에서 [Group]을 명령으로 묶습니다.

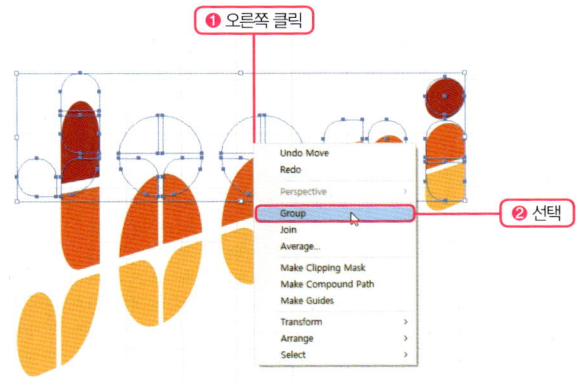

STEP 06 입체적인 로고 만들기

01 작업된 도형을 복사 이동하여 입체감을 표현해봅니다. 도형을 선택 툴(▶)로 복사 이동하고 면 색상에 'C: 100', 'M: 100', 'Y: 53', 'K: 8'을 적용합니다.

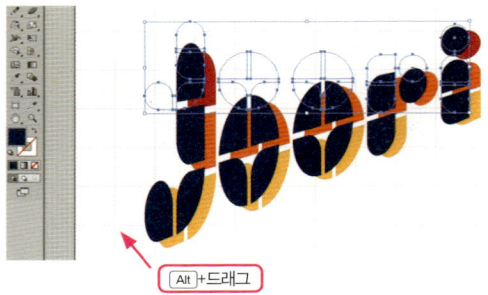

02 복사된 도형을 마우스 오른쪽 버튼을 클릭한 후 [Arrange-Send to Back] 명령을 적용시켜 작업 화면의 색상 적용된 도형의 뒤쪽으로 이동시킵니다.

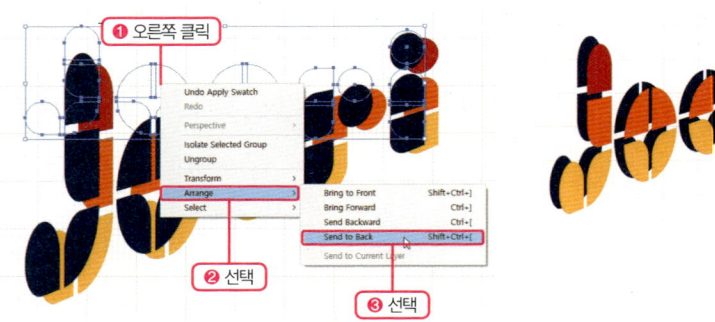

03 도형을 입체적으로 만들기 위한 작업을 진행해봅니다. 먼저 색상이 적용된 도형을 복사하여 클립보드에 저장합니다. 앞쪽의 도형에도 면 색상으로 'C: 86', 'M: 55', 'Y: 7'을 적용합니다.

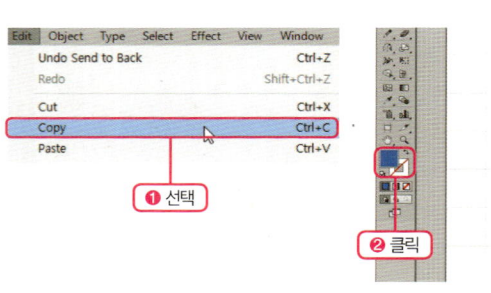
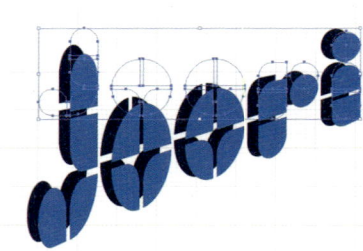

04 입체감을 표현하기 위해 블렌드 효과를 적용시켜봅니다. 01 두 개의 도형을 모두 선택하고, 도구 상자에서 블렌드 툴(🔳)로 앞 도형과 뒤에 있는 도형의 동일한 기준점을 각각 클릭합니다. 그런 다음 02 블렌드 툴(🔳)을 더블클릭하여 대화상자를 엽니다. 대화상자의 옵션에서 [Spacing] 항목을 [Specified Steps]로 선택한 후 블렌드의 단계를 '10'으로 지정하고 [OK] 버튼을 클릭합니다.

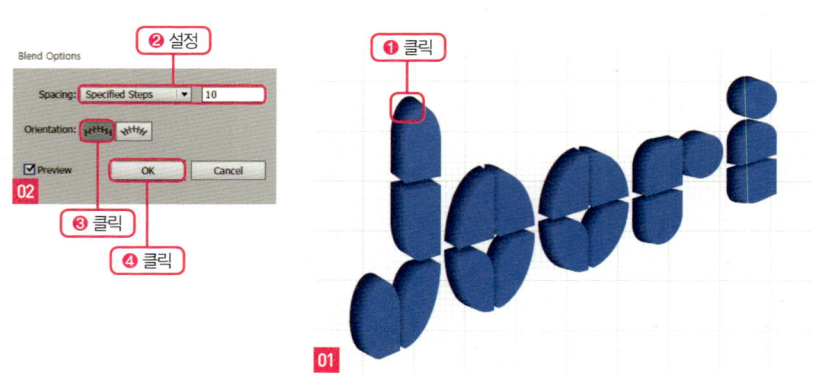

● 블렌드 작업 방법
블렌드 기능은 도형과 도형 사이의 중간 과정을 만드는 것입니다. 이때는 색상과 형태가 모두 바뀌게 되는데, 도형의 기준점의 개수가 다를 경우에는 형태가 왜곡됩니다. 중간 도형을 만들어 전체를 블렌딩하는 방법을 사용합니다.

05 블렌드 효과가 적용되었다면, 앞의 과정에서 클립보드에 저장한 도형을 제자리에서 붙여 넣기를 실행합니다. 메뉴의 [Edit-Paste in Place]를 실행하여 클립보드에 저장된 도형을 제자리에 붙여 넣기합니다. 입체를 가진 3차원적인 BI가 완성됩니다.

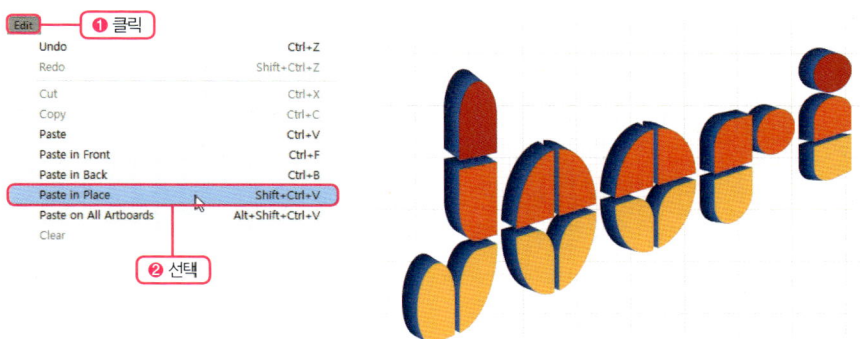

06 모든 작업이 마무리되었습니다. 'http://cafe.daum.net/sumilee' 라는 문구를 우측 하단에 입력합니다. 'joori' BI 디자인이 완성되었습니다.

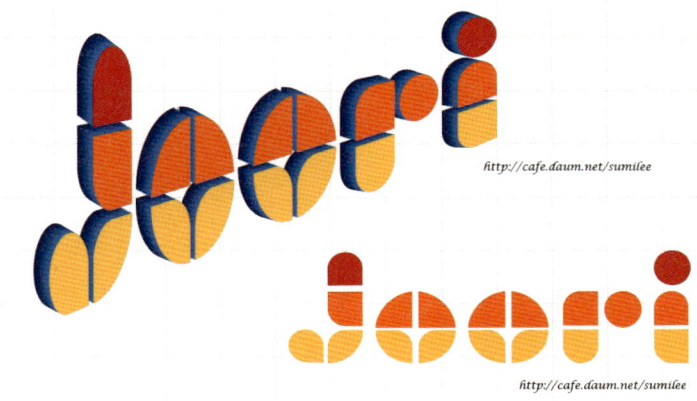

블렌드 툴(Blend Tool)의 중간 단계 알아보기

블렌드 툴(Blend Tool)은 개체와 개체를 연결시켜주며 개체가 자연스럽게 변해 가는 과정의 개체를 만들어주는 툴입니다.

1 중간 단계에 만들어지는 도형을 일정한 형태로 만들고 싶을 때는 메뉴의 [Object-Blend-Make]를 선택해 적용하면 형태가 변하지 않고 일정한 형태의 중간 단계를 만들 수 있습니다.

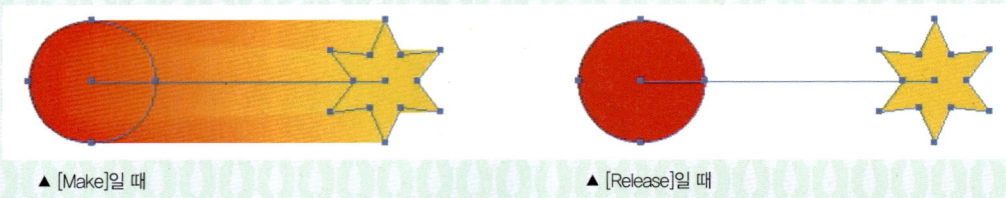

▲ [Make]일 때   ▲ [Release]일 때

2 메뉴의 [Object-Blend-Release]을 선택해 블렌드를 해제하면 두 도형 사이에 블렌드된 패스가 남아 있습니다. 남아 있는 패스는 [직접 선택] 툴로 선택한 후 Delete 를 눌러 삭제하면 됩니다.

▲ 패스만 선택한 후 Delete 를 누름   ▲ 패스가 삭제

3 블렌드를 적용시킨 도형은 많은 용량을 차지합니다. 그러므로 대화상자의 [Smooth Color]보다 사용자가 중간 단계 도형의 수를 지정하는 [Specified Steps]를 사용하는 것이 좋습니다.

4 블렌드를 적용해 만든 중간 단계를 사용하려면 반드시 메뉴의 [Object-Blend-Expand]를 선택한 후 도형으로 만들고 다시 메뉴의 [Object-Ungroup]를 선택해 그룹을 해제해야만 합니다.

5 메뉴의 [Object-Expand]와 메뉴의 [Object-Blend-Expand]의 차이점
- [Object-Expand]: 그레이던트, 패턴, 브러시, 블렌드 등의 효과가 적용된 도형에 사용합니다. 세부적인 내용은 대화상자에서 설정할 수 있습니다.
- [Object-Blend-Expand]: 블렌드가 적용된 도형에만 사용합니다.

LESSON 04 렌더링 이미지 만들기

고급 과정을 통해 여러분들은 내용에 따른 일관된 지식보다는 자신의 노하우와 연결하여 더 많은 응용력을 길러야 합니다. 따라 하면서 배우는 과정은 세부 기능을 익히고 활용하는 데 지나지 않습니다.

핵심기능 › Clipping Mask 적용하기

∷ Clipping Mask란?
- 두 개의 도형 중 앞쪽의 도형 모양으로만 뒤쪽의 도형이 보이게 하는 명령입니다.
- 두 개의 도형을 선택한 후 마우스 오른쪽 마우스를 누르면 나타나는 단축 메뉴 중에서 [Make Clipping Mask]를 선택해도 됩니다.

∷ 글자에 마스크 적용하기

01 문자 툴로 'Lee Seung Hee'라는 글자를 입력한 후 문자를 선택합니다. [Character] 팔레트에서 속성을 그림처럼 설정합니다.

02 메뉴의 [file-Place]를 선택한 후 원하는 이미지를 불러옵니다. 단, [Link] 항목을 체크 해제해야 합니다.

○ 예제 파일
Sample\Theme03\Lesson04\Kp-8.jpg

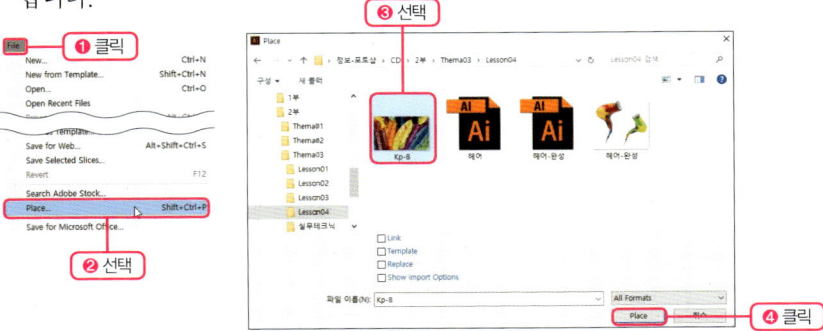

03 문자를 배경이 될 도형 위에 위치시키기 위해 마우스 오른쪽 버튼을 클릭하면 나타나는 단축 메뉴 중에서 [Arrange-Send to Back]을 실행하여 작업 화면 도형의 맨 아래로 보냅니다.

04 글자와 도형을 모두 선택한 후 마우스 오른쪽 버튼을 클릭하면 나타나는 단축 메뉴 중에서 [Clipping Mask]를 선택합니다. Mask가 적용되어 위에 놓여 있던 글자 모양대로 아래에 놓여 있던 도형이 나타납니다.

핵심 기능 [Distort & Transform] 기능 익히기

메뉴의 [Effect-Distort & Transform]에서 선택하여 도형의 다양한 변형을 시키는 기능을 말합니다.

❶ Free Distort...
❷ Pucker & Bloat...
❸ Roughen...
❹ Transform...
❺ Tweak...
❻ Twist...
❼ Zig Zag...

❶ **Free Distort** 대화상자에서 모서리에 있는 포인트를 이동하여 자유로운 형태로 변형합니다.
❷ **Pucker & Bloat** 선택된 도형의 패스를 수축(Punk)하거나 팽창(Bloat)시킵니다.
❸ **Roughen** 선택한 도형의 외형을 거칠게 표현합니다.
❹ **Transform** 선택한 도형의 크기 조절 및 각도를 조절합니다.
❺ **Tweak** 선택한 도형의 정점을 무작위로 변경하여 형태를 다양하게 만듭니다.
❻ **Twist** 도형의 중심점을 기준으로 소용돌이 형태로 변형시킵니다.
❼ **Zig Zag** 선택한 도형의 외형을 규칙적인 지그재그 형태로 만듭니다.

▲ 원본 이미지　▲ Free Distort　▲ Punk & Bloat　▲ Roughen　▲ Transform　▲ Tweak　▲ Twirl　▲ Zig Zag

01
헤어 드라이기 디자인하기

예제 파일 Sample\Theme03\Lesson04\헤어.ai
완성 파일 Sample\Theme03\Lesson04\헤어-완성.ai

키 워 드 펜 툴, 마스크, 그레이던트 혼용, Warp Text, 투명도 조절
길라잡이 예제에서는 그레이던트와 도형의 투명도를 응용하여 렌더링 이미지인 드라이 곡면을 사실적으로 표현해봅니다.

STEP 01 헤어 드라이기에 그레이던트 적용하기

01 파일을 불러옵니다. 그러면 작업 화면에 기본적인 헤어 드라이기 도형이 나타날 것입니다.

◎ 예제 파일
Sample\Theme03\Lesson04\헤어.ai

02 헤어 드라이기의 가장 위 영역에 입체감을 주기 위하여 그레이던트 효과를 적용시켜봅니다. 도형을 선택한 후 대각선 방향으로 그레이던트 툴()을 이용하여 그레이던트를 적용합니다. [Gradient] 팔레트에서는 [Radial]로 변경하여 입체 구의 느낌이 나도록 합니다.

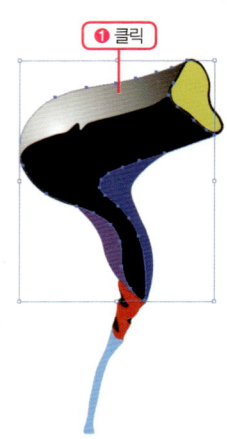 

그레이던트 면 색상 적용
그레이던트는 도형의 Fill 부분에만 적용되며, Stoke 부분에는 적용되지 않습니다. Stroke 부분을 아웃라인으로 변경하여 도형으로 만들어야 합니다.

STEP 02 헤어 드라이에 그레이던트 색상 편집하기

01 기본 그레이던트가 적용되었다면 그레이던트 스펙트럼에 슬라이더를 추가하여 컬러를 변경시킵니다. [Gradient] 팔레트의 스펙트럼의 40% 위치를 마우스로 클릭하여 슬라이더를 추가합니다. 이 슬라이더를 선택한 후 Color 팔레트에서 'M: 100', 'Y: 100'을 적용합니다.

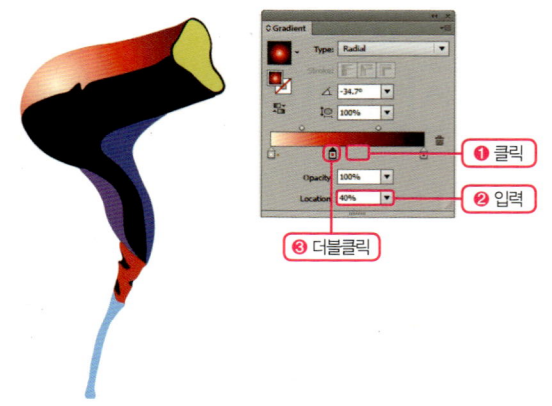

02 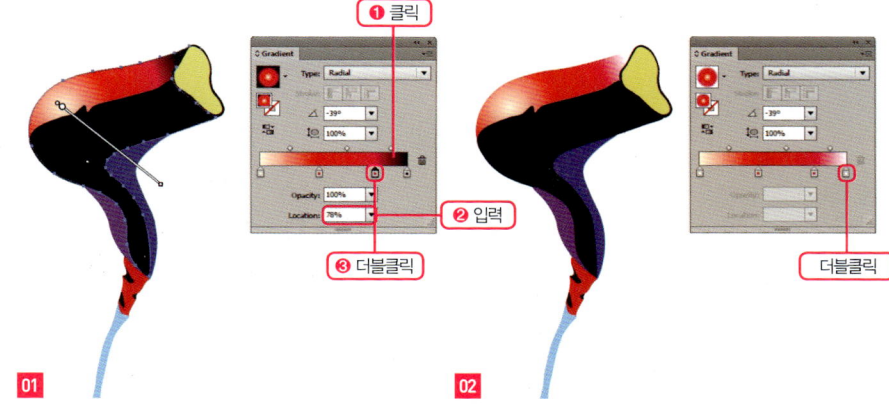 01 78% 지점에 슬라이더를 추가하고 'M: 100', 'Y: 80'을 적용합니다. 그레이디언트 슬라이더를 추가하여 흰색을 적용하고 02 가장 오른쪽 슬라이더의 컬러를 'K: 20'으로 적용합니다. 작업에서는 색상의 수치보다는 가장 자연스러운 그레이디언트 효과가 적용될 수 있도록 색상을 조정합니다.

STEP 03 반사 효과 및 투명도 적용하기

01 [Layer] 팔레트에서 [Create New Layer] 아이콘(□)을 클릭하여 새로운 레이어를 추가합니다. '헤어스프레이' 레이어의 빈 공간을 클릭하여 잠금 아이콘(🔒)이 나오게 클릭하여 레이어를 잠급니다.

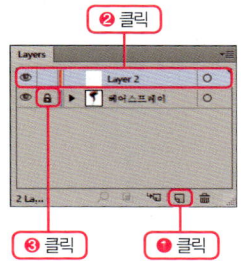

레이어 기능이란?
레이어의 기능은 일러스트레이터의 도형의 계층 구조와 같이 레이어도 팔레트 상단의 레이어의 도형들이 하단 레이어에 속한 도형들보다 높은 계층 구조를 가지면서 이루어집니다. 레이어가 편리한 기능을 제공하지만 단순한 도형 작업을 레이어로 분리하여 작업하는 것은 올바르지 않습니다. 작업의 상황을 검토하고 정밀하고, 복잡한 경우에만 레이어를 사용하고, 레이어의 수도 최소한으로 작업하는 것이 좋습니다.

02 펜 툴(✏️)을 가지고 세밀하게 드로잉하는 작업들이 많이 진행됩니다. 어느 정도 펜 툴(✏️)을 다루는 데 익숙해졌다면 이 과정의 형태에 너무 얽매이지 말고 자유롭게 드로잉해 보세요. 펜 툴(✏️)로 그림처럼 헤어드라이기의 외곽 라인을 따라 두꺼운 면이 생기도록 패스를 만듭니다.

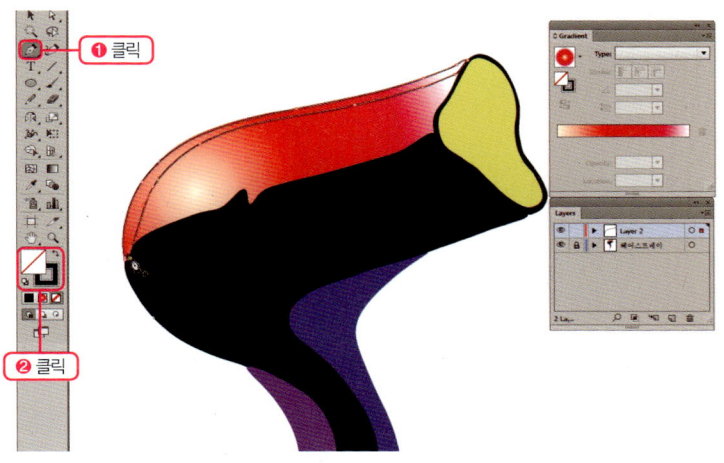

세밀한 패스를 작업할 때
일러스트레이터에서 세밀한 패스작업을 실행할 때는 도형을 크게 확대하여 세밀하게 진행해야 합니다.

Lesson 04 _ 렌더링 이미지 만들기 227

03 작업된 패스를 면 색상으로 '흰색'을 적용하고, 메뉴의 [Window-Transparency]를 실행하여 [Transparency] 팔레트를 열고 도형의 투명도를 '40%'로 적용합니다. 부드러운 반사 효과가 만들어집니다.

● 도형의 투명도
[Transparency] 팔레트는 도형에 투명도를 적용하거나 도형들과의 색상 혼합(블렌딩 모드)으로 다양한 효과를 표현할 수 있는 기능입니다.

04 [Layer] 팔레트에서 Create New Layer 아이콘(▫)을 클릭하여 새로운 레이어를 추가한 후 'Layer 2' 레이어를 잠금 아이콘(🔒)이 나오게 클릭하여 레이어를 잠급니다. 펜 툴(✐)로 헤어드라이기의 뒷부분에 강한 하이라이트 효과를 만들어 줍니다. 부채꼴 모양의 도형을 만든 후 흰색을 적용합니다. 빛이 겹쳐 반사되는 효과를 만들어줍니다. 도형을 드로잉한 후 [Transparency] 팔레트에서 도형의 투명도를 50%로 적용하여 자연스럽게 만들어줍니다.

● 사물의 반사 효과
실제 빛이 반사될 때는 여러 사물에 빛이 반사되어 실제 도형에 나타나게 되므로 좀 더 다양하게 빛의 반사 효과를 표현합니다.

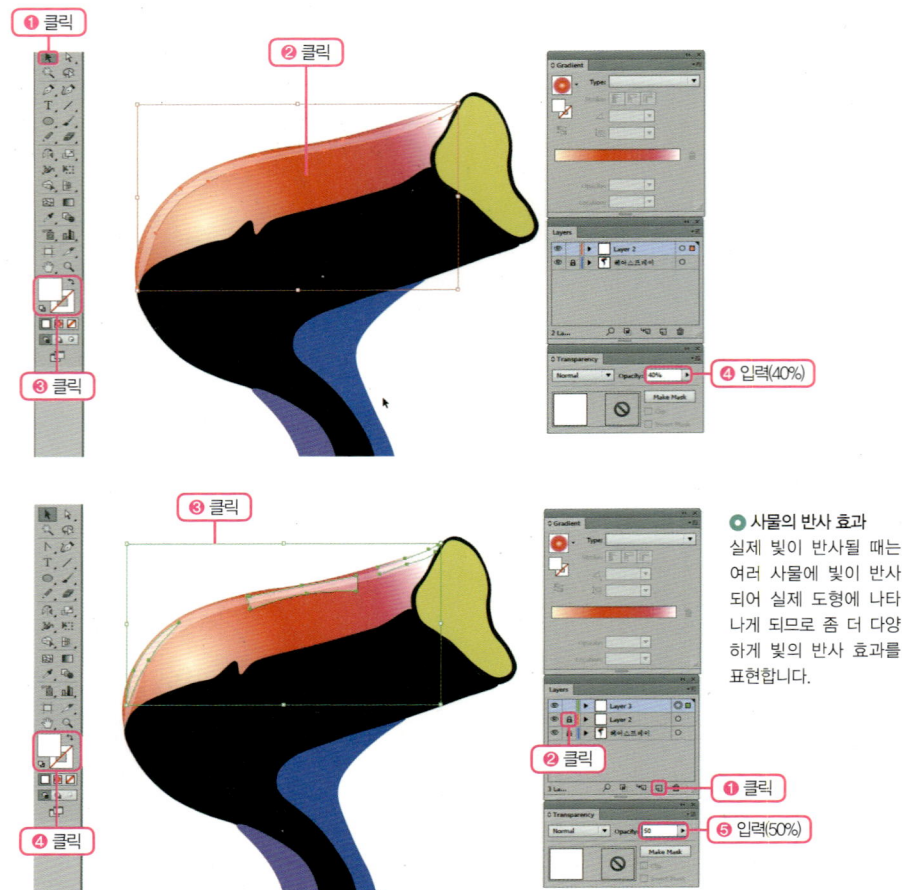

STEP 04 헤어 드라이기의 각 도형에 그레이던트 적용하기

01 나머지 각 도형에 색상을 입히기 위해 먼저 '헤어 스프레이' 레이어의 잠금을 해제합니다. 선택 툴(▶)을 이용해 그림처럼 헤어드라이기의 중간 영역을 선택한 후 면 색상을 'C: 46', 'M: 100', 'Y: 100', 'K:17'로 설정하고 색을 채웁니다.

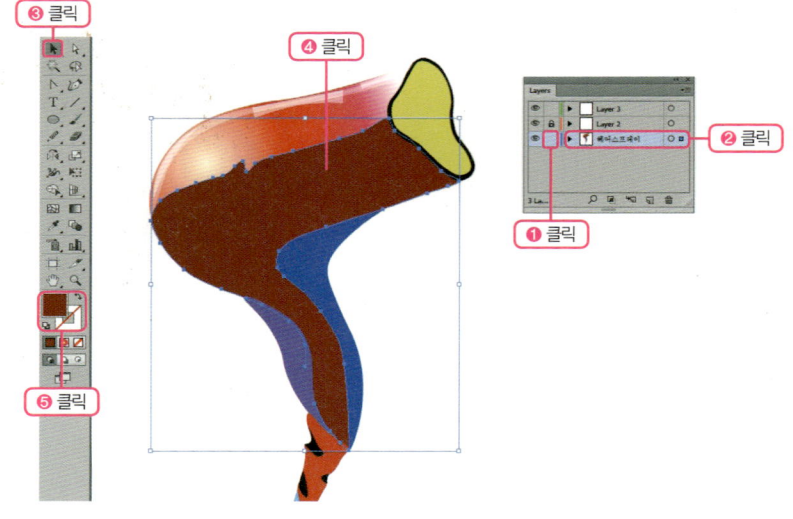

02 헤어 드라이기의 중간 영역 양쪽 부분과 안쪽 영역에 입체감을 주기 위해 그레이디언트 효과를 적용시켜봅니다. 도형을 선택한 후 대각선 방향으로 그레이디언트 툴(■)을 이용하여 그레이디언트를 적용합니다. [Gradient] 팔레트에서는 [Radial]로 변경하여 입체 구의 느낌이 나도록 합니다.

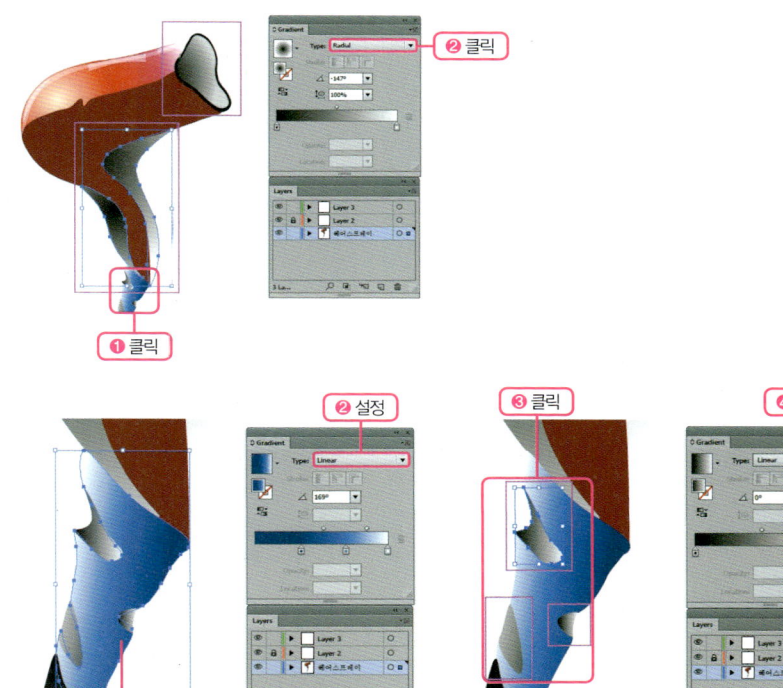

03 헤어 드라이기의 전선 연결 영역의 부분과 사실감을 주는 작은 홈 부분에 입체감을 주기 위하여 그레이디언트 효과를 적용시켜봅니다. 도형을 선택한 후 대각선 방향으로 그레이디언트 툴(■)을 이용하여 그레이디언트를 적용합니다. [Gradient] 팔레트에서는 [Linear]로 변경하여 입체 구의 느낌이 나도록 합니다.

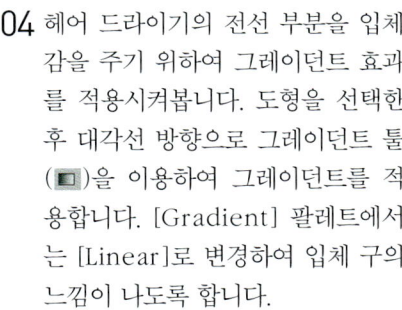 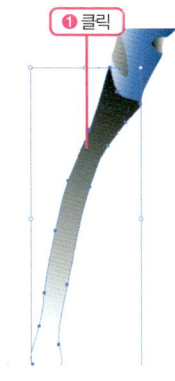 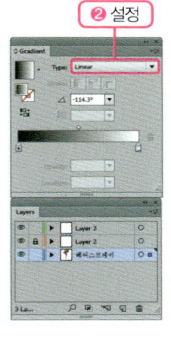 

04 헤어 드라이기의 전선 부분을 입체감을 주기 위하여 그레이디언트 효과를 적용시켜봅니다. 도형을 선택한 후 대각선 방향으로 그레이디언트 툴(■)을 이용하여 그레이디언트를 적용합니다. [Gradient] 팔레트에서는 [Linear]로 변경하여 입체 구의 느낌이 나도록 합니다.

STEP 05 다시 한번 반사 효과 추가하기

01 [Layer] 팔레트에서 [Create New Layer] 아이콘(□)을 클릭하여 새로운 레이어를 추가합니다. '헤어스프레이' 레이어를 잠금 아이콘(🔒)이 나오도록 클릭하여 레이어를 잠급니다.

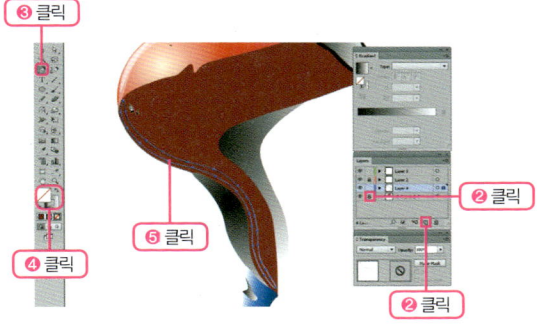

02 펜 툴(펜툴)로 밑의 헤어드라이기 도형을 기준으로 반사를 표현할 부분을 드로잉하고, 흰색을 적용합니다. [Transparency] 팔레트에서는 도형의 투명도를 '40%'로 적용하여 안쪽의 도형이 비치도록 합니다.

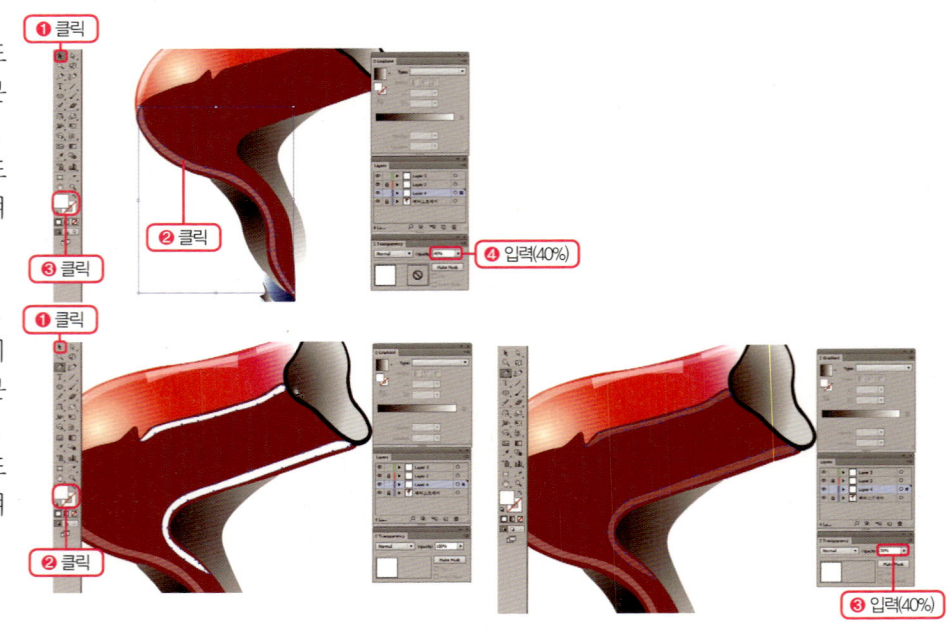

03 펜 툴(펜툴)로 그림처럼 헤어드라이기 도형을 기준으로 가장자리 부분을 드로잉하고, 흰색을 적용합니다. [Transparency] 팔레트에서는 도형의 투명도를 '30%'로 적용하여 안쪽의 도형이 비치도록 합니다.

04 자연스럽게 빛이 겹쳐지는 효과를 만들어 냅니다. 펜 툴(펜툴)로 밑의 헤어드라이기 도형을 기준으로 뚫린 부분을 드로잉하고, 흰색을 적용합니다. [Transparency] 팔레트에서는 도형의 투명도를 '50%'로 적용하여 안쪽의 도형이 비치도록 합니다. 헤어드라이기의 기본 형태가 모두 완성되었습니다.

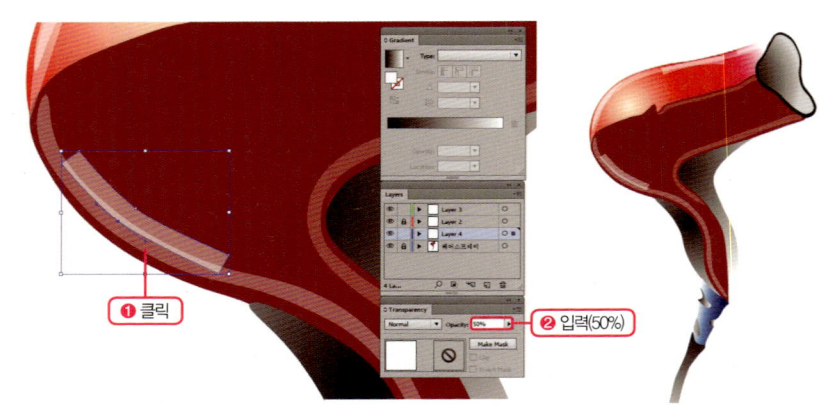

STEP 06 레이어 병합하기

01 선택한 레이어를 병합하기 위해 그림처럼 세 개의 레이어를 선택합니다. 레이어의 왼쪽 위에 팝업 버튼(≡)을 클릭하고 [Merge Selected]를 선택합니다.

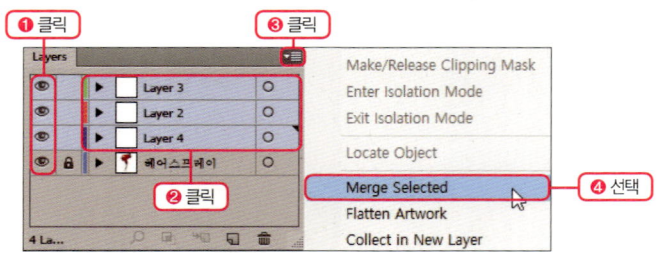

02 하나의 레이어로 병합된 것을 확인할 수 있습니다.

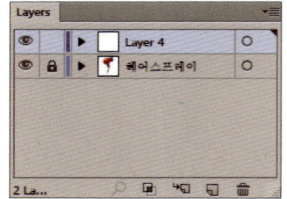

STEP 07 별 도형으로 표현하기 위해 마스크 적용하기

01 도구 상자에서 별 툴(★)을 이용해 별 도형을 그립니다. 그런 다음 선택 툴(▶)을 이용해 별 도형들의 크기 조절, 회전, 이동을 하여 배치합니다.

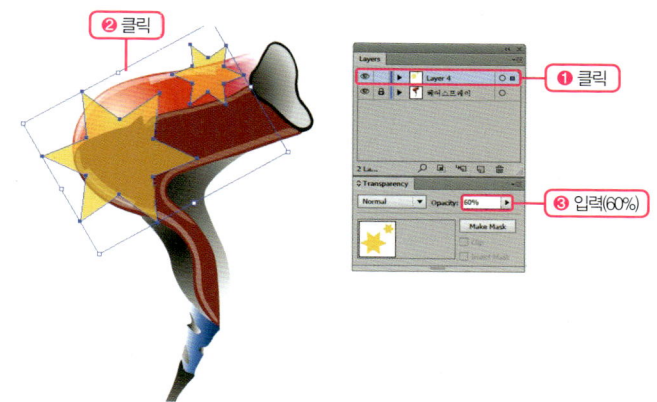

02 마스크가 될 도형이 들어 있는 '헤어스프레이' 레이어의 잠금을 해제합니다. 그런 다음 선택 툴(▶)을 이용해 헤어드라이기의 앞부분의 큰 영역 두 개를 선택합니다. 그리고 키보드에서 Ctrl+C를 눌러 복사합니다.

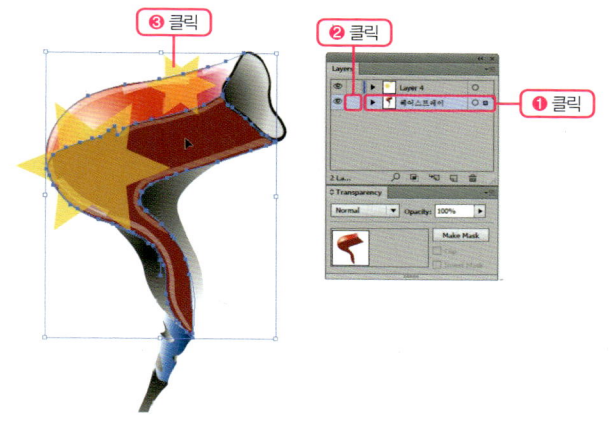

03 [Layer] 팔레트에서 [Create New Layer] 아이콘(🗋)을 클릭하여 새로운 레이어를 추가합니다. 바로 제자리 붙여 넣기를 하기 위해 메뉴의 [Edit-Paste In Place]를 선택합니다. 제자리에 붙여 넣기를 한 결과 Layer 3에 도형이 삽입되었습니다.

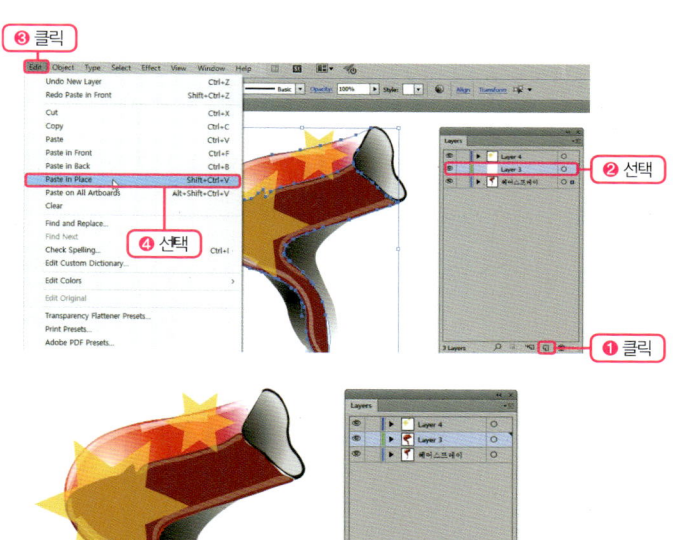

Lesson 04 _ 렌더링 이미지 만들기   231

04 앞에서 붙여 넣기를 한 도형을 맨 위로 이동하기 위해 Layer 3을 가장 위로 이동합니다. 그런 다음 마스크가 적용될 도형을 선택 툴(▶)을 이용해 헤어 드라이기의 그러데이션 면과 두 개의 별 도형들을 선택합니다.

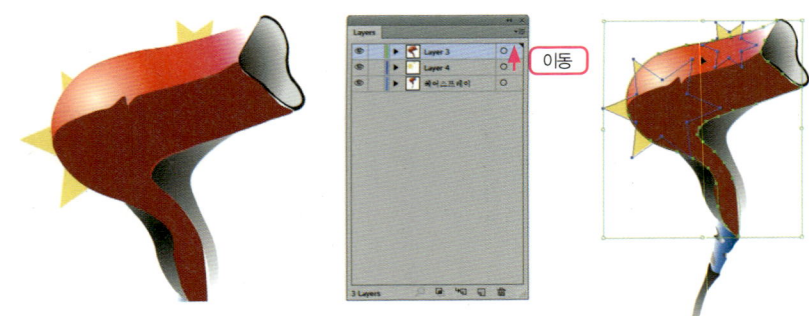

05 이 헤어 드라이기 도형과 별 도형이 모두 선택되었다면 메뉴의 [Object-Clipping Mask-Make]를 실행하여 별 도형에 마스크를 적용합니다. 마스크가 적용된 것을 확인할 수 있습니다.

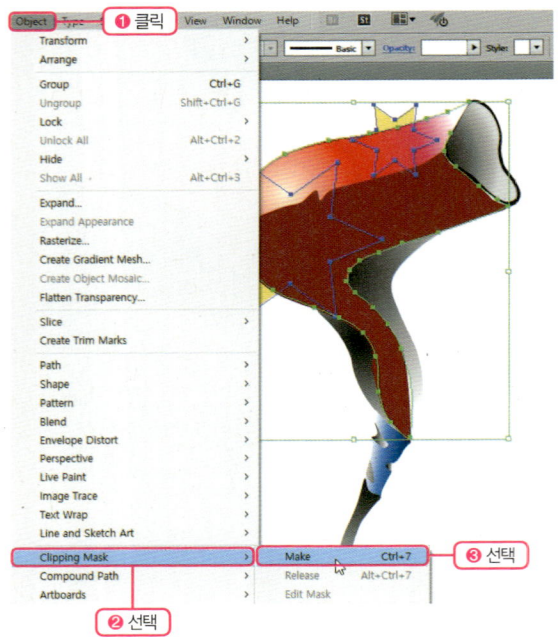

[Clipping Mask] 효과
[Clipping Mask]은 도형나 비트맵 이미지에 클리핑 마스크 효과를 적용하는 명령입니다. 이때는 앞쪽의 도형 안쪽으로만 뒤쪽의 도형이 보입니다.

06 다시 한 번 헤어 드라이기 다른 도형과 별 도형들을 모두 선택한 후 메뉴의 [Object-Clipping Mask-Make]를 실행하여 별 도형에 마스크를 적용합니다. 마스크가 적용된 것을 확인할 수 있습니다.

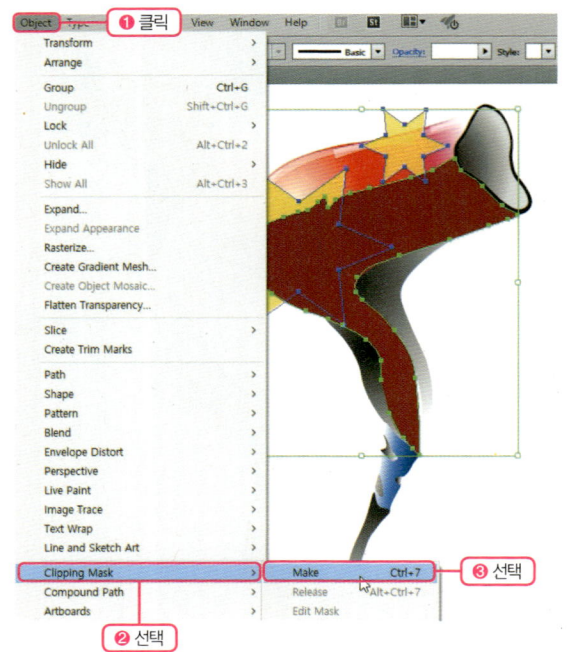

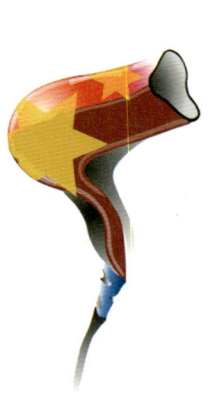

STEP 08 문자 삽입한 후 변형하기

01 이번에는 마스크가 적용된 헤어 드라이기에 문자를 삽입하여 사실감을 표현합니다. 'Lee Seung Hee... Sumi'라는 문구를 입력합니다.

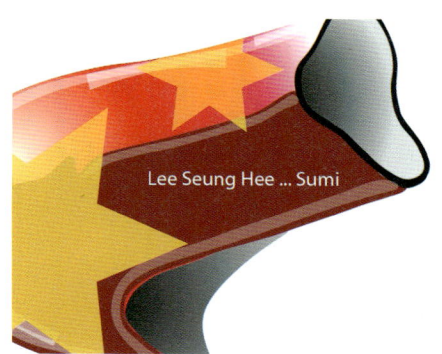

02 헤어 드라이기의 라운드된 부분을 따라 문자가 자연스럽게 흘러가도록 작업해봅시다. 문자를 선택하고, 메뉴의 [Effect-Warp-Arch]를 적용합니다. 대화상자의 옵션의 [Horizontal] 항목에 체크를 하고 [Bend] 항목에 '-5%'를 입력해 둥근 헤어 드라이기의 라인과 조화를 이루도록 만듭니다.

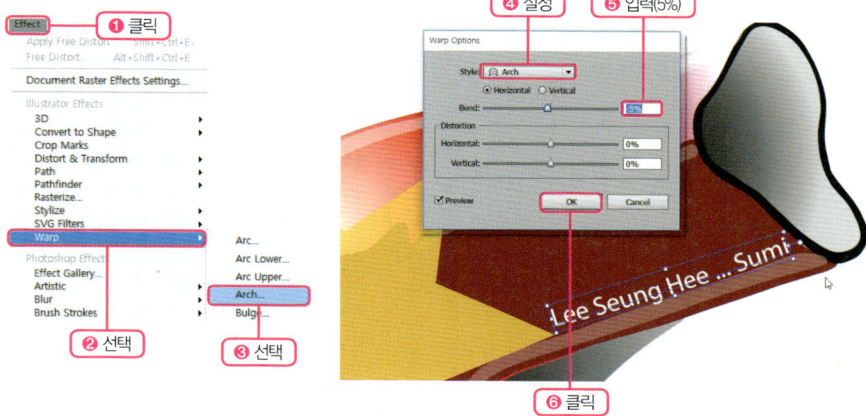

03 모든 작업이 완성되었습니다.

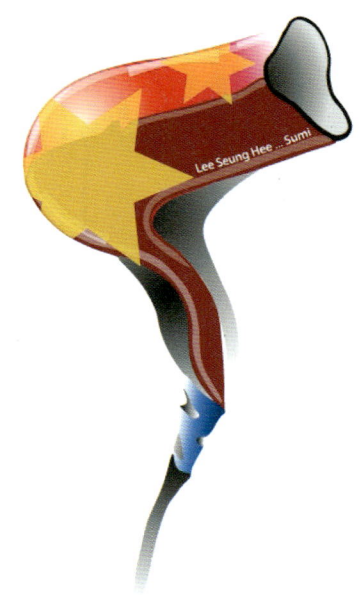

Wrap Effect 기능 익히기

메뉴의 [Effect-Warp]를 선택하여 도형과 문자 등을 왜곡시켜주는 기능입니다.

1. Arc...
2. Arc Lower...
3. Arc Upper...
4. Arch...
5. Bulge...
6. Shell Lower...
7. Shell Upper...
8. Flag...
9. Wave...
10. Fish...
11. Rise...
12. Fisheye...
13. Inflate...
14. Squeeze...
15. Twist...

1. Arc: 선택한 도형을 활처럼 구부러진 형태로 변형합니다.

2. Arc Lower: 선택한 도형을 아래로 구부러진 형태로 변형합니다.

3. Arc Upper: 선택한 도형을 위로 구부러진 형태로 변형합니다.

4. Arch: 선택한 도형을 아치형의 형태로 변형합니다.

❺ Bulge: 선택한 도형을 불룩한 형태로 변형합니다.

❻ Shell Lower: 선택한 도형을 아래 부분이 넓은 조개 형태로 변형합니다.

❼ Shell Upper: 선택한 도형을 위 부분이 넓은 조개 형태로 변형합니다.

❽ Flag: 선택한 도형을 깃발이 휘날리는 형태로 변형합니다.

❾ Wave: 선택한 도형을 물결치는 형태로 변형합니다.

❿ Fish: 선택한 도형을 물고기 형태로 변형합니다.

⓫ Rise: 선택한 도형을 언덕 형태로 변형합니다.

⓬ Fisheye: 선택한 도형을 물고기 눈의 형태로 변형합니다.

⓭ Inflate: 선택한 도형을 옆으로 부풀린 형태로 변형합니다.

⓮ Squeeze: 선택한 도형을 중앙으로 꽉 죄는 형태로 변형합니다.

⓯ Twist: 선택한 도형을 비틀어진 형태로 변형합니다.

실무 테크닉 01 피자 옥외 홍보 디자인하기

일러스트레이터에서의 드로잉 실력을 쌓는 방법은 스스로 많은 도형들을 표현해보고, 연습하는 길뿐이라고 생각합니다. 지금까지 잘 따라온 여러분들이라면 충분히 그런 자질을 갖추신 분이라고 생각합니다. 그럼 재미있게 작업을 진행해봅시다.

예제 파일 Sample\Theme03\실무테크닉\피자-바탕.Jpg, 피자속.Jpg, 식기.ai, 말-리본.ai, 버스정류장.psd
완성 파일 Sample\Theme03\실무테크닉\피자-간판.ai, 피자-포토.psd

- 레이어를 복제한 후 흑백 이미지를 만들고 하이라이트와 쉐도를 반전시킵니다.
- [Gaussian Blur]와 [Overlay]로 배경 이미지와 합성합니다.
- [Shapen] 효과와 포토 필터로 이미지를 완성합니다.

실무테크닉 02 타이포 그래픽 디자인하기

이러한 작업들은 대부분 작가 자신만의 노하우를 가지고 작업을 하기 때문에 작업을 진행하는 데 있어서 정석이란 없습니다. 수많은 노력과 연습을 통해 이런 결과물을 표현해낼 수 있는 능력을 기르는 것이 중요합니다. 이번 예제에는 브러시 툴과 패턴 등록을 이용해 귀여운 타이포 그래픽을 디자인해보겠습니다.

예제 파일 Sample\Theme03\실무테크닉\타이포-예제.ai, 타이포-소스.ai
완성 파일 Sample\Theme03\실무테크닉\타이포.ai

- 커피콩 이미지와 문자를 패턴으로 등록한 후 도형에 적용합니다.
- 커피콩을 [Scatter] 브러시로 등록한 후 도형에 적용합니다.
- 선택한 문자를 [Art] 브러시로 등록한 후 도형에 적용합니다.
- [브러시] 툴을 이용해 연기와 바닥을 그립니다.
- [문자] 툴을 이용해 문자를 입력합니다.

실무 테크닉 03 · 잡지 광고 페이지 디자인하기

이번에는 회사를 소개하는 광고를 만들어 보겠습니다. 일러스트레이터의 다양한 변형 도구를 알아보고 좀 더 손쉽게 할 수 있도록 도와주는 스마트 가이드의 쓰임새에 대해 알아보겠습니다. 회사 이미지 통합화의 가장 근간이 되는 심벌 마크는 상징성과 독창성을 가지고 있어야 하며, 복잡하지 않고 단순화시켜 한눈에 알아볼 수 있도록 제작됩니다.

예제 파일 Sample\Theme03\실무테크닉\잡지 테두리.jpg, 나뭇잎.ai
완성 파일 Sample\Theme03\실무테크닉\잡지-포토.jpg, 잡지.ai

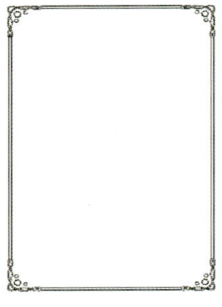  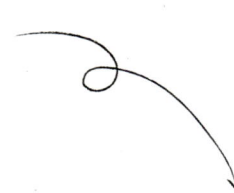

- [펜] 툴을 이용해 병 모양을 드로잉합니다.
- 꽃잎을 드로잉 후 [Pattern] 브러시로 등록 하고 도형에 적용합니다.
- [문자] 툴을 이용해 문자를 입력한 후 한글을 한문으로 변환합니다.

찾아보기

A-B

Add Anchor Point Tool 018
Add to shape area 049
Align Center 054
Align Left 054
Align Right 054
Align to Page 210
Align to Path 210
Align 팔레트 066
Anchor Point 028, 104
Appearance 105
Arc 234
Arc Lower 234
Arc Tool 035
Arc Upper 234
Arch 234
Area Type Tool 054
Art Brush 159
Average를 이용해 기준점 정렬하기 019
Base Along 035
Bezier Curve 028
Blend Tool 208
Brightness 034
Bring Forward 048
Bring to Front 048
Bulge 235

C-D

[Calligraphic Brush Options] 대화상자 158
Character 팔레트 053
Clipping Mask 223
Clipping Mask 효과 232
Concentric Dividers 037
Convert Anchor Point Tool 018
Corner Radius 031, 126
Create Compound Path From Ellipses 037
[Create Gradient Mesh] 대화상자 105
Create Outline 053, 087
Crop 051
Default Size 036
Delete Anchor Point Tool 018
Diameter 034, 155
Diffuse Glow 필터 152
Diffuse 필터 152
Dim Images to 195
Direction 034
Direction Line 029
Direction Point 029
Divide 050

E-G

Ellipse Tool 031
Erase Tool 178
Exclude overlapping shape areas 050
Expand 050, 124
Feather 효과 075
Fill Arc 035
Fill Grid 038
First Line Left Indent 054
Fish 235
Fisheye 235
Flag 235
Flare Tool 033
[Flare Tool Options] 대화상자 033
Font 053
Font Size 053
Free Distort 125, 224
Free Transform Tool 121
Fuzziness 034
Gradient 100, 109
Gradient Mesh 도구 104
Gradient 팔레트 073
Group 073
Growth 034
Guides 123

H-L

Height 031
Hide Grid 026
Horizontal Align Center 066
Horizontal Align Left 066
Horizontal Align Right 066
Horizontal Distribute Center 078
Horizontal Distribute Left 078
Horizontal Distribute Right 078
Horizontal Dividers 036
Inflate 235
Intensity 155
Intersect shape areas 050
Isolate Blending 079
Join 043, 071
Join을 이용해 기준점 연결하기 018
Justify All 054
Justify Last Center 054
Justify Last Left 054
Justify Last Right 054
Kerning 053
Knife Tool 120, 134

찾아보기

Knockout Group 079
Largest 034
Last Line Left Indent 054
Layer 087, 184
[Layer Options] 대화상자 195
Layers 팔레트 184
Leading 053
Left Indent 054
Length X-Axis 035
Length Y-Axis 035
Line Segment Tool 034
Lock 125
Longest 034

M-R

Merge 050
Mesh Line 104
Mesh Patch 104
Mesh Point 104
Method 155
Minus Back 051
Miter limit 020
[New Brush] 대화상자 160
Number 034
Object 029
Offset 020
Offset Path 020
Opacity 034
Opacity & Mask Define Knockout 079
Outline 051
PaintBrush Tool 156
Paragraph 팔레트 054
Path 028, 034
Path Type Tool 055

Pathfinder 049
Pattern Brush 160
[Pattern Brush Options] 대화상자 162
Pen Tool 016
Pencil Tool 178
Perspective Distort 121
Polar Grid Tool 037
Polygon Tool 032
Preference 057
Preview 버튼 076
Pucker & Bloat 224
Radial Dividers 037
Rectangle Tool 030
Rectangular Tool 036
Redo 025
Reflect 073
Reflect Tool 080
Right Indent 054
Rise 235
Rotate Tool 037
Roughen 224
Rounded Rectangle Tool 031

S-T

Scatter Brush 158
[Scatter Brush Options] 대화상자 159
Scissor Tool 120, 134
Scrunch 155
Segment 028
Send Backward 048
Send to Back 048
Shape Modes 049, 060
Shaper Tool 134
Shear Tool 082

Shell Lower 235
Shell Upper 235
Show Grid 022
Slope 035
Smooth Color 210
Smooth Tool 178
Snap 058
Snap to Grid 022, 214
Space Before Paragraph 054
Specified Distance 210
Specified Steps 210
Spin 155
Spiral Tool 036
Squeeze 235
Stain 155
Star Tool 033
Stroke 팔레트 026
Style 053, 155
Subtract from shape area 049
Swatches 팔레트 102, 198
Symbol Screener Tool 137
Symbol Scruncher Tool 136
Symbol Set Density 155
Symbol Shifter Tool 135
Symbol Sizer Tool 136
Symbol Spinner Tool 137
Symbol Sprayer Tool 135
Symbol Stainer Tool 137
Symbol Style Selector 155
Symbol Styler Tool 138
Template 195
Tracking 053
Transform Objects 081
Transform Patterns 081
Transparency 팔레트 079

Trim 050
Tweak 224
Twist 235
Type Tool 051

U~Z

Undo 025
Use Outside Rectangle As Frame 036
Use Pressure Pen 155
Vertical Align Bottom 067
Vertical Align Center 067
Vertical Align Top 067
Vertical Area Type Tool 055
Vertical Distribute Bottom 078
Vertical Distribute Center 078
Vertical Distribute Top 078
Vertical Dividers 036
Vertical Path Type Tool 055
Vertical Type Tool 055
Wave 235
Width 031
Wrap Effect 기능 234
Zig Zag 224

ㄱ~ㄴ

가위 툴 134
가이드라인 123
곡선 그리기 017
곡선 패스를 부드럽게 그리기 017
그레이던트 100
그레이던트 메시 도구 104
그레이던트 면 색상 224
그레이던트 방향 적용 091
그레이던트 색상 바꾸고 방향 설정하기 101
그레이던트 색상 추가 089
그레이던트 효과 도형에 적용하기 101
그룹과 잠금 069
그리드 라인 실행하기 022
기울기 도구 082
기준점 028
기준점 변환 도구 018
기준점 삭제 도구 018
기준점 추가 도구 018
나선형 툴 036
나이프 툴 134

ㄷ~ㄹ

다각형 도구 032
닫힌 패스 016, 071
도형 029
도형 간격 띄우기 019
도형 복사 및 붙여 넣기 042, 048
도형의 기준점 위치 조절하기 043
도형의 복사 및 이동하기 058
도형의 투명도 228
돋보기 툴 022
돋보기로 전환 110
둥근 사각형 도구 031
레이어 087, 184
레이어 기능 227
레이어 보이기 186
레이어 복사하기 187
레이어 삭제하기 187
레이어 숨기기 186
레이어 합치기 186

ㅁ~ㅂ

마우스를 이용한 나선형 드로잉 036
마우스를 이용한 다각형 드로잉 032
마우스를 이용한 둥근 사각형 드로잉 031
마우스를 이용한 별 드로잉 033
마우스를 이용한 사각 그리드 드로잉 037
마우스를 이용한 사각형 드로잉 030
마우스를 이용한 선 드로잉 035
마우스를 이용한 원 그리드 드로잉 037
마우스를 이용한 원 드로잉 032
마우스를 이용한 호 드로잉 035
면 그리기 017
문자 도구 051
문자 도형 분할하기 088
문자 삽입하기 149
문자에 그레이던트 적용하기 052
바운딩 박스 059
반사 도구 080
방향 선 029
방향점 029
베이지 곡선 023
베지어 곡선 028
벡터 방식 179
별 도구 033
분산 브러시 158
블렌드 툴 208
비트맵 방식 179

ㅅ

사각 그리드 도구 036
사각형 도구 030
사물의 반사 효과 228
색상 조절 핀 079
색상 핀 079

찾아보기

선 도구 034
선분 028
세로 문자 도구 055
세로 영역 문자 도구 055
세로 패스 문자 도구 055
셰이퍼 툴 134
스마트 가이드 072
스무스 툴 178
스포이트 툴 062
슬라이더 079
실제 사이즈 설정 111
심벌 등록하기 142
심벌 분사 도구 135
심벌 삽입하기 142
심벌 스타일 도구 138
심벌 이동 도구 135
심벌 집합 도구 136
심벌 채색 도구 137
심벌 크기 도구 136
심벌 투명 도구 137
심벌 편집 되돌리기 143
심벌 편집하기 143
심벌 회전 도구 137

ㅇ~ㅈ

연필 툴 178
열린 패스 016, 071
영역 문자 도구 054
예술 브러시 159
원 그리드 도구 037
원 도구 031
자간 053
자유 변형 도구 121
작업 크기 조절 023
지우개 툴 178
직접 선택 기준점 042
직접 선택 툴 사용법 090

ㅋ~ㅎ

컬러 모드 도구 041
테두리 굵기 조절하기 039
특수 문자 입력하기 065
패스 029
패스 기능 126
패스 문자 도구 055
패스 문자 삽입하기 092
패턴 등록하기 202
패턴 브러시 160
패턴 색상 변경하기 203
페인트 브러시 도구 156
펜 도구 016
펜 툴로 곡선 그리기 025
펜 툴로 꺾어진 곡선 그리기 024
펜 툴로 직선 그리기 023
플레어 도구 033
한 단어만 선택하기 065
한 줄을 선택하기 065
한문 입력하기 065
행간 053
호 도구 035
화면 확대/축소 단축키 023
회전 도구 037